云南能源统计年鉴

YUNNAN ENERGY STATISTICAL YEARBOOK

2013

云 南 省 统 计 局
云南省工业和信息化委员会 主编
云 南 省 能 源 局

云南出版集团公司
云南科技出版社

图书在版编目（CIP）数据

云南能源统计年鉴. 2013 / 云南省统计局, 云南省工业和信息化委员会, 云南省能源局主编. -- 昆明：云南科技出版社, 2013.12

ISBN 978-7-5416-7924-7

Ⅰ. ①云… Ⅱ. ①云… ②云… ③云… Ⅲ. ①能源经济－经济统计－云南省－2013－年鉴 Ⅳ. ①F426.2-54

中国版本图书馆CIP数据核字(2013)第320635号

责任编辑： 李永丽
封面设计： 娄 偻
责任校对： 叶水金
责任印制： 翟 苑

云南出版集团公司
云南科技出版社出版发行
（昆明市环城西路609号云南新闻出版大楼　邮政编码：650034）
云南美嘉美印刷厂印刷　全国新华书店经销
开本：889mm×1194mm 1/16　印张：17　字数：435千字
2013年12月第1版　　2013年12月第1次印刷
印数：1~1500册　　定价：360.00元

《云南能源统计年鉴》
(2013)

编委会

目　　录

一、综　　合

1－1　国民经济和能源主要经济指标……3
1－2　能源生产总量及其构成(按等价热值计算)……4
1－3　分部门能源消费量(等价热值)……5
1－4　分部门能源消费量(当量热值)……6
1－5　分部门能源品种实物消费量(煤炭)……7
1－6　分部门能源品种实物消费量(石油制品)……8
1－7　分部门能源品种实物消费量(电力)……9
1－8　主要能源流入量……10
1－9　主要能源流出量……11
1－10　全国分地区能源消费总量……12
1－11　全国分地区煤炭消费总量……13
1－12　全国分地区电力消费总量……14

二、能源资源与建设

2－1　主要能源资源……17
2－2　历年发电装机容量构成及比重……18
2－3　2012年各州市能源工业投资……19
2－4　2012年各州市能源工业投资构成……20
2－5　全国分地区能源工业投资……21
2－6　分地区规模以上工业原煤生产企业数……22
2－7　分地区规模以上工业洗煤生产企业数……23
2－8　分地区规模以上工业焦炭生产企业数……24
2－9　分地区规模以上工业电力生产企业数……25
2－10　分地区规模以上工业火电生产企业数……26
2－11　分地区规模以上工业水电生产企业数……27
2－12　分地区加油站数……28

三、能源生产

3－1　能源生产弹性系数……31
3－2　能源生产总量及其构成(按等价热值计算)……32
3－3　能源生产总量及其构成(按当量热值计算)……33
3－4　分能源品种实物生产量……34
3－4　分能源品种实物生产量(续1)……35

四、能源消费

4－1　能源消费弹性系数 …… 41
4－2　能源消费总量及其构成(按等价热值计算) …… 42
4－3　能源消费总量及其构成(按当量热值计算) …… 43
4－4　分能源品种实物消费总量 …… 44
4－4　分能源品种实物消费总量(续) …… 45
4－6　分地区用电量 …… 47
4－7　分行业能源消费总量(按等价热值计算) …… 48
4－7　分行业能源消费总量(按等价热值计算)(续) …… 49
4－8　分行业能源消费总量(按当量热值计算) …… 50
4－8　分行业能源消费总量(按当量热值计算)(续) …… 51
4－9　分行业原煤消费总量(实物量) …… 52
4－9　分行业原煤消费总量(实物量)(续) …… 53
4－10　分行业焦炭消费总量(实物量) …… 54
4－10　分行业焦炭消费总量(实物量)(续) …… 55
4－11　分行业汽油消费总量(实物量) …… 56
4－11　分行业汽油消费总量(实物量)(续) …… 57
4－12　分行业柴油消费总量(实物量) …… 58
4－12　分行业柴油消费总量(实物量)(续) …… 59
4－13　分行业电力消费总量(实物量) …… 60
4－13　分行业电力消费总量(实物量)(续) …… 61
4－14　分能源品种实物终端消费量 …… 62
4－14　分能源品种实物终端消费量(续) …… 63
4－15　分行业终端能源消费量(等价热值) …… 64
4－15　分行业终端能源消费量(等价热值)(续) …… 65
4－16　分行业终端能源消费量(当量热值) …… 66
4－16　分行业终端能源消费量(当量热值)(续) …… 67
4－17　分行业原煤终端消费量(实物量) …… 68
4－17　分行业原煤终端消费量(实物量)(续) …… 69
4－18　分行业原煤终端消费量(标准量) …… 70
4－18　分行业原煤终端消费量(标准量)(续) …… 71
4－19　分行业焦炭终端消费量(实物量) …… 72
4－19　分行业焦炭终端消费量(实物量)(续) …… 73
4－20　分行业焦炭终端消费量(标准量) …… 74
4－20　分行业焦炭终端消费量(标准量)(续) …… 75
4－21　分行业汽油终端消费量(实物量) …… 76
4－21　分行业汽油终端消费量(实物量)(续) …… 77
4－22　分行业汽油终端消费量(标准量) …… 78
4－22　分行业汽油终端消费量(标准量)(续) …… 79
4－23　分行业柴油终端消费量(实物量) …… 80

4－23 分行业柴油终端消费量(实物量)(续) …… 81
4－24 分行业柴油终端消费量(标准量) …… 82
4－24 分行业柴油终端消费量(标准量)(续) …… 83
4－25 分行业电力终端消费量(实物量) …… 84
4－25 分行业电力终端消费量(实物量)(续) …… 85
4－26 分行业电力终端消费量(标准量，等价热值) …… 86
4－26 分行业电力终端消费量(标准量，等价热值)(续) …… 87
4－27 分行业电力终端消费量(标准量，当量热值) …… 88
4－27 分行业电力终端消费量(标准量，当量热值)(续) …… 89

五、规模以上工业能源消费

5－1 规模以上工业分能源品种实物消费总量 …… 93
5－2 分行业规模以上工业综合能源消费量(当量热值) …… 94
5－2 分行业规模以上工业综合能源消费量(当量热值)(续) …… 95
5－3 分行业规模以上工业综合能源消费量(等价热值) …… 96
5－3 分行业规模以上工业综合能源消费量(等价热值)(续) …… 97
5－4 分行业规模以上工业原煤消费量 …… 98
5－4 分行业规模以上工业原煤消费量(续) …… 99
5－5 分行业规模以上工业焦炭消费量 …… 100
5－5 分行业规模以上工业焦炭消费量(续) …… 101
5－6 分行业规模以上工业汽油消费量 …… 102
5－6 分行业规模以上工业汽油消费量(续) …… 103
5－7 分行业规模以上工业煤油消费量 …… 104
5－7 分行业规模以上工业煤油消费量(续) …… 105
5－8 分行业规模以上工业柴油消费量 …… 106
5－8 分行业规模以上工业柴油消费量(续) …… 107
5－9 分行业规模以上工业电力消费量 …… 108
5－9 分行业规模以上工业电力消费量(续) …… 109
5－10 分地区规模以上工业综合能源消费量(当量热值) …… 110
5－11 分地区规模以上工业综合能源消费量(等价热值) …… 111
5－12 分地区规模以上工业原煤消费量 …… 112
5－13 分地区规模以上工业焦炭消费量 …… 113
5－14 分地区规模以上工业汽油消费量 …… 114
5－15 分地区规模以上工业煤油消费量 …… 115
5－16 分地区规模以上工业柴油消费量 …… 116
5－17 分地区规模以上工业电力消费量 …… 117
5－18 规模以上工业分能源品种实物终端消费量 …… 118
5－19 分行业规模以上工业原煤终端消费量 …… 119
5－19 分行业规模以上工业原煤终端消费量(续) …… 120
5－20 分行业规模以上工业焦炭终端消费量 …… 121
5－20 分行业规模以上工业焦炭终端消费量(续) …… 122

5－21　分行业规模以上工业汽油终端消费量 …… 123
5－21　分行业规模以上工业汽油终端消费量(续) …… 124
5－22　分行业规模以上工业煤油终端消费量 …… 125
5－22　分行业规模以上工业煤油终端消费量(续) …… 126
5－23　分行业规模以上工业柴油终端消费量 …… 127
5－23　分行业规模以上工业柴油终端消费量(续) …… 128
5－24　分行业规模以上工业电力终端消费量 …… 129
5－24　分行业规模以上工业电力终端消费量(续) …… 130
5－25　分地区规模以上工业原煤终端消费量 …… 131
5－26　分地区规模以上工业焦炭终端消费量 …… 132
5－27　分地区规模以上工业汽油终端消费量 …… 133
5－28　分地区规模以上工业煤油终端消费量 …… 134
5－29　分地区规模以上工业柴油终端消费量 …… 135
5－30　分地区规模以上工业电力终端消费量 …… 136
5－31　规模以上工业企业能源加工转换投入 …… 137
5－32　规模以上工业企业火力发电投入合计 …… 138
5－33　规模以上工业企业分品种加工转换投入情况 …… 139
5－34　规模以上工业企业回收能利用合计 …… 140
5－35　规模以上工业企业主要能源品种消费量购进价格 …… 141
5－36　规模以上工业企业主要能源品种加权折标系数 …… 142
5－37　规模以工业企业能源年末消费库存 …… 143

六、能源平衡表

6－1　2005年云南省地区能源平衡表(实物量) …… 146
6－2　2005年云南省地区能源平衡表(标准量，万吨标准煤) …… 148
6－3　2006年云南省地区能源平衡表(实物量) …… 150
6－4　2006年云南省地区 能源平衡表(标准量，万吨标准煤) …… 152
6－5　2007年云南省地区能源平衡表(实物量) …… 154
6－6　2007年云南省地区能源平衡表(标准量，万吨标准煤) …… 156
6－7　2008年云南省地区能源平衡表(实物量) …… 158
6－8　2008年云南省地区能源平衡表(标准量，万吨标准煤) …… 160
6－9　2009年云南省地区能源平衡表(实物量) …… 162
6－10　2009年云南省地区能源平衡表(标准量，万吨标准煤) …… 164
6－11　2010年云南省地区能源平衡表(实物量) …… 166
6－12　2010年云南省地区能源平衡表(标准量，万吨标准煤) …… 168
6－13　2011年云南省地区能源平衡表(实物量) …… 170
6－14　2011年云南省地区能源平衡表(标准量，万吨标准煤) …… 172
6－15　2012年云南省地区能源平衡表(实物量) …… 174
6－16　2012年云南省地区能源平衡表(标准量，万吨标准煤) …… 176

七、能源利用效率

7－1 主要能源加工转换效率 …… 181
7－2 单位地区生产总值(GDP)能耗及电耗 …… 182
7－3 分地区单位地区生产总值(GDP)能耗增长率 …… 183
7－4 分地区工业增加值能耗增长率 …… 184
7－5 分行业规模以上工业单位产值能耗(当量热值) …… 185
7－5 分行业规模以上工业单位产值能耗(当量热值)(续) …… 186
7－6 分行业规模以上工业单位产值能耗(等价热值) …… 187
7－6 分行业规模以上工业单位产值能耗(等价热值)(续) …… 188
7－7 分地区规模以上工业单位产值能耗(当量热值) …… 189
7－8 分地区规模以上工业单位产值能耗(等价热值) …… 190
7－9 规模以上工业主要单位产品综合能源消耗 …… 191
7－9 规模以上工业主要单位产品综合能源消耗(续) …… 192
7－10 规模以上工业主要单位产品电耗 …… 193
7－10 规模以上工业主要单位产品电耗(续) …… 194
7－11 规模以上工业主要单位产品综合能源消耗 …… 195
7－11 规模以上工业主要单位产品综合能源消耗(续) …… 196
7－12 规模以上工业主要单位产品电耗 …… 197
7－12 规模以上工业主要单位产品电耗(续) …… 198
7－13 规模以上工业主要单位产品综合能源消耗 …… 199
7－13 规模以上工业主要单位产品综合能源消耗(续) …… 200
7－14 规模以上工业主要单位产品电耗 …… 201
7－14 规模以上工业主要单位产品电耗(续) …… 202
7－15 规模以上工业主要单位产品综合能源消耗 …… 203
7－15 规模以上工业主要单位产品综合能源消耗(续) …… 204
7－16 规模以上工业主要单位产品电耗 …… 205
7－16 规模以上工业主要单位产品电耗(续) …… 206
7－17 规模以上工业主要单位产品综合能源消耗 …… 207
7－17 规模以上工业主要单位产品综合能源消耗(续) …… 208
7－18 规模以上工业主要单位产品电耗 …… 209
7－18 规模以上工业主要单位产品电耗(续) …… 210
7－19 2012 年全省工业能耗排名前 100 位的工业企业能效 …… 211
7－19 2012 年全省工业能耗排名前 100 位的工业企业能效(续 1) …… 212
7－19 2012 年全省工业能耗排名前 100 位的工业企业能效(续 2) …… 213
7－20 2012 年全省工业能耗排名前 40 位的县(市、区)能效 …… 214
7－20 2012 年全省工业能耗排名前 40 位的县(市、区)能效(续) …… 215

八、规模以上工业水消费

8－1 分行业规模以上工业企业取水总量 …… 219

8－1　分行业规模以上工业企业取水总量(续) …… 220
8－2　分行业规模以上工业企业地表水取水量 …… 221
8－2　分行业规模以上工业企业地表水取水量(续) …… 222
8－3　分行业规模以上工业企业地下水取水量 …… 223
8－3　分行业规模以上工业企业地下水取水量(续) …… 224
8－4　分行业规模以上工业企业自来水取水量 …… 225
8－4　分行业规模以上工业企业自来水取水量(续) …… 226
8－5　分行业规模以上工业企业其他水取水量 …… 227
8－5　分行业规模以上工业企业其他水取水量(续) …… 228
8－6　分行业规模以上工业企业重复用水量 …… 229
8－6　分行业规模以上工业企业重复用水量(续) …… 230
8－7　分地区规模以上工业企业取水总量 …… 231
8－8　分地区规模以上工业企业地表水取水量 …… 232
8－9　分地区规模以上工业企业地下水消费量 …… 233
8－10　分地区规模以上工业企业自来水取水量 …… 234
8－11　分地区规模以上工业企业其他水取水量 …… 235
8－12　分地区规模以上工业企业重复用水量 …… 236

九、主要指标解释

主要指标解释 …… 239

十、附　　录

附　录 …… 247

一、综　　合

COMPREHENSIVE

1－1　国民经济和能源主要经济指标

指　标	单位	2005	2006	2007	2008	2009	2010	2011	2012
1. 年底人口总数	万人	4450. 40	4483. 00	4514. 00	4543. 00	4571. 00	4601. 60	4631. 00	4659. 00
城镇	万人	1312. 90	1367. 30	1426. 40	1499. 20	1554. 10	1601. 80	1704. 20	1831. 50
乡村	万人	3137. 50	3115. 70	3087. 60	3043. 80	3016. 90	2999. 80	2926. 80	2827. 50
2. 省内生产总值	亿元	3462. 73	3988. 14	4772. 52	5692. 12	6169. 75	7224. 18	8893. 12	10309. 47
第一产业	亿元	661. 69	724. 4	837. 35	1020. 56	1067. 60	1108. 38	1411. 01	1654. 55
第二产业	亿元	1426. 42	1705. 83	2038. 39	2452. 75	2582. 53	3223. 49	3780. 32	4419. 2
工业	亿元	1168. 68	1401. 57	1696. 29	2051. 73	2088. 17	2604. 07	2994. 30	3450. 72
建筑业	亿元	257. 74	304. 26	342. 10	401. 02	494. 36	619. 42	786. 02	968. 48
第三产业	亿元	1374. 62	1557. 91	1896. 78	2218. 81	2519. 62	2892. 31	3701. 79	4235. 72
3. 全社会固定资产投资总额	亿元	1755. 30	2220. 45	2798. 89	3526. 60	4527. 02	5528. 71	6185. 30	7831. 10
能源工业	亿元	378. 36	505. 61	592. 28	685. 26	819. 33	849. 59	882. 84	1083. 79
煤炭开采和洗选业	亿元	39. 99	34. 94	50. 92	51. 12	76. 07	85. 07	94. 90	175. 07
石油开发和天然气开采业	亿元				0. 31	0. 67	0. 86	0. 17	
电力、热力生产和供应业	亿元	325. 26	455. 65	511. 86	607. 03	704. 93	715. 25	756. 19	862. 07
石油加工、炼焦工业	亿元	9. 78	13. 06	22. 74	21. 99	32. 08	37. 97	22. 41	28. 99
燃气生产和供应业	亿元	3. 33	1. 96	6. 76	4. 81	5. 58	10. 44	9. 17	17. 66
4. 进出口总额	亿元	47. 39	62. 31	87. 80	95. 99	80. 19	133. 68	160. 50	210. 05
出口总额	亿元	26. 42	33. 91	47. 36	49. 87	45. 14	76. 06	94. 70	100. 18
进口总额	亿元	20. 97	28. 40	40. 44	46. 12	35. 05	57. 62	65. 80	109. 87
5. 能源生产总量(等价热值)	万吨标煤	5353. 36	6075. 09	6546. 65	7595. 31	7851. 21	8822. 03	9752. 64	10577. 62
能源生产总量(当量热值)	万吨标煤	4358. 14	5150. 21	5524. 85	6120. 64	6375. 27	7000. 36	7587. 55	7992. 51
6. 能源消费总量(等价热值)	万吨标煤	6023. 97	6620. 57	7132. 63	7510. 82	8032. 06	8674. 17	9540. 28	10433. 68
能源消费总量(当量热值)	万吨标煤	5219. 55	5976. 53	6487. 79	6534. 34	7222. 76	7655. 60	8121. 85	8730. 66

1－2　能源生产总量及其构成(按等价热值计算)

年　份	能源生产总量(万吨标准煤)	占能源生产总量的比重(%)		能源消费总量(万吨标准煤)	占能源消费总量的比重(%)			
		原煤	一次电		煤　炭	石　油	天然气	一次电
1990	1594.50	79.80	20.20	1954.18	71.70	7.20	2.80	18.30
1991	1649.02	75.30	24.70	1961.92	67.00	8.50	2.80	21.70
1992	1763.66	77.10	22.90	2016.61	69.40	8.00	2.70	19.90
1993	1811.57	76.70	24.30	2089.80	70.00	8.00	2.70	19.30
1994	2073.79	71.50	28.50	2282.80	66.00	7.70	2.50	23.80
1995	2313.65	69.20	30.80	2640.55	66.10	6.90	2.20	24.80
1996	2556.85	68.60	31.40	2819.43	64.50	6.90	2.50	26.10
1997	2619.97	71.85	28.15	3428.98	71.38	6.01	2.01	20.60
1998	2451.49	71.99	28.01	3364.49	71.31	6.52	1.76	20.41
1999	2267.97	67.06	32.94	3287.97	68.22	7.18	1.88	22.72
2000	2471.77	64.03	32.11	3468.33	62.61	7.46	1.81	25.39
2001	2611.54	65.48	30.53	3741.03	62.33	10.62	1.72	22.57
2002	3259.95	67.19	29.41	4131.31	61.04	11.12	1.51	23.70
2003	3608.45	64.24	30.78	4449.97	60.85	11.64	1.53	22.01
2004	4455.68	68.13	27.04	5209.81	63.30	11.13	1.34	20.16
2005	5353.36	68.93	26.61	6023.97	62.48	11.14	1.35	21.11
2006	6075.09	75.29	22.42	6620.57	67.70	11.52	1.09	17.62
2007	6546.65	73.82	23.70	7132.63	66.47	12.37	1.02	17.93
2008	7595.31	68.87	29.48	7510.82	60.83	12.81	0.93	23.79
2009	7851.21	68.65	28.59	8032.06	62.62	12.74	0.75	21.22
2010	8822.03	66.60	32.05	8674.17	56.73	15.11	0.56	23.98
2011	9752.64	63.97	35.03	9540.28	55.97	14.88	0.53	27.72
2012	10577.62	59.33	39.15	10433.68	53.16	14.93	0.50	29.87

注：采用数据为等价热值，2005至2008年数据根据云南省第二次全国经济普查数据修正。

1－3　分部门能源消费量（等价热值）

单位：万吨标准煤

年　份	能源消费总量	第一产业	第二产业	工　业	第三产业	生活用能	城镇居民	农村居民
1995	2640.55	133.38	1971.39	1948.65	190.02	345.76	122.20	223.59
1996	2819.43	150.90	2069.64	2036.82	208.20	390.69	148.10	242.59
1997	3428.98	182.86	2466.80	2429.07	240.75	538.57	189.76	348.81
1998	3364.49	179.42	2420.41	2383.39	236.22	528.44	250.08	278.36
1999	3287.97	282.40	2261.68	2224.42	275.50	468.40	222.87	245.53
2000	3468.33	297.89	2385.74	2346.44	290.61	494.09	181.52	312.58
2001	3741.03	271.83	2518.84	2481.69	404.99	545.37	218.72	326.64
2002	4131.31	264.90	2840.50	2796.86	473.48	552.43	222.37	330.06
2003	4449.97	239.17	3180.70	3132.01	525.53	504.57	206.46	298.06
2004	5209.81	216.33	3859.73	3802.21	616.96	516.79	227.32	289.51
2005	6023.97	228.12	4468.59	4390.68	734.12	593.14	292.96	300.18
2006	6620.57	225.14	4975.84	4883.00	791.77	627.81	282.73	345.08
2007	7132.63	237.90	5395.98	5300.98	848.27	650.47	316.50	333.97
2008	7510.82	205.26	5714.25	5597.96	910.28	681.03	359.77	321.26
2009	8032.06	215.93	5999.71	5868.90	971.21	845.21	446.36	398.85
2010	8674.17	177.49	6461.17	6301.64	1214.52	820.99	458.11	362.88
2011	9540.28	194.55	7130.56	6939.30	1392.31	822.86	367.02	455.84
2012	10433.68	184.21	7780.95	7591.39	1558.60	909.92	435.77	474.14

1－4　分部门能源消费量(当量热值)

单位：万吨标准煤

年　份	能源消费总量	第一产业	第二产业		第三产业	生活用能		
				工　业			城镇居民	农村居民
1995	2136.67	82.52	1623.82	1606.58	142.24	288.08	84.96	203.13
1996	2311.65	94.12	1727.41	1706.36	158.99	331.13	107.85	223.28
1997	2896.65	119.24	2121.70	2097.11	183.03	472.67	145.35	327.32
1998	2825.36	107.91	2221.72	2195.96	190.59	305.12	129.01	176.11
1999	2709.63	114.58	2099.47	2072.45	204.98	290.57	120.62	169.94
2000	2940.74	268.02	2022.25	1995.02	236.86	413.61	125.88	287.74
2001	3240.39	241.96	2195.47	2165.81	355.61	447.35	147.58	299.77
2002	3576.86	234.27	2486.47	2452.30	416.97	439.15	139.24	299.91
2003	3861.70	203.85	2831.48	2794.36	454.69	371.68	111.70	259.95
2004	4576.79	195.50	3490.42	3447.11	528.41	362.46	119.57	242.90
2005	5219.55	203.06	4012.80	3960.51	619.97	383.72	141.37	242.35
2006	5976.53	187.44	4663.59	4599.61	697.13	428.37	147.37	281.00
2007	6487.79	201.89	5091.95	5026.41	748.76	445.19	178.53	266.66
2008	6534.34	174.06	5131.37	5045.71	800.62	428.30	191.22	237.08
2009	7222.76	193.16	5658.12	5560.63	844.84	526.64	238.68	287.96
2010	7655.60	153.76	5922.77	5803.53	1069.62	509.46	247.64	261.82
2011	8121.85	169.68	6218.60	6073.49	1193.18	540.39	205.87	334.52
2012	8730.66	161.61	6625.35	6480.39	1338.62	605.08	252.08	353.00

1－5　分部门能源品种实物消费量(煤炭)

单位：万吨

年　份	消费总量	第一产业	第二产业		第三产业	生活用能		
				工　业			城镇居民	农村居民
1995	2765.09	70.00	2172.46	2164.17	38.63	484.00	119.00	365.00
1996	3043.55	78.00	2382.93	2374.03	41.37	541.25	151.25	390.00
1997	3296.94	79.13	2490.84	2481.09	43.19	683.78	301.48	382.30
1998	3162.24	80.28	2694.85	2685.05	44.43	342.68	148.86	193.82
1999	2960.20	81.45	2528.40	2518.27	45.90	304.45	125.30	179.15
2000	3062.04	198.34	2330.77	2320.29	71.04	461.89	128.49	333.40
2001	3628.36	153.98	2951.55	2938.67	85.65	437.18	115.66	321.52
2002	3556.01	146.81	2915.78	2901.29	62.43	430.99	113.18	317.81
2003	4613.54	167.06	3930.57	3907.26	81.16	434.75	85.36	349.39
2004	5688.54	163.70	5060.66	5037.31	81.00	383.18	69.16	314.02
2005	6681.53	196.71	6007.95	5981.99	89.34	387.53	70.82	316.71
2006	7482.00	200.64	6845.95	6819.45	79.98	355.42	66.16	289.26
2007	7620.45	205.64	7040.82	7014.43	58.20	315.79	57.53	258.26
2008	7915.69	205.28	7324.80	7295.58	93.16	292.45	49.59	242.86
2009	8885.61	223.46	8220.46	8200.03	101.92	339.78	81.80	257.98
2010	9349.40	220.24	8690.74	8670.79	103.09	335.33	78.91	256.42
2011	9663.95	196.14	9000.54	8970.45	112.14	355.14	33.25	321.89
2012	9850.10	200.72	9102.81	9073.82	153.71	392.86	40.78	352.08

1－6 分部门能源品种实物消费量（石油制品）

单位：万吨

年 份	消费总量	第一产业	第二产业		第三产业	生活用能		
				工 业			城镇居民	农村居民
1995	125.51	17.39	35.81	28.74	70.21	2.10		2.10
1996	133.55	18.19	34.89	27.59	78.27	2.20		2.20
1997	143.38	18.81	38.02	30.50	84.30	2.25		2.25
1998	157.12	19.45	46.17	38.41	89.47	2.03		2.03
1999	167.12	20.11	49.65	41.64	95.28	2.08		2.08
2000	176.66	20.80	50.38	42.11	103.35	2.13		2.13
2001	271.88	20.55	58.95	49.23	175.39	16.99	11.51	5.48
2002	314.71	15.27	64.07	53.25	227.95	7.42	4.17	3.25
2003	353.80	17.89	60.99	48.44	258.58	16.34	7.23	9.11
2004	396.29	17.76	51.07	35.56	304.17	23.29	12.56	10.73
2005	457.91	20.11	54.09	36.23	357.53	26.18	15.12	11.06
2006	520.61	21.60	61.97	40.75	408.08	28.96	16.71	12.25
2007	602.19	23.03	61.78	40.84	448.49	68.89	34.03	34.86
2008	656.57	23.01	96.00	60.80	471.56	66.00	32.09	33.91
2009	697.87	20.44	118.54	72.29	491.23	67.65	33.41	34.24
2010	899.11	25.12	179.30	124.29	615.18	79.51	39.92	39.59
2011	975.44	25.62	200.44	138.38	662.71	86.67	42.97	43.70
2012	1069.87	25.27	211.06	148.08	725.02	108.52	57.69	50.82

1－7　分部门能源品种实物消费量(电力)

单位：亿千瓦时

年　份	消费总量	第一产业	第二产业		第三产业	生活用能		
				工　业			城镇居民	农村居民
1995	223.71	16.26	173.74	171.98	15.27	18.44	11.90	6.54
1996	252.39	20.26	193.32	189.12	17.56	21.25	14.36	6.89
1997	263.90	21.32	201.16	196.76	19.34	22.08	14.88	7.20
1998	270.33	9.11	220.12	215.51	17.57	23.53	16.15	7.38
1999	296.70	10.74	240.81	235.98	20.06	25.09	17.53	7.56
2000	317.25	12.22	250.11	245.17	21.99	32.93	22.77	10.16
2001	347.07	12.17	274.84	271.79	20.12	39.94	28.99	10.95
2002	393.46	12.68	310.50	306.58	23.39	46.89	34.41	12.48
2003	409.79	12.96	322.06	317.81	26.00	48.77	34.78	13.99
2004	475.19	7.47	380.63	375.54	31.75	55.34	38.63	16.71
2005	557.25	8.79	434.93	425.94	40.05	73.48	53.19	20.29
2006	645.62	14.50	518.01	506.91	36.40	76.71	52.06	24.65
2007	745.52	15.19	601.78	589.35	41.97	86.58	58.19	28.39
2008	829.44	13.16	663.44	650.52	46.25	106.59	71.09	35.51
2009	891.19	9.66	692.89	678.77	53.58	135.06	88.05	47.01
2010	1004.07	10.66	788.36	770.26	65.09	139.95	94.55	45.40
2011	1204.16	11.69	966.08	944.39	93.60	132.78	75.75	57.03
2012	1313.62	11.07	1045.60	1023.76	107.71	149.25	89.94	59.32

1－8　主要能源流入量

年　份	能源总量(万吨标煤)		原煤	洗煤	焦炭	石油制品	天然气	电力
	当量热值	等价热值	(万吨)	(万吨)	(万吨)	(万吨)	(亿立方米)	(亿千瓦时)
1995	343.78	357.60	20.52	57.71	1.31	148.13	4.71	4.42
1996	383.68	386.87	21.12	61.65	1.81	166.16	5.82	1.14
1997	608.83	653.12	257.18	66.10	9.90	184.55	5.67	14.84
1998	505.10	544.00	58.21	70.73	45.47	192.59	4.89	12.68
1999	715.06	743.92	254.02	123.75	47.42	207.97	5.10	9.15
2000	1020.24	1029.35	745.28	147.01	29.10	177.53	5.17	3.73
2001	1260.49	1262.51	859.43	146.07	24.73	290.30	5.21	0.82
2002	1158.65	1159.73	553.18	185.78	86.35	314.90	4.92	0.45
2003	1182.83	1183.67	441.72	175.20	132.48	357.11	5.36	0.31
2004	1292.74	1295.74	492.22	142.47	179.58	391.49	5.58	1.07
2005	1548.44	1552.17	509.35	322.89	131.88	472.83	5.90	1.31
2006	1639.35	1662.51	503.58	325.46	131.88	535.84	5.21	8.91
2007	2213.47	2229.76	483.58	671.29	285.45	622.59	5.29	6.87
2008	1597.25	1603.05	83.68	511.79	25.45	672.52	5.15	2.44
2009	1857.95	1902.62	85.38	720.42	25.45	711.28	4.51	18.93
2010	2344.73	2391.96	402.60	746.26	21.28	920.78	3.58	21.22
2011	2644.38	2698.27	580.46	648.84	20.64	995.07	4.13	25.33
2012	3425.67	3465.99	1138.81	812.33	138.75	1071.33	4.25	19.74

1－9　主要能源流出量

年　份	能源总量(万吨标煤)		原煤	洗煤	焦炭	石油制品	天然气	电力
	当量热值	等价热值	(万吨)	(万吨)	(万吨)	(万吨)	(亿立方米)	(亿千瓦时)
1995	107.33	129.60	20.77	15.20	7.86	30.41	1.81	7.12
1996	142.87	145.90	73.40	20.00	14.84	35.39	1.21	1.08
1997	346.11	352.47	275.85	51.20	31.18	39.29	2.17	2.13
1998	139.68	160.48	26.24		40.98	41.46	0.89	6.78
1999	241.99	271.01	45.91	91.54	40.03	44.14	0.88	9.20
2000	189.52	196.48	50.66	102.85	57.95		0.08	2.85
2001	196.25	230.33	40.16	77.95	82.69			13.89
2002	201.37	284.20	99.68	69.80	24.02	1.29		34.29
2003	153.34	331.33	32.17	36.71	23.43			65.32
2004	295.07	500.76	154.87	35.63	62.90	2.35		74.25
2005	628.49	813.75	405.73	179.36	85.01	12.73		68.27
2006	736.62	1040.63	427.60	183.74	91.85	15.36		116.93
2007	1087.12	1480.38	608.02	506.51	72.85	13.05		165.86
2008	1060.77	1564.76	590.50	416.51	65.90	15.17		212.56
2009	1325.99	2037.27	638.11	347.01	235.83	15.02		301.56
2010	1778.69	2629.02	909.60	399.30	430.21	19.68		382.00
2011	2101.40	2901.96	1078.38	539.47	394.29	14.95		376.31
2012	2395.14	3317.54	1490.89	584.50	374.84	0.47		451.62

1－10　全国分地区能源消费总量

单位：万吨标准煤

地　区	2000年		2005年		2010年		2011年		2012年	
	绝对数	位次	绝对数	位次	绝对数	位次	绝对数	位次	绝对数	位次
北　京	4144	15	5522	20	6954	24	6995	25	7178	26
天　津	2794	23	4085	27	6818	25	7598	24	8208	24
河　北	11196	2	19836	2	27531	2	29498	2	30250	2
山　西	6728	7	12750	7	16808	10	18315	9	19336	9
内蒙古	3549	18	9666	12	16820	9	18737	8	19786	8
辽　宁	10656	3	13611	6	20947	6	22712	6	23526	6
吉　林	3766	17	5315	22	8297	19	9103	20	9443	21
黑龙江	6166	11	8050	14	11234	13	12119	13	12758	13
上　海	5499	12	8225	13	11201	14	11270	14	11362	15
江　苏	8612	5	17167	4	25774	4	27589	4	28850	4
浙　江	6560	8	12032	8	16865	8	17827	10	18076	10
安　徽	4879	13	6506	15	9707	16	10570	16	11358	16
福　建	3463	20	6142	16	9809	15	10653	15	11185	17
江　西	2505	26	4286	26	6355	26	6928	26	7233	25
山　东	11362	1	24162	1	34808	1	37132	1	38899	1
河　南	7919	6	14625	5	21438	5	23062	5	23647	5
湖　北	6269	10	10082	10	15138	11	16579	11	17675	11
湖　南	4071	16	9709	11	14880	12	16161	12	16744	12
广　东	9448	4	17921	3	26908	3	28480	3	29144	3
广　西	2669	25	4869	24	7919	22	8591	23	9155	23
海　南	480	30	822	30	1359	30	1601	30	1688	30
重　庆	2428	27	4943	23	7856	23	8792	22	9278	22
四　川	6518	9	11816	9	17892	7	19696	7	20575	7
贵　州	4279	14	5641	18	8175	21	9068	21	9878	20
云　南	3468	19	6024	17	8674	18	9540	19	10434	19
陕　西	2731	24	5571	19	8882	17	9761	18	10626	18
甘　肃	3012	22	4368	25	5923	27	6496	27	7007	27
青　海	897	29	1670	29	2568	29	3189	29	3524	29
宁　夏	1179	28	2536	28	3681	28	4316	28	4562	28
新　疆	3328	21	5506	21	8290	20	9927	17	11831	14

1－11　全国分地区煤炭消费总量

单位：万吨

地　区	2000 年		2005 年		2010 年		2011 年		2012 年	
	绝对数	位次	绝对数	位次	绝对数	位次	绝对数	位次	绝对数	位次
北　京	2720	21	3069	28	2635	28	2366	28	2270	28
天　津	2473	24	3801	24	4807	27	5262	27	5298	27
河　北	12115	2	20542	3	27465	3	30792	4	31359	4
山　西	14262	1	25872	2	29865	2	33479	3	34551	3
内蒙古	5908	9	13954	6	27004	4	34684	2	36620	2
辽　宁	9582	3	12710	7	16908	7	18054	8	18219	7
吉　林	4213	16	6447	17	9583	17	11035	17	11083	18
黑龙江	5815	11	8524	12	12219	12	13200	13	13965	13
上　海	4496	15	5306	19	5876	24	6142	26	5703	26
江　苏	8770	4	17159	5	23100	6	27364	6	27762	5
浙　江	5385	12	9681	9	13950	9	14776	10	14374	12
安　徽	5909	8	8323	14	13376	11	14123	11	14704	11
福　建	2160	27	4717	20	7026	20	8714	20	8485	20
江　西	2469	25	4243	21	6246	22	6988	24	6802	23
山　东	8698	6	26056	1	37328	1	38921	1	40233	1
河　南	8725	5	18468	4	26050	5	28374	5	25240	6
湖　北	6051	7	8873	10	13470	10	15805	9	15799	9
湖　南	3335	17	8739	11	11323	15	13006	14	12084	15
广　东	5890	10	9853	8	15984	8	18439	7	17634	8
广　西	2228	26	3619	26	6207	23	7033	23	7264	22
海　南	192	30	326	30	647	30	815	30	931	30
重　庆	2942	19	4196	22	6397	21	7189	22	6750	24
四　川	4862	14	8513	13	11520	14	11454	16	11872	17
贵　州	5146	13	7921	15	10908	16	12085	15	13328	14
云　南	3062	18	6682	16	9349	18	9664	19	9850	19
陕　西	2766	20	6049	18	11639	13	13318	12	15774	10
甘　肃	2480	23	3751	25	5390	26	6303	25	6558	25
青　海	522	29	949	29	1271	29	1508	29	1859	29
宁　夏	1042	28	3277	27	5765	25	7947	21	8055	21
新　疆	2702	22	3854	23	8106	19	9745	18	12028	16

1－12　全国分地区电力消费总量

单位：亿千瓦小时

地区	2000年		2005年		2010年		2011年		2012年	
	绝对数	位次	绝对数	位次	绝对数	位次	绝对数	位次	绝对数	位次
北　京	384	15	567	17	831	20	854	21	912	22
天　津	237	25	396	24	675	24	727	25	767	26
河　北	809	4	1502	5	2692	5	2985	5	3078	5
山　西	506	9	946	8	1460	10	1650	10	1766	10
内蒙古	256	24	668	14	1537	9	1834	9	2017	7
辽　宁	797	5	1111	7	1715	7	1862	8	1900	9
吉　林	301	22	378	25	577	27	631	28	787	25
黑龙江	397	14	569	16	763	22	817	24	828	24
上　海	559	8	922	10	1296	14	1340	14	1353	15
江　苏	972	3	2193	2	3864	2	4282	2	4581	2
浙　江	743	6	1642	4	2821	4	3117	4	3211	4
安　徽	339	16	582	15	1078	15	1221	15	1361	14
福　建	403	13	757	13	1315	13	1520	13	1580	13
江　西	209	26	414	23	701	23	835	23	868	23
山　东	1000	2	1977	3	3298	3	3635	3	3795	3
河　南	718	7	1387	6	2464	6	2823	6	2926	6
湖　北	503	10	867	11	1418	11	1573	11	1643	11
湖　南	406	12	787	12	1353	12	1545	12	1582	12
广　东	1335	1	2795	1	4060	1	4399	1	4619	1
广　西	322	18	510	20	993	17	1112	17	1154	17
海　南	42	30	82	30	158	30	185	30	210	30
重　庆	308	21	349	26	625	26	717	27	723	28
四　川	462	11	943	9	1549	8	1963	7	2010	8
贵　州	335	17	487	22	836	19	944	19	1047	20
云　南	317	19	557	18	1004	16	1204	16	1314	16
陕　西	314	20	516	19	859	18	982	18	1067	19
甘　肃	295	23	489	21	804	21	923	20	995	21
青　海	116	28	208	29	465	29	561	29	602	29
宁　夏	115	29	307	28	547	28	725	26	742	27
新　疆	183	27	310	27	662	25	839	22	1152	18

二、能源资源与建设

ENERGY RESOURCES AND CONSTRUCTION

2－1 主要能源资源

全省及分流域水力资源

水力名称	理论蕴藏量		技术可开发量		经济可开发量	
	年电量（亿 KW·h）	平均功率（MW）	装机容量（MW）	年发电量（亿 KW·h）	装机容量（MW）	年发电量（亿 KW·h）
全省合计	9144.21	104386.0	101939.1	4918.81	97950.4	4712.83
金沙江	3503.08	39989.5	46339.9	2199.29	45981.5	2178.25
澜沧江	2181.51	24903.1	27489.5	1294.84	25584.2	1198.84
怒江	1590.34	18154.6	17988.1	900.46	17968.1	899.26
红河	882.94	10079.3	4258.5	217.07	4022.5	203.06
珠江	340.96	3892.2	2214.3	111.28	2174.3	109.13
伊洛瓦底江	645.38	7367.3	3648.8	195.87	2219.8	124.29

全省原煤资源储量

地区	储量（亿吨）	保有储量（亿吨）	褐煤（亿吨）	无烟煤（亿吨）	烟煤（亿吨）	煤层气（2千米以浅）（亿立方米）
全省合计	300.34	289.84	153.39	59.1	77.35	5264.59

全省其它能源资源储量

地区	天然气（亿立方米）	原油（万吨）	薪材年可采量（万吨）	秸秆年可采量（万吨）	太阳能（亿吨标准煤/年）	风能及地热能（亿吨标准煤/年）
全省合计	30000	109	175	3222	714	

注：全省原煤资源储量资料来源《截止二OO九年底云南省矿产资源储量简表》、《云南省煤炭及煤层气资源潜力评价报告》，其他资料来源《云南资源大全》2006年

2-2 历年发电装机容量构成及比重

年份	总计（万千瓦）	水电		火电		新能源及其他	
		装机容量	比重(%)	装机容量	比重(%)	容量	比重(%)
2002	915	620	67.8	295	32.2		
2003	1040	679	65.3	361	34.7		
2004	1171	731.5	62.5	439.5	37.5		
2005	1330	860.5	64.7	469.5	35.3		
2006	1853	1023	55.2	830	44.8		
2007	2264	1224.5	54.1	1039.5	45.9		
2008	2578	1577	61.2	1001	38.8		
2009	3195	2113	66.1	1070	33.5	12	0.4
2010	3716	2570	69.2	1112	29.9	34	0.9
2011	4202	2956	70.3	1174	27.9	72	1.7
2012	5042	3499	69.4	1390	27.6	153	3.0

2－3 2012年各州市能源工业投资

单位：亿元

州市	能源工业投资	煤炭开采和洗选业	石油和天然气开采业	电力、热力生产和供应业	石油加工、炼焦和核燃料加工业	燃气生产和供应业
云南省	1083.78	175.07		862.07	28.99	17.65
昆明市	59.38	5.69		39.93	2.35	11.40
曲靖市	150.90	93.45		28.02	26.04	3.39
玉溪市	14.48	1.60		12.81		0.07
保山市	14.34	1.04		13.04		0.27
昭通市	186.83	28.36		157.72		0.75
丽江市	93.02	8.50		84.45		0.07
普洱市	105.57	1.50		103.78		0.30
临沧市	13.05	0.35		12.71		
楚雄州	45.87	7.68		37.67	0.13	0.39
红河州	39.62	21.86		17.26	0.16	0.34
文山州	34.67	2.65		31.43	0.16	0.43
西双版纳州	6.27	0.00		6.27		
大理州	121.68	2.30		119.24	0.15	
德宏州	12.45			12.43		0.03
怒江州	28.67			28.67		
迪庆州	27.12	0.10		26.80		0.22

2-4 2012年各州市能源工业投资构成

单位:%

州市	能源工业投资	煤炭开采和洗选业	石油和天然气开采业	电力、热力生产和供应业	石油加工、炼焦和核燃料加工业	燃气生产和供应业
云南省	100.0	100.0		100.0	100.0	100.0
昆明市	5.5	3.3		4.6	8.1	64.6
曲靖市	13.9	53.4		3.2	89.8	19.2
玉溪市	1.3	0.9		1.5		0.4
保山市	1.3	0.6		1.5		1.5
昭通市	17.2	16.2		18.3		4.2
丽江市	8.6	4.9		9.8		0.4
普洱市	9.7	0.9		12.0		1.7
临沧市	1.2	0.2		1.5		
楚雄州	4.2	4.4		4.4	0.5	2.2
红河州	3.7	12.5		2.0	0.6	1.9
文山州	3.2	1.5		3.6	0.6	2.4
西双版纳州	0.6			0.7		
大理州	11.2	1.3		13.8	0.5	
德宏州	1.1			1.4		0.1
怒江州	2.6			3.3		
迪庆州	2.5	0.1		3.1		1.2

2－5　全国分地区能源工业投资

单位：亿元

地　区	2000 年		2005 年		2010 年		2011 年		2012 年	
	绝对数	位次	绝对数	位次	绝对数	位次	绝对数	位次	绝对数	位次
北　京	58	24	117	27	134	29	141	29	192	28
天　津	100	16	178	21	546	16	431	22	447	24
河　北	200	6	417	9	882	10	963	8	1051	10
山　西	157	11	603	4	1521	2	1919	1	2113	1
内蒙古	40	27	790	1	2093	1	1903	2	1827	2
辽　宁	190	7	321	13	1191	3	960	9	1059	9
吉　林	80	20	160	23	774	12	616	16	739	15
黑龙江	225	3	335	12	1014	6	983	7	1113	7
上　海	115	14	139	25	199	27	145	28	160	29
江　苏	223	4	560	5	479	20	598	18	840	13
浙　江	215	5	478	7	430	22	529	19	623	18
安　徽	81	19	294	15	527	17	481	21	624	17
福　建	125	13	247	19	637	15	630	15	728	16
江　西	60	23	133	26	281	26	331	26	298	26
山　东	393	1	764	2	972	8	1133	6	1275	6
河　南	188	8	498	6	773	13	827	12	785	14
湖　北	239	2	287	16	512	18	518	20	491	21
湖　南	96	17	249	18	496	19	601	17	607	19
广　东	182	9	674	3	966	9	891	11	999	11
广　西	87	18	187	20	368	23	421	23	473	23
海　南	15	30	83	30	61	30	101	30	124	30
重　庆	50	26	164	22	316	25	343	25	483	22
四　川	137	12	431	8	1050	4	1315	3	1427	4
贵　州	72	21	269	17	467	21	704	13	513	20
云　南	57	25	371	11	832	11	891	10	1084	8
西　藏	10	31	15	31	53	31	64	31	90	31
陕　西	106	15	301	14	1043	5	1235	4	1343	5
甘　肃	65	22	142	24	667	14	638	14	851	12
青　海	30	28	86	29	141	28	232	27	295	27
宁　夏	19	29	104	28	351	24	414	24	422	25
新　疆	180	10	375	10	988	7	1233	5	1491	3

2-6 分地区规模以上工业原煤生产企业数

单位：户

地 区	2005年	2006年	2007年	2008年	2009年	2010年	2011年	2012年
云南省	96	134	162	283	418	505	320	376
昆明市	3	3	5	7	12	9	6	6
曲靖市	44	89	90	167	213	275	172	202
玉溪市	2	2	2	2	3	3	3	3
保山市			1	1	1	3	1	1
昭通市	13	8	21	62	138	155	92	114
丽江市	12	10	15	13	17	18	20	21
普洱市	5	6	5	6	7	8	4	6
临沧市	4	4	4	4	2	2	2	2
楚雄州	4	5	6	8	9	11	6	7
红河州	3	3	6	6	7	10	9	9
文山州	2	2	4	4	5	5	1	1
西双版纳州	1							
大理州	1	2	3	3	4	6	4	4
德宏州	2							
怒江州								
迪庆州								

2-7 分地区规模以上工业洗煤生产企业数

单位：户

地　区	2005 年	2006 年	2007 年	2008 年	2009 年	2010 年	2011 年	2012 年
云南省	36	42	47	47	44	51	48	69
昆明市						2	1	2
曲靖市	20	25	27	29	24	27	30	40
玉溪市								1
保山市								
昭通市			1	3	6	5	2	3
丽江市	13	14	15	13	11	13	12	16
普洱市								
临沧市								
楚雄州	2	2	2	1	1	2	1	3
红河州	1	1	2	1	1	1	1	2
文山州								
西双版纳州								
大理州					1	1	1	2
德宏州								
怒江州								
迪庆州								

2-8 分地区规模以上工业焦炭生产企业数

单位：户

地　区	2005 年	2006 年	2007 年	2008 年	2009 年	2010 年	2011 年	2012 年
云南省	47	51	44	44	47	43	39	40
昆明市	6	8	8	7	7	6	5	5
曲靖市	34	35	28	29	30	28	27	28
玉溪市	1	2	1	1	2	1	1	1
保山市								
昭通市								
丽江市	3	3	3	3	3	2		
普洱市								
临沧市								
楚雄州	1	1	1	1	1	1	1	1
红河州	2	2	3	3	4	5	5	5
文山州								
西双版纳州								
大理州								
德宏州								
怒江州								
迪庆州								

2-9 分地区规模以上工业电力生产企业数

单位：户

地　区	2005 年	2006 年	2007 年	2008 年	2009 年	2010 年	2011 年	2012 年
云南省	233	257	281	296	356	390	276	307
昆明市	17	21	21	15	27	29	28	33
曲靖市	30	33	35	38	44	45	37	36
玉溪市	17	14	13	12	15	18	10	12
保山市	13	12	13	15	18	14	11	12
昭通市	19	17	15	19	26	29	18	21
丽江市	4	6	7	8	9	10	8	10
普洱市	20	20	21	21	24	25	23	24
临沧市	22	24	27	30	29	30	26	27
楚雄州	9	10	11	10	11	13	9	11
红河州	28	39	46	49	53	54	35	38
文山州	14	16	21	24	32	37	20	22
西双版纳州	10	8	10	11	13	14	8	8
大理州	13	15	14	14	19	21	17	20
德宏州	12	17	20	22	26	39	23	27
怒江州	1	1	4	4	7	7	2	4
迪庆州	4	4	3	3	3	4	1	2

2－10 分地区规模以上工业火电生产企业数

单位：户

地 区	2005年	2006年	2007年	2008年	2009年	2010年	2011年	2012年
云南省	91	94	97	98	98	103	106	118
昆明市	7	10	11	11	10	12	18	21
曲靖市	14	15	17	19	22	23	22	20
玉溪市	8	8	6	5	6	6	7	8
保山市	8	4	4	4	6	5	5	6
昭通市	3	2	1	1	1	1	1	3
丽江市	1	2	2	2	2	2	1	2
普洱市	8	8	8	9	10	10	9	10
临沧市	13	14	14	15	12	14	15	15
楚雄州	3	3	3	2	2	4	2	2
红河州	13	15	19	18	15	15	15	17
文山州				1	1	1	1	2
西双版纳州	5	5	5	4	4	4	4	5
大理州	1	1	1	1	1	1	1	2
德宏州	7	7	6	6	6	5	5	5
怒江州								
迪庆州								

2－11 分地区规模以上工业水电生产企业数

单位：户

地 区	2005年	2006年	2007年	2008年	2009年	2010年	2011年	2012年
云南省	142	163	184	198	258	289	169	182
昆明市	10	11	10	4	17	17	9	10
曲靖市	16	18	18	19	22	22	15	16
玉溪市	9	6	7	7	9	12	3	4
保山市	5	8	9	11	12	12	9	9
昭通市	16	15	14	18	25	28	17	18
丽江市	3	4	5	6	7	8	7	8
普洱市	12	12	13	12	14	15	14	15
临沧市	9	10	13	15	17	17	12	13
楚雄州	6	7	8	8	9	9	7	7
红河州	15	24	27	31	38	39	20	20
文山州	14	16	21	23	31	36	19	19
西双版纳州	5	3	5	7	9	10	4	3
大理州	12	14	13	13	18	18	12	12
德宏州	5	10	14	16	20	34	18	22
怒江州	1	1	4	4	7	7	2	4
迪庆州	4	4	3	3	3	4	1	2

2－12　分地区加油站数

单位：户

地　区	2005 年	2006 年	2007 年	2008 年	2009 年	2010 年	2011 年	2012 年
云南省	3236	3298	3295	3342	3418	3490	3479	3577
昆明市	503	497	494	502	510	538	511	539
曲靖市	388	398	404	402	415	415	435	438
玉溪市	237	243	232	225	222	222	216	216
保山市	196	196	202	202	204	204	207	210
昭通市	198	191	187	201	210	216	210	226
丽江市	98	100	103	103	112	112	114	115
普洱市	266	262	265	265	261	258	254	262
临沧市	117	129	134	137	144	151	162	168
楚雄州	190	192	195	203	205	232	199	188
红河州	259	271	280	293	304	303	324	324
文山州	210	214	223	223	238	241	233	244
西双版纳州	147	156	156	159	164	164	168	177
大理州	198	214	189	191	191	195	203	216
德宏州	153	155	147	149	149	150	154	160
怒江州	30	32	33	35	35	35	35	35
迪庆州	46	48	51	52	54	54	54	59

三、能源生产

ENERGY PRODUCTION

3－1 能源生产弹性系数

年　份	当年能源生产增长(%)	当年电力生产增长(%)	当年生产总值增长(%)	当年能源生产弹性系数	当年电力生产弹性系数
1990	4.71	10.22	8.7	0.54	1.17
1991	3.42	11.98	6.6	0.52	1.82
1992	6.95	10.58	10.9	0.64	0.97
1993	2.72	10.48	11.1	0.24	0.94
1994	14.47	18.22	12.2	1.19	1.49
1995	11.57	12.29	11.7	0.99	1.05
1996	10.51	11.05	11.1	0.95	1.00
1997	2.47	-0.20	9.7	0.25	-0.02
1998	-6.43	4.54	8.1	-0.79	0.56
1999	-7.49	12.69	7.3	-1.03	1.74
2000	8.99	6.46	7.5	1.20	0.86
2001	5.65	13.25	6.8	0.83	1.95
2002	24.83	18.76	9.0	2.76	2.08
2003	10.69	11.20	8.8	1.21	1.27
2004	23.48	15.43	11.3	2.08	1.37
2005	20.15	13.89	9.0	2.26	1.56
2006	13.48	20.74	11.6	1.16	1.79
2007	7.76	20.02	12.2	0.64	1.64
2008	16.02	14.93	10.6	1.51	1.41
2009	3.37	12.91	12.1	0.28	1.07
2010	12.37	16.27	12.3	1.01	1.32
2011	10.55	13.94	13.7	0.77	1.02
2012	8.46	12.24	13.0	0.65	0.94

注：2005至2008年数据根据云南省第二次全国经济普查数据修正。

3－2 能源生产总量及其构成（按等价热值计算）

年 份	能源生产总量（万吨标准煤）	占能源生产总量的比重（%）				
		原煤	石油	天然气	一次电	其它能源
1990	1594.50	79.80			20.20	
1991	1649.02	75.30			24.70	
1992	1763.66	77.10			22.90	
1993	1811.57	75.70		0.00	24.30	
1994	2073.79	71.50		0.00	28.50	
1995	2343.29	69.20		0.00	30.80	
1996	2514.30	68.60		0.00	31.40	
1997	3080.05	71.85		0.00	28.15	
1998	2451.49	71.99		0.00	28.01	
1999	2267.97	67.06		0.00	32.94	
2000	2471.77	64.03	0.00		32.11	3.86
2001	2611.54	65.48	0.00		30.53	3.99
2002	3259.95	67.19	0.00		29.41	3.40
2003	3608.45	64.24			30.78	4.98
2004	4455.68	68.13			27.04	4.83
2005	5353.36	68.93			26.61	4.46
2006	6075.09	75.29			22.42	2.29
2007	6546.65	73.82	0.00		23.70	2.48
2008	7595.31	68.87			29.48	1.65
2009	7851.21	68.65			28.59	2.75
2010	8822.03	66.60			32.05	1.35
2011	9752.64	63.97	0.00	0.01	35.03	0.99
2012	10577.62	59.33	0.00	0.01	39.15	1.52

3－3 能源生产总量及其构成(按当量热值计算)

年 份	能源生产总量(万吨标准煤)	占能源生产总量的比重(%)				
		原煤	石油	天然气	一次电	其它能源
1990	1365.15	93.21			6.79	
1991	1356.16	91.56			8.44	
1992	1471.94	92.38			7.62	
1993	1543.21	90.04		0.00	9.96	
1994	1647.45	90.00		0.00	10.00	
1995	1836.36	88.30		0.00	10.85	0.85
1996	2003.00	86.11		0.00	11.19	2.69
1997	2579.81	85.78		0.00	7.99	6.23
1998	2434.59	87.41		0.00	8.58	4.01
1999	2145.48	85.28		0.00	10.59	4.12
2000	1943.66	81.43	0.00		13.66	4.91
2001	2080.33	82.20	0.00		12.79	5.01
2002	2624.51	83.46	0.00		12.32	4.23
2003	2843.03	81.54			12.14	6.32
2004	3619.45	83.87			10.18	5.95
2005	4358.14	84.66			9.85	5.49
2006	5150.21	88.81			8.49	2.70
2007	5524.85	87.48	0.00		9.59	2.94
2008	6120.64	85.46			12.49	2.05
2009	6375.27	84.55			12.06	3.39
2010	7000.36	83.94		0.01	14.37	1.68
2011	7587.55	82.23	0.00	0.01	16.48	1.28
2012	7992.51	78.52	0.00	0.01	19.46	2.01

3－4 分能源品种实物生产量

年 份	原煤（万吨）	无烟煤（万吨）	烟煤		褐煤（万吨）	洗煤（万吨）	洗精煤（万吨）	其它洗煤（万吨）	煤制品（万吨）	焦炭（万吨）
			炼焦烟煤（万吨）	一般烟煤（万吨）						
1990	2227.00	469.90	1198.13		558.98	184.37	122.91	61.46		250.44
1991	2194.00	465.13	1175.98		552.89	198.05	132.03	66.02		249.07
1992	2379.00	506.73	1270.39		601.89	193.41	128.94	64.47		269.89
1993	2402.00	514.03	1277.86		610.11	187.64	125.09	62.55		245.02
1994	2597.00	558.36	1376.41		662.24	244.32	162.88	81.44		321.15
1995	2803.00	605.45	1479.98		717.57	267.72	178.48	89.24	3.11	370.27
1996	3072.00	666.62	1615.87		789.50	291.36	194.24	97.12	3.25	388.87
1997	3296.67	718.67	1727.46		850.54	328.34	218.89	109.45	3.68	424.28
1998	3090.67	676.86	1613.33		800.48	331.70	221.13	110.57	4.16	405.84
1999	2663.63	586.00	1385.09		692.54	312.44	208.29	104.15	5.21	387.76
2000	2215.61	490.66	1151.55		573.40	329.45	207.71	121.74	6.51	359.87
2001	2394.10	347.60	1209.87		836.65	313.13	212.72	100.41	6.61	444.00
2002	3066.25	540.10	1648.58		877.57	379.34	245.85	133.49	5.90	532.33
2003	4059.78	899.06	2110.05		1050.67	425.64	260.29	165.35	5.31	659.67
2004	5316.61	1177.39	2763.28		1375.94	532.94	417.20	115.74	6.39	917.59
2005	6462.14	1495.70	3294.04		1672.40	727.62	550.80	176.82	10.48	1213.72
2006	7339.08	1761.38	3742.93		1834.77	912.27	733.23	179.04	24.35	1233.67
2007	7755.19	1976.69	3991.62		1786.88	1058.28	670.91	387.37	20.50	1184.40
2008	8657.43	2337.51	4415.29		1904.63	1263.68	871.47	392.22	20.84	1391.61
2009	8921.02	2452.26	4502.47		1966.29	1220.91	826.25	394.66	23.09	1456.52
2010	9763.38	2852.44	4834.87	3761.94	2076.08	1454.97	990.63	464.34	82.40	1607.26
2011	9957.41	3156.82	550.73	4004.98	2244.89	1736.15	1142.14	594.01	22.57	1602.74
2012	10384.72	3467.18	765.91	3980.93	2170.70	2596.39	1718.68	877.71	20.58	1586.36

3－4 分能源品种实物生产量(续1)

年 份	焦炉煤气(亿立方米)	其它煤气(亿立方米)	其它焦化产品(万吨)	原油(万吨)	天然气(亿立方米)	电力(亿千瓦时)	其中：火电(亿千瓦时)	水电(亿千瓦时)	风电(亿千瓦时)	其它能源(万吨标准煤)
1990	3. 24	12. 11	4. 07			125. 78	50. 32	75. 46		
1991	3. 51	13. 27	4. 32			140. 85	47. 73	93. 12		
1992	3. 61	14. 03	4. 65			155. 75	64. 49	91. 26		
1993	4. 22	13. 72	5. 83		1. 12	172. 07	46. 98	125. 09		
1994	3. 92	15. 26	7. 88		1. 61	203. 42	69. 42	134. 00		
1995	4. 79	20. 41	8. 33		1. 81	228. 42	66. 37	162. 05		
1996	5. 24	25. 00	8. 78		1. 21	253. 65	71. 20	182. 45		
1997	5. 49	24. 46	10. 16		0. 99	253. 14	85. 51	167. 63		
1998	5. 46	20. 93	8. 14		0. 89	264. 62	94. 64	169. 98		
1999	5. 46	20. 99	7. 68		0. 88	298. 20	113. 29	184. 91		
2000	5. 59	22. 82	8. 04	0. 13	0. 08	317. 46	101. 38	216. 08		94. 52
2001	5. 76	38. 60	9. 37	0. 12	0. 08	359. 53	143. 05	216. 48		103. 20
2002	6. 74	40. 35	11. 49	0. 10	0. 19	426. 99	163. 96	263. 03		108. 72
2003	7. 80	51. 13	13. 35	0. 09	0. 24	474. 80	193. 90	280. 90		176. 76
2004	8. 25	59. 38	14. 72	0. 09	0. 18	548. 06	248. 22	299. 84		212. 85
2005	8. 71	64. 36	17. 78	0. 09	0. 22	624. 20	275. 01	349. 19		236. 05
2006	7. 86	68. 10	34. 95	0. 08	0. 24	753. 63	397. 91	355. 72		136. 01
2007	7. 86	101. 28	43. 85	0. 10	0. 20	904. 51	473. 55	430. 96		159. 36
2008	16. 53	105. 43	51. 44	0. 07	0. 12	1039. 56	417. 60	621. 96		123. 67
2009	17. 94	144. 77	66. 63	0. 05	0. 02	1173. 82	548. 07	623. 71	2. 04	215. 85
2010	22. 07	146. 65	88. 47	0. 04	0. 06	1364. 85	546. 39	813. 81	4. 55	100. 92
2011	22. 32	164. 90	98. 69	0. 03	0. 06	1555. 13	536. 06	1007. 41	10. 05	84. 60
2012	20. 87	200. 52	101. 87	0. 02	0. 05	1745. 51	479. 80	1238. 24	26. 02	160. 56

3－5 分地区电力生产量

单位：亿千瓦时

年 份	昆明市	曲靖市	玉溪市	保山市	昭通市	丽江市	普洱市	临沧市
2000	30.37	89.12	11.30	7.47	8.77	5.16	5.03	61.45
2001	40.27	113.23	10.40	7.33	8.76	5.46	5.61	53.72
2002	78.05	122.98	11.73	7.78	9.21	6.36	6.13	59.71
2003	105.67	134.69	9.85	7.64	9.43	6.56	5.39	64.50
2004	114.80	181.47	8.78	9.01	13.05	7.10	5.46	68.83
2005	124.23	207.46	8.36	15.97	14.35	7.22	6.44	71.90
2006	138.53	285.37	9.15	15.46	16.70	7.65	8.99	60.92
2007	162.73	303.70	11.91	24.70	23.30	8.32	15.81	69.29
2008	136.87	292.58	14.27	31.09	33.11	28.55	42.06	86.36
2009	166.28	386.90	14.59	23.91	40.25	11.17	42.04	68.34
2010	178.07	377.58	10.04	28.60	45.88	11.08	59.65	74.95
2011	176.05	345.87	14.59	52.72	58.13	68.70	70.01	85.22
2012	552.38	292.88	13.94	56.72	156.13	125.46	70.87	19.79

3－5 分地区电力生产量(续)

单位：亿千瓦时

年 份	楚雄州	红河州	文山州	西双版纳州	大理州	德宏州	怒江州	迪庆州
2000	4.27	55.41	12.71	3.59	17.14	6.36	1.29	5.05
2001	4.43	57.32	14.60	4.06	20.02	6.89	1.29	6.14
2002	5.21	61.00	16.14	4.60	20.90	8.79	1.91	6.49
2003	3.60	69.95	16.83	4.85	16.36	9.62	2.88	6.98
2004	5.01	74.28	18.71	4.55	13.63	8.44	2.70	7.96
2005	5.99	79.84	33.49	5.09	19.19	12.10	4.56	8.01
2006	6.55	106.18	36.92	6.65	16.65	20.10	9.12	8.70
2007	9.09	167.42	42.76	8.42	22.34	31.18	9.13	11.10
2008	15.60	166.47	54.37	9.58	32.04	39.39	14.52	19.30
2009	14.10	161.61	48.78	64.17	35.84	74.12	11.19	10.53
2010	12.39	164.82	36.76	68.71	28.40	101.21	10.63	12.30
2011	10.87	183.19	55.54	76.19	204.29	110.98	21.62	21.16
2012	14.32	154.11	67.68	8.62	39.41	114.73	29.40	24.86

3－6 分地区火电生产量

单位：亿千瓦时

年 份	昆明市	曲靖市	玉溪市	保山市	昭通市	丽江市	普洱市	临沧市
2000	23.39	38.99	0.78	0.42	0.70	0.02	0.63	1.05
2001	34.00	60.68	0.50	0.45	0.67	0.02	0.90	0.94
2002	37.81	73.64	0.62	0.54	0.69	0.03	1.15	0.91
2003	44.28	88.95	0.65	0.58	0.75	0.03	1.14	0.97
2004	42.88	137.47	0.56	0.50	0.74	0.02	1.34	1.06
2005	51.48	158.71	0.55	0.52	0.06	0.01	1.59	1.06
2006	75.76	238.50	0.62	0.36	0.02	0.72	0.86	1.14
2007	93.73	250.28	0.64	0.55	0.02	1.07	1.51	1.52
2008	66.98	230.49	0.80	0.67	0.02	1.11	1.66	1.64
2009	101.08	327.55	1.45	0.62	0.02	0.91	1.61	1.44
2010	104.02	316.20	1.96	0.34	0.01	0.33	1.52	1.53
2011	96.75	302.19	2.74	0.43	0.01	0.24	1.31	2.23
2012	82.61	233.09	2.84	0.62	54.28	0.25	1.97	2.62

3－6 分地区火电生产量(续)

单位：亿千瓦时

年 份	楚雄州	红河州	文山州	西双版纳州	大理州	德宏州	怒江州	迪庆州
2000	0.48	33.47		0.45	0.05	1.05		
2001	0.80	42.93		0.39	0.04	0.73		
2002	0.86	46.40		0.41	0.05	0.85		
2003	0.77	53.88		0.48	0.05	1.37		
2004	1.04	57.15		0.55	0.04	1.46		
2005	1.71	58.03		0.42	0.04	0.83		
2006	1.75	76.82		0.40	0.04	0.93		
2007	2.35	120.03		0.34	0.05	1.46		
2008	3.58	105.82	0.05	0.36	0.05	1.24		
2009	4.23	107.51	0.05	0.34	0.07	1.19		
2010	4.92	113.92	0.04	0.36	0.03	1.20		
2011	4.29	124.26	0.03	0.45	0.02	1.12		
2012	4.52	94.74	0.32	0.39	0.28	1.28		

3－7 分地区水电生产量

单位：亿千瓦时

年 份	昆明市	曲靖市	玉溪市	保山市	昭通市	丽江市	普洱市	临沧市
2000	5.56	50.14	10.53	7.05	8.07	5.14	4.40	60.41
2001	6.27	52.55	9.90	6.88	8.09	5.44	4.71	52.78
2002	40.24	49.34	11.11	7.24	8.52	6.33	4.98	58.80
2003	61.39	45.74	9.20	7.06	8.68	6.53	4.25	63.53
2004	71.92	44.00	8.22	8.51	12.31	7.08	4.12	67.77
2005	72.75	48.75	7.81	15.45	14.29	7.21	4.85	70.84
2006	62.77	46.87	8.53	15.10	16.68	6.93	8.13	59.78
2007	69.00	53.42	11.27	24.15	23.28	7.25	14.30	67.77
2008	69.89	62.09	13.47	30.42	33.09	27.44	40.40	84.72
2009	65.20	59.35	13.14	23.29	40.23	10.26	40.43	66.90
2010	73.95	58.91	8.08	28.26	45.87	10.74	58.13	73.42
2011	77.70	40.42	11.85	52.29	58.11	68.47	68.70	82.99
2012	467.10	55.50	11.10	56.10	101.85	125.22	68.90	17.16

3－7 分地区水电生产量(续)

单位：亿千瓦时

年 份	楚雄州	红河州	文山州	西双版纳州	大理州	德宏州	怒江州	迪庆州
2000	3.77	13.23	12.71	3.14	16.24	5.31	1.29	5.05
2001	3.63	14.39	14.60	3.67	19.98	6.16	1.29	6.14
2002	4.35	14.60	16.14	4.19	20.85	7.94	1.91	6.49
2003	2.83	16.07	16.83	4.37	16.31	8.25	2.88	6.98
2004	3.97	17.13	18.71	4.00	13.59	6.98	2.70	7.96
2005	4.28	21.81	33.49	4.67	19.15	11.27	4.56	8.01
2006	4.80	29.36	36.92	6.25	16.61	19.17	9.12	8.70
2007	7.84	47.39	41.66	8.08	22.29	29.72	9.13	11.10
2008	12.02	60.65	54.32	9.22	31.99	38.15	14.52	19.30
2009	9.87	54.10	48.73	63.83	35.77	72.93	11.19	10.53
2010	7.47	50.90	36.72	68.35	26.28	100.01	10.63	12.30
2011	6.58	58.93	55.51	75.74	197.48	109.85	21.62	21.16
2012	7.52	56.19	65.67	8.23	25.79	113.46	29.40	24.86

四、能源消费

ENERGY CONSUMPTION

4－1 能源消费弹性系数

年　份	当年能源消费增长(%)	当年电力消费增长(%)	当年生产总值增长(%)	当年能源消费弹性系数	当年电力消费弹性系数
1990	14.49	12.60	8.70	1.67	1.45
1991	0.40	13.26	6.60	0.06	2.01
1992	2.79	9.79	10.90	0.26	0.90
1993	3.63	26.98	11.10	0.33	2.43
1994	9.24	－0.58	12.20	0.76	－0.05
1995	15.67	14.41	11.70	1.34	1.23
1996	6.77	12.82	11.10	0.61	1.16
1997	21.62	4.56	9.70	2.23	0.47
1998	－1.88	2.44	8.10	－0.23	0.30
1999	－2.27	9.75	7.30	－0.31	1.34
2000	5.49	6.93	7.50	0.73	0.92
2001	7.86	9.40	6.80	1.16	1.38
2002	10.43	13.37	9.00	1.16	1.48
2003	7.71	4.15	8.80	0.88	0.47
2004	17.08	15.96	11.30	1.51	1.41
2005	15.63	17.27	8.90	1.74	1.94
2006	9.90	15.86	11.60	0.85	1.37
2007	7.73	15.47	12.20	0.63	1.27
2008	5.30	11.26	10.60	0.50	1.06
2009	6.94	7.44	12.10	0.57	0.62
2010	7.99	22.04	12.30	0.65	1.79
2011	9.98	19.90	13.70	0.73	1.45
2012	9.36	9.28	13.00	0.72	0.71

注：2005至2008年数据根据云南省第二次全国经济普查数据修正。

4－2　能源消费总量及其构成(按等价热值计算)

年　份	能源消费总量(万吨标准煤)	占能源消费总量的比重(%)				
		煤炭	石油	天然气	一次电	其它
1990	1954. 18	71. 70	7. 20	2. 80	18. 30	
1991	1961. 92	67. 00	8. 50	2. 80	21. 70	
1992	2016. 61	69. 40	8. 00	2. 70	19. 90	
1993	2089. 80	70. 00	8. 00	2. 70	19. 30	
1994	2282. 80	66. 00	7. 70	2. 50	23. 80	
1995	2640. 55	66. 10	6. 90	2. 20	24. 80	
1996	2819. 43	64. 50	6. 90	2. 50	26. 10	
1997	3428. 98	71. 38	6. 01	2. 01	20. 60	
1998	3364. 49	71. 31	6. 52	1. 76	20. 41	
1999	3287. 97	68. 22	7. 18	1. 88	22. 72	
2000	3468. 33	62. 61	7. 46	1. 81	25. 39	2. 73
2001	3741. 03	62. 33	10. 62	1. 72	22. 57	2. 76
2002	4131. 31	61. 04	11. 12	1. 51	23. 70	2. 63
2003	4449. 97	60. 85	11. 64	1. 53	22. 01	3. 97
2004	5209. 81	63. 30	11. 13	1. 34	20. 16	4. 07
2005	6023. 97	62. 48	11. 14	1. 35	21. 11	3. 92
2006	6620. 57	67. 70	11. 52	1. 09	17. 62	2. 05
2007	7132. 63	66. 47	12. 37	1. 02	17. 93	2. 21
2008	7510. 82	60. 83	12. 81	0. 93	23. 79	1. 65
2009	8032. 06	62. 62	12. 74	0. 75	21. 22	2. 68
2010	8674. 17	56. 73	15. 11	0. 56	23. 98	3. 62
2011	9540. 28	55. 97	14. 88	0. 53	27. 72	0. 89
2012	10433. 68	53. 16	14. 93	0. 50	29. 87	1. 54

4－3　能源消费总量及其构成(按当量热值计算)

年　份	能源消费总量(万吨标准煤)	占能源消费总量的比重(%)				
		煤炭	石油	天然气	一次电	其它
1990	1688.40	82.99	8.33	3.24	5.44	
1991	1650.81	79.63	10.10	3.33	6.94	
1992	1726.84	81.05	9.34	3.15	6.46	
1993	1862.18	78.56	8.98	3.03	9.44	
1994	1897.79	79.39	9.26	3.01	8.34	
1995	2136.67	79.63	8.53	2.72	9.13	
1996	2311.65	78.88	8.42	3.05	9.65	
1997	2896.65	83.09	7.11	2.38	7.41	
1998	2825.36	82.59	7.76	2.10	7.55	
1999	2709.63	80.66	8.71	2.28	8.34	
2000	2940.74	76.82	8.80	2.13	9.02	3.22
2001	3240.39	74.64	12.26	1.99	7.93	3.19
2002	3576.86	74.05	12.84	1.74	8.33	3.04
2003	3861.70	72.53	13.41	1.76	7.72	4.57
2004	4576.79	74.19	12.67	1.53	6.98	4.63
2005	5219.55	73.72	12.86	1.56	7.34	4.52
2006	5976.53	77.48	12.77	1.21	6.27	2.27
2007	6487.79	76.11	13.60	1.13	6.73	2.43
2008	6534.34	72.98	14.72	1.07	9.33	1.89
2009	7222.76	73.94	14.16	0.83	8.08	2.98
2010	7655.60	68.48	17.12	0.63	9.67	4.10
2011	8121.85	68.92	17.48	0.63	11.92	1.05
2012	8730.66	66.31	17.85	0.60	13.41	1.83

4－4 分能源品种实物消费总量

单位：亿元

年 份	原煤（万吨）	洗精煤（万吨）	其他洗煤（万吨）	煤制品（万吨）	焦炭（万吨）	焦炉煤气（亿立方米）	其它煤气（亿立方米）	其它焦化产品（万吨）
1990	2263. 68	116. 23	78. 80		245. 28	3. 24	12. 11	4. 07
1991	2230. 13	115. 05	77. 34		241. 64	3. 51	13. 27	4. 32
1992	2418. 18	125. 34	83. 55		262. 02	3. 61	14. 03	4. 65
1993	2407. 13	127. 23	80. 13		253. 59	4. 22	13. 72	5. 83
1994	2470. 56	175. 00	82. 74		308. 97	3. 92	15. 26	7. 88
1995	2728. 53	217. 07	77. 50	3. 11	370. 85	4. 79	20. 41	8. 33
1996	3003. 12	237. 34	99. 08	3. 25	382. 54	5. 24	25. 00	8. 78
1997	3285. 69	234. 10	155. 19	3. 68	394. 07	5. 49	24. 46	10. 16
1998	3139. 18	243. 45	127. 54	4. 16	405. 88	5. 46	20. 93	8. 14
1999	2936. 66	235. 68	113. 34	5. 21	387. 89	5. 46	20. 99	7. 68
2000	3012. 01	250. 61	128. 87	6. 51	360. 00	5. 59	22. 82	8. 04
2001	3235. 34	285. 81	100. 60	6. 61	380. 36	5. 76	38. 60	9. 37
2002	3470. 28	334. 55	130. 52	5. 90	590. 14	6. 74	40. 35	11. 53
2003	4475. 11	393. 39	170. 68	5. 31	759. 23	7. 81	51. 14	12. 71
2004	5596. 81	499. 11	125. 80	6. 15	1046. 32	8. 26	59. 38	14. 97
2005	6550. 88	689. 59	168. 87	10. 29	1223. 36	8. 84	64. 36	17. 62
2006	7355. 17	862. 54	177. 49	23. 77	1252. 01	7. 85	68. 18	19. 82
2007	7454. 36	1149. 12	75. 75	20. 01	1377. 39	7. 86	101. 28	16. 37
2008	7852. 66	1210. 93	115. 24	21. 38	1331. 43	16. 53	106. 32	32. 40
2009	8522. 00	1474. 56	111. 51	21. 54	1276. 33	17. 94	144. 86	25. 63
2010	9027. 60	1674. 57	115. 54	70. 01	1231. 21	22. 08	146. 64	36. 89
2011	9535. 05	1759. 69	101. 67	26. 27	1218. 44	22. 32	163. 92	42. 79
2012	9843. 41	2352. 95	248. 96	21. 74	1338. 87	20. 87	200. 52	46. 27

4-4 分能源品种实物消费总量(续)

年份	汽油（万吨）	煤油（万吨）	柴油（万吨）	燃料油（万吨）	液化石油气（万吨）	天然气（亿立方米）	电力消费（亿千瓦时）	其它燃料（万吨标准煤）
1990	57.31	6.41	38.35	2.16		4.24	124.55	
1991	59.45	6.65	39.79	2.24		4.40	141.07	
1992	60.31	6.75	40.36	2.27		4.46	154.88	
1993	62.57	6.71	41.62	2.88		4.59	196.67	
1994	63.47	6.47	44.46	3.21		4.67	195.53	
1995	64.92	9.15	46.89	2.80		4.71	223.71	
1996	69.54	11.70	49.79	2.52		5.82	252.39	
1997	72.88	14.90	51.08	1.76		5.67	263.90	
1998	76.93	16.78	52.50	3.37		4.89	270.33	
1999	81.23	19.43	53.96	6.45		5.10	296.70	
2000	90.79	19.24	55.46	11.17	10.22	5.27	317.25	94.52
2001	111.47	20.55	114.45	8.68	11.51	5.29	347.07	103.20
2002	97.60	18.95	179.35	8.53	4.35	5.14	393.46	108.72
2003	106.10	20.02	207.45	5.69	8.24	5.60	409.79	176.76
2004	111.47	23.50	238.69	7.54	8.68	5.76	475.19	212.12
2005	122.95	28.71	283.90	3.91	12.28	6.12	557.25	236.09
2006	128.12	35.06	331.66	4.72	13.83	5.45	645.62	155.88
2007	158.11	36.18	382.15	5.04	14.36	5.49	745.52	198.12
2008	178.86	38.19	411.95	5.20	14.60	5.28	829.44	190.45
2009	193.27	37.24	437.70	5.16	17.09	4.52	891.19	215.10
2010	232.49	47.44	562.04	5.62	22.45	3.64	1004.07	101.00
2011	250.34	51.12	609.84	2.59	24.67	4.20	1204.16	85.09
2012	287.51	56.06	650.89	2.61	32.07	4.30	1313.62	160.24

4－5　分地区能源消费总量

按各地区能源折标系数计算的等价热值量　　单位：万吨标准煤

年　份	昆明市	曲靖市	玉溪市	保山市	昭通市	丽江市	普洱市	临沧市
2005	1565.74	894.16	719.48	192.23	287.66	100.49	155.30	118.82
2006	1691.99	1028.72	799.31	220.70	323.19	114.63	170.67	131.63
2007	1803.33	1110.88	865.52	242.98	345.40	126.38	187.19	144.24
2008	1925.55	1185.79	913.59	263.78	367.88	136.95	202.73	153.47
2009	2071.84	1263.78	974.26	286.12	398.38	148.66	224.54	161.19
2010	2178.68	1368.39	1059.75	309.91	428.36	165.20	252.33	172.35
2011	2362.96	1579.03	1138.29	323.53	478.49	206.10	277.09	189.90
2012	2585.47	1721.85	1231.97	361.23	533.93	232.45	311.96	217.33

4－5　分地区能源消费总量(续)

按各地区能源折标系数计算的等价热值量　　单位：万吨标准煤

年　份	楚雄州	红河州	文山州	西双版纳州	大理州	德宏州	怒江州	迪庆州
2005	297.76	730.96	234.92	84.79	378.63	99.22	34.82	38.18
2006	327.20	794.15	273.25	99.53	434.79	113.92	55.99	46.86
2007	353.54	850.79	301.87	108.93	474.23	124.82	59.81	54.22
2008	378.04	905.68	322.97	113.92	504.62	134.11	58.70	61.75
2009	407.42	967.64	344.26	122.03	535.46	147.72	63.02	70.11
2010	430.96	1036.16	369.99	128.50	569.06	164.11	66.85	82.45
2011	464.19	1119.35	410.54	139.76	606.43	200.94	74.44	92.16
2012	505.15	1222.50	456.61	156.19	671.59	217.83	80.47	104.47

4－6　分地区用电量

单位：亿千瓦时

指标	2005 年	2006 年	2007 年	2008 年	2009 年	2010 年	2011 年	2012 年
云南省	557.25	645.61	745.52	829.44	891.19	1003.41	1204.07	1315.86
昆明市	177.99	198.18	212.13	233.63	244.19	266.25	286.26	309.47
曲靖市	84.16	101.10	121.38	139.37	155.37	168.01	190.74	211.76
玉溪市	56.39	64.65	70.39	77.51	85.48	102.68	112.78	115.75
保山市	14.80	17.60	22.51	26.21	27.30	30.11	35.65	39.51
昭通市	21.24	25.25	27.99	30.20	33.65	47.21	56.31	60.17
丽江市	10.43	12.14	14.26	15.64	16.90	19.22	14.78	16.79
普洱市	12.70	13.73	17.06	18.60	19.39	21.47	19.59	20.35
临沧市	8.85	9.30	11.80	12.95	13.55	13.97	13.49	15.18
楚雄州	22.60	25.55	31.59	34.70	37.33	41.60	43.11	44.39
红河州	70.47	81.53	96.45	105.53	113.13	121.14	128.66	150.62
文山州	23.61	27.60	37.91	41.88	45.70	51.27	59.28	63.53
西双版纳州	8.19	10.36	11.48	12.36	13.26	13.89	10.60	12.75
大理州	25.92	30.19	37.74	43.87	46.39	54.46	44.52	47.86
德宏州	12.30	16.65	20.40	22.32	24.18	29.01	35.43	40.53
怒江州	3.81	7.13	7.15	7.90	7.74	14.01	16.84	15.48
迪庆州	3.79	4.66	5.28	6.78	7.63	9.12	8.59	9.21

4-7 分行业能源消费总量(按等价热值计算)

单位：万吨标准煤

	2005 年	2006 年	2008 年	2009 年	2010 年	2011 年	2012 年
消 费 总 计	6023.97	6620.57	7510.82	8032.06	8674.17	9540.28	10433.68
一、农、林、牧、渔业	228.12	225.14	205.26	215.93	177.49	194.55	184.21
二、工业合计	4390.71	4882.98	5597.99	5868.90	6301.64	6939.30	7591.40
轻工业	261.57	290.32	306.51	387.31	299.01	320.45	363.91
重工业	4129.13	4592.67	5291.48	5481.59	6002.63	6618.85	7227.49
(一)采矿业	357.79	378.87	530.14	530.39	569.22	662.95	361.89
煤炭开采和洗选业	204.51	184.41	285.27	222.90	279.44	293.13	78.76
石油和天然气开采业	0.06	0.05		0.01	0.01	0.90	
黑色金属矿采选业	55.09	57.84	95.07	104.95	93.05	115.88	128.44
有色金属矿采选业	69.52	97.46	100.63	113.91	110.94	187.85	88.80
非金属矿采选业	28.61	39.11	49.17	88.62	85.79	65.19	65.85
其他采矿业		0.00	0.00				0.04
(二)制造业	3734.80	4113.89	4611.61	5023.18	5111.43	5675.65	6450.07
农副食品加工业	101.79	100.81	100.13	182.66	122.76	100.10	163.43
食品制造业	13.58	21.05	11.31	18.63	15.04	22.51	23.87
饮料制造业	27.43	28.94	26.76	35.31	28.25	36.43	28.76
烟草制品业	32.62	35.66	33.58	34.18	34.09	47.09	32.55
纺织业	16.15	17.34	17.00	13.59	9.36	8.30	7.36
纺织服装、鞋、帽制造业	0.37	0.65	0.93	1.35	2.73	0.73	0.31
皮革、毛皮、羽毛(绒)及其制品业	0.25	0.12	0.25	0.23	0.18	0.77	0.28
木材加工及木、竹、藤、棕、草制品业	18.20	19.52	33.37	20.11	15.30	29.21	20.32
家具制造业	0.52	0.51	3.75	4.92	0.51	1.72	0.07
造纸及纸制品业	40.98	53.73	61.54	62.53	57.92	62.82	77.09
印刷业和记录媒介的复制	5.94	7.03	4.11	5.13	4.05	6.50	4.35
文教体育用品制造业	0.07	0.05	0.17			0.71	0.52
石油加工、炼焦及核燃料加工业	145.41	170.61	239.05	192.05	250.56	358.56	819.09
化学原料及化学制品制造业	996.86	1102.28	1199.93	1170.43	1149.29	1302.22	1442.29
医药制造业	11.66	15.00	12.15	14.72	13.50	16.51	17.49
化学纤维制造业	5.33	6.65	5.63	6.13	5.86	5.25	4.94
橡胶和塑料制品业	13.14	9.34	12.97	17.99	14.82	23.26	13.23
非金属矿物制品业	591.27	709.97	654.47	895.02	954.47	1033.76	1001.47
黑色金属冶炼及压延加工业	1104.86	1142.28	1433.82	1472.20	1495.21	1508.78	1689.77

4－7 分行业能源消费总量(按等价热值计算)(续)

单位：万吨标准煤

	2005年	2006年	2008年	2009年	2010年	2011年	2012年
有色金属冶炼及压延加工业	560.59	636.30	663.17	760.64	873.26	1004.46	1054.28
金属制品业	6.14	5.34	20.59	40.06	14.23	33.26	9.44
通用设备制造业	13.63	10.20	20.93	13.72	16.05	25.58	6.22
专用设备制造业	6.98	5.04	5.17	7.27	5.41	9.48	5.61
汽车制造业	10.09	6.73	8.72	31.36	12.00	13.42	14.49
铁路、船舶和其他运输设备制造业							1.06
电气机械及器材制造业	3.84	4.12	4.55	4.95	3.94	4.58	5.68
通信设备、计算机及其他电子设备制造业	0.30	0.38	0.63	0.60	1.05	1.72	1.71
仪器仪表及文化、办公用机械制造业	1.40	1.12	1.36	1.37	1.26	1.59	1.26
工艺品及其他制造业	4.89	2.77	29.20	7.93	4.76	11.02	2.92
废弃资源和废旧材料回收加工业	0.51	0.34	6.38	8.10	5.57	5.33	0.24
(三)电力、燃气及水的生产和供应业	298.12	390.22	456.25	315.33	620.99	600.70	779.44
电力、热力的生产和供应业	280.90	377.88	433.92	293.71	594.31	568.78	750.45
燃气生产和供应业	12.09	7.08	16.60	15.23	21.77	20.14	24.31
水的生产和供应业	5.13	5.26	5.73	6.39	4.91	11.77	4.68
三、建筑业	77.91	92.84	116.29	130.80	159.53	191.26	189.56
房屋和土木工程建筑业	60.97	70.64	94.59	123.28	149.38	179.35	177.77
建筑安装业	9.10	13.70	13.46	3.16	4.37	5.00	4.93
建筑装饰业	4.26	4.68	3.53	1.06	1.51	1.77	1.73
其他建筑业	3.58	3.82	4.72	3.30	4.27	5.15	5.13
四、交通运输储运业和邮政业	570.30	627.20	690.45	709.33	881.94	947.28	1010.12
铁路运输业	40.85	41.23	43.99	40.98	46.08	47.84	50.44
道路运输业	426.73	482.22	543.80	607.56	760.31	807.63	859.91
水上运输业	8.16	8.34	7.34	0.32	0.42	3.75	4.03
航空运输业	40.68	50.10	53.03	52.19	66.89	73.35	80.23
管道运输业				1.14	1.10	1.36	1.44
装卸搬运及其他运输服务业	6.06	6.58	6.62	0.72	0.80	1.47	1.55
仓储业	29.12	26.33	21.51	3.88	3.79	9.18	9.70
邮政业(电信业)	18.71	12.41	14.16	2.54	2.55	2.69	2.82
五、批发、零售业和住宿、餐饮业	41.27	62.72	94.41	123.99	164.08	224.81	275.31
六、其他行业	122.55	101.86	125.41	137.90	168.51	220.22	273.17
七、城乡居民生活	593.14	627.81	681.03	845.21	820.99	822.86	909.91

4-8 分行业能源消费总量(按当量热值计算)

单位：万吨标准煤

	2005 年	2006 年	2008 年	2009 年	2010 年	2011 年	2012 年
消 费 总 计	5219.55	5976.53	6534.34	7222.76	7655.60	8121.85	8730.66
一、农、林、牧、渔业	203.06	187.44	174.06	193.16	153.76	169.68	161.61
二、工业合计	3960.52	4599.60	5045.74	5560.63	5803.53	6073.49	6480.40
轻工业	252.63	252.22	239.59	309.84	253.20	263.23	322.35
重工业	3707.88	4347.38	4806.15	5250.80	5550.33	5810.26	6158.05
(一)采矿业	314.81	298.30	426.79	408.77	465.11	482.09	249.25
煤炭开采和洗选业	218.75	184.19	266.74	203.95	265.51	254.95	46.59
石油和天然气开采业	0.03	0.03		0.00	0.00	0.62	
黑色金属矿采选业	44.91	41.37	77.47	85.43	81.47	94.99	104.66
有色金属矿采选业	29.59	46.43	46.47	58.21	55.60	78.70	44.38
非金属矿采选业	21.53	26.29	36.11	61.18	62.52	52.83	53.59
其他采矿业		0.00	0.00				0.04
(二)制造业	2887.91	3235.13	3539.76	3875.94	4037.39	4380.97	5094.59
农副食品加工业	134.30	102.42	91.65	155.09	111.08	96.24	162.72
食品制造业	11.54	16.85	8.80	13.65	12.30	17.89	18.63
饮料制造业	22.41	25.60	22.50	28.79	23.56	29.94	23.18
烟草制品业	19.30	24.50	22.30	23.52	22.91	29.94	21.68
纺织业	10.09	12.04	13.34	10.47	7.82	6.13	5.71
纺织服装、鞋、帽制造业	0.26	0.53	0.63	0.83	2.64	0.57	0.24
皮革、毛皮、羽毛(绒)及其制品业	0.18	0.07	0.25	0.09	0.07	0.53	0.20
木材加工及木、竹、藤、棕、草制品业	11.64	12.96	23.28	10.37	8.33	16.33	10.61
家具制造业	0.24	0.25	1.61	1.89	0.47	1.30	0.03
造纸及纸制品业	33.24	44.15	51.70	51.69	50.71	54.49	68.15
印刷业和记录媒介的复制	3.43	4.53	1.95	2.47	2.11	3.49	2.09
文教体育用品制造业	0.03	0.03	0.08			0.60	0.34
石油加工、炼焦及核燃料加工业	137.50	165.78	230.02	178.94	245.96	344.81	812.31
化学原料及化学制品制造业	755.42	850.18	913.79	902.85	913.43	1066.53	1136.11
医药制造业	8.70	12.03	8.99	10.21	10.14	12.23	12.92
化学纤维制造业	4.83	6.90	5.20	5.60	5.75	4.33	4.14
橡胶和塑料制品业	6.40	5.03	6.24	8.69	8.07	11.50	6.93
非金属矿物制品业	464.05	591.59	514.30	740.44	815.13	843.81	831.91
黑色金属冶炼及压延加工业	955.35	998.96	1236.54	1283.24	1313.38	1258.20	1398.82

4－8　分行业能源消费总量(按当量热值计算)(续)

单位：万吨标准煤

	2005 年	2006 年	2008 年	2009 年	2010 年	2011 年	2012 年
有色金属冶炼及压延加工业	279.20	336.46	338.53	367.54	437.49	523.79	547.58
金属制品业	4.32	4.00	9.94	23.90	10.56	14.70	4.96
通用设备制造业	8.39	6.97	12.28	8.95	11.44	15.85	3.83
专用设备制造业	3.93	3.59	2.84	4.30	3.86	6.48	3.84
汽车制造业	6.09	4.29	5.78	26.73	8.82	9.41	10.37
铁路、船舶和其他运输设备制造业							0.71
电气机械及器材制造业	1.99	2.26	2.28	2.21	1.96	2.32	2.82
通信设备、计算机及其他电子设备制造业	0.11	0.15	0.24	0.23	0.40	0.69	0.68
仪器仪表及文化、办公用机械制造业	0.59	0.51	0.59	0.60	0.57	0.77	0.64
工艺品及其他制造业	4.09	2.32	10.60	5.54	3.65	5.55	2.32
废弃资源和废旧材料回收加工业	0.31	0.19	3.54	7.12	4.79	2.54	0.11
(三)电力、燃气及水的生产和供应业	757.80	1066.16	1079.19	1275.93	1301.03	1210.43	1136.56
电力、热力的生产和供应业	743.62	1057.56	1061.64	1259.77	1278.89	1187.00	1111.31
燃气生产和供应业	12.54	6.79	15.39	13.87	20.28	18.76	23.30
水的生产和供应业	1.63	1.81	2.16	2.28	1.86	4.67	1.95
三、建筑业	50.47	61.78	82.41	94.50	119.24	140.35	140.20
房屋和土木工程建筑业	43.38	51.71	74.27	92.01	111.84	136.36	136.23
建筑安装业	4.69	7.07	6.39	1.89	2.64	3.01	3.01
建筑装饰业	2.40	2.99	1.75	0.61	0.82	0.98	0.96
其他建筑业	1.81	2.21	3.25	2.98	3.93	4.76	4.76
四、交通运输储运业和邮政业	526.98	594.52	656.69	674.92	846.40	907.82	969.03
铁路运输业	23.32	26.23	30.31	19.00	23.11	22.48	24.04
道路运输业	426.47	481.98	543.59	600.94	753.23	802.20	854.26
水上运输业	8.10	8.29	7.30	0.32	0.41	3.74	4.03
航空运输业	39.65	49.16	52.18	51.20	65.95	72.46	79.29
管道运输业				0.39	0.39	0.50	0.54
装卸搬运及其他运输服务业	5.97	6.50	6.55	0.57	0.67	1.34	1.42
仓储业	17.78	18.30	11.74	1.43	1.48	3.72	4.01
邮政业(电信业)	5.69	4.06	5.03	1.07	1.16	1.38	1.44
五、批发、零售业和住宿、餐饮业	31.29	41.66	65.99	89.00	121.22	160.05	208.29
六、其他行业	61.70	60.96	77.94	80.92	101.99	125.31	161.29
七、城乡居民生活	383.72	428.37	428.30	526.64	509.46	540.39	605.08

4-9 分行业原煤消费总量(实物量)

单位：万吨

	2005年	2006年	2008年	2009年	2010年	2011年	2012年
消 费 总 计	6550.88	7355.18	7852.66	8522.00	9027.60	9535.05	9843.42
一、农、林、牧、渔业	196.71	200.64	205.28	223.46	219.65	195.49	200.04
二、工业合计	5919.34	6760.15	7273.29	7884.94	8397.26	8888.78	9117.34
轻工业	216.51	232.97	240.62	259.74	273.44	232.42	235.63
重工业	5702.83	6527.17	7032.68	7625.19	8123.82	8656.36	8881.71
(一)采矿业	1105.98	1257.60	1569.77	1498.21	1825.27	2059.15	2607.05
煤炭开采和洗选业	1062.54	1210.33	1508.80	1409.73	1731.78	1996.11	2542.47
石油和天然气开采业						0.01	
黑色金属矿采选业	8.80	11.19	12.20	12.25	12.54	11.48	12.64
有色金属矿采选业	10.03	13.00	12.48	34.18	35.37	0.88	0.15
非金属矿采选业	24.61	23.08	36.29	42.05	45.58	50.67	51.80
其他采矿业		0.00	0.00				
(二)制造业	2950.42	2862.59	3065.01	3195.65	3369.23	3445.64	3567.52
农副食品加工业	51.04	40.16	64.58	64.44	63.91	32.52	42.40
食品制造业	15.70	19.00	9.61	14.30	15.55	14.84	15.12
饮料制造业	21.10	22.99	26.66	34.92	34.41	38.43	28.86
烟草制品业	25.74	33.65	26.63	29.49	25.36	26.60	21.46
纺织业	12.53	13.71	20.18	15.03	15.16	7.18	7.12
纺织服装、鞋、帽制造业	0.33	0.65	0.55	0.35	22.21	0.34	0.18
皮革、毛皮、羽毛(绒)及其制品业	0.28	0.07	0.45	0.02	0.02	0.10	0.36
木材加工及木、竹、藤、棕、草制品业	11.47	12.33	30.76	5.78	5.07	10.60	3.54
家具制造业	0.02	0.09	0.45	0.01	0.01	0.10	
造纸及纸制品业	52.07	55.97	61.95	65.38	66.42	69.35	80.10
印刷业和记录媒介的复制	4.10	4.69	0.51	0.84	0.84	0.64	0.26
文教体育用品制造业	0.00	0.00				0.01	
石油加工、炼焦及核燃料加工业	1066.20	1052.38	974.18	693.88	762.86	623.28	664.38
化学原料及化学制品制造业	550.34	526.59	738.65	773.21	835.25	1044.71	1106.91
医药制造业	12.09	13.54	12.15	12.23	12.72	12.71	12.73
化学纤维制造业	9.47	11.39	9.21	9.35	10.89	6.32	6.28
橡胶和塑料制品业	3.82	3.21	3.66	5.03	5.34	3.33	2.91
非金属矿物制品业	736.67	749.72	751.68	1072.19	1070.36	1034.63	1053.03
黑色金属冶炼及压延加工业	232.14	126.97	193.32	235.14	253.39	294.32	311.89

4－9 分行业原煤消费总量(实物量)(续)

单位：万吨

	2005 年	2006 年	2008 年	2009 年	2010 年	2011 年	2012 年
有色金属冶炼及压延加工业	124.74	151.63	116.88	112.52	120.64	192.83	185.61
金属制品业	1.36	1.35	5.70	20.64	21.80	2.58	0.92
通用设备制造业	1.40	1.00	3.56	2.51	3.06	2.55	0.68
专用设备制造业	2.90	2.61	0.94	1.70	2.82	3.02	0.41
汽车制造业	1.82	1.04	1.55	1.83	1.88	0.71	1.12
铁路、船舶和其他运输设备制造业							
电气机械及器材制造业	0.65	0.60	0.56	0.05	0.06	0.19	0.36
通信设备、计算机及其他电子设备制造业		0.00				0.01	
仪器仪表及文化、办公用机械制造业	0.30	0.17	0.16	0.17	0.18	0.09	0.06
工艺品及其他制造业	12.04	17.06	7.69	13.40	5.94	23.27	20.76
废弃资源和废旧材料回收加工业	0.10	0.01	2.81	11.25	13.08	0.37	0.05
(三)电力、燃气及水的生产和供应业	1862.94	2639.95	2638.50	3191.08	3202.76	3383.99	2942.77
电力、热力的生产和供应业	1858.26	2637.44	2632.39	3186.70	3198.59	3380.97	2939.02
燃气生产和供应业	4.67	2.41	5.80	4.38	4.17	2.62	3.75
水的生产和供应业	0.01	0.10	0.31			0.40	
三、建筑业	25.28	25.79	28.48	20.06	19.58	29.69	28.64
房屋和土木工程建筑业	25.28	25.79	27.88	19.61	19.13	28.79	27.81
建筑安装业			0.11	0.05	0.05	0.05	0.05
建筑装饰业			0.04	0.03	0.03	0.06	0.06
其他建筑业			0.45	0.37	0.37	0.79	0.72
四、交通运输储运业和邮政业	27.73	24.96	18.75	18.33	18.38	17.66	14.30
铁路运输业	11.78	11.01	15.24	0.39	0.34	0.99	0.80
道路运输业	0.31	0.31	2.96	17.72	17.82	16.46	13.32
水上运输业	1.56	1.56	0.05			0.00	0.00
航空运输业			0.00			0.00	0.00
管道运输业						0.00	0.00
装卸搬运及其他运输服务业			0.09	0.04	0.04	0.04	0.03
仓储业	14.08	12.08	0.08	0.03	0.03	0.03	0.02
邮政业(电信业)			0.33	0.15	0.15	0.15	0.12
五、批发、零售业和住宿、餐饮业	28.67	25.80	43.89	51.80	52.80	60.56	90.47
六、其他行业	32.47	29.22	30.52	31.79	30.85	32.79	47.59
七、城乡居民生活	320.68	288.61	252.45	291.63	289.09	310.09	345.04

4－10 分行业焦炭消费总量(实物量)

单位：万吨

	2005年	2006年	2008年	2009年	2010年	2011年	2012年
消 费 总 计	1223.36	1252.01	1331.43	1276.33	1231.21	1218.44	1338.87
一、农、林、牧、渔业	0.41	0.42	0.38	0.38	1.35	1.94	2.01
二、工业合计	1218.26	1246.77	1327.99	1275.55	1229.53	1216.22	1336.53
轻工业	1.47	0.11	0.38	0.98	0.12	0.40	0.31
重工业	1216.79	1246.66	1327.61	1274.57	1229.41	1215.82	1336.22
(一)采矿业	24.98	21.34	26.36	22.20	9.19	15.69	13.87
煤炭开采和洗选业	10.87	9.28	4.89	0.80	0.10	0.71	0.61
石油和天然气开采业							
黑色金属矿采选业	9.52	7.93	19.63	13.82	8.29	14.07	12.11
有色金属矿采选业	2.58	2.32	1.77	1.58	0.45	0.82	1.16
非金属矿采选业	2.01	1.81	0.07	6.00	0.35	0.10	
其他采矿业							
(二)制造业	1192.21	1224.07	1300.27	1253.16	1219.74	1195.19	1321.06
农副食品加工业	0.26	0.08	0.22	0.46	0.11	0.20	0.14
食品制造业		0.00	0.04	0.25		0.10	0.14
饮料制造业	0.61		0.07			0.10	
烟草制品业							
纺织业	0.01			0.02			
纺织服装、鞋、帽制造业							
皮革、毛皮、羽毛(绒)及其制品业							
木材加工及木、竹、藤、棕、草制品业							
家具制造业							
造纸及纸制品业	0.01						
印刷业和记录媒介的复制	0.01			0.00			
文教体育用品制造业							
石油加工、炼焦及核燃料加工业	18.99	4.92	5.75	0.11		0.10	
化学原料及化学制品制造业	273.54	292.74	274.35	233.38	217.57	176.28	208.87
医药制造业	0.01	0.01		0.00			0.03
化学纤维制造业							
橡胶和塑料制品业	0.02	0.02	0.02	0.04		0.10	
非金属矿物制品业	8.64	7.78	3.46	4.00	3.07	3.25	4.60
黑色金属冶炼及压延加工业	800.39	836.57	923.40	903.27	908.03	942.22	1034.86

4－10 分行业焦炭消费总量(实物量)(续)

单位：万吨

	2005 年	2006 年	2008 年	2009 年	2010 年	2011 年	2012 年
有色金属冶炼及压延加工业	80.43	75.16	84.10	82.73	78.57	58.86	64.78
金属制品业	0.64	0.34	0.67	2.11	0.34	0.70	0.48
通用设备制造业	5.07	4.57	5.34	4.17	7.26	7.66	1.24
专用设备制造业	0.56	0.40	0.38	0.35	0.30	0.32	0.24
汽车制造业	1.87	0.87	2.01	21.97	4.46	5.24	5.61
铁路、船舶和其他运输设备制造业							0.02
电气机械及器材制造业	0.53	0.57	0.02	0.02	0.02	0.06	0.04
通信设备、计算机及其他电子设备制造业							
仪器仪表及文化、办公用机械制造业	0.02	0.02					
工艺品及其他制造业	0.56	0.02	0.05	0.26	0.01		
废弃资源和废旧材料回收加工业	0.03		0.40	0.02			
(三)电力、燃气及水的生产和供应业	1.07	1.36	1.36	0.20	0.60	5.34	1.60
电力、热力的生产和供应业		0.21	0.05	0.04		5.34	
燃气生产和供应业	1.07	1.15	1.31	0.15	0.60		1.60
水的生产和供应业							
三、建筑业	1.57	1.54	1.62				
房屋和土木工程建筑业	1.01	1.03	1.11				
建筑安装业	0.56	0.51	0.51				
建筑装饰业							
其他建筑业							
四、交通运输储运业和邮政业	0.61	0.64	0.45				
铁路运输业	0.42	0.43	0.24				
道路运输业							
水上运输业	0.10	0.11	0.11				
航空运输业							
管道运输业							
装卸搬运及其他运输服务业							
仓储业	0.09	0.10	0.10				
邮政业(电信业)							
五、批发、零售业和住宿、餐饮业	0.34	0.36	0.13				
六、其他行业	1.67	1.75	0.43				
七、城乡居民生活	0.50	0.53	0.43	0.40	0.33	0.28	0.33

4－11 分行业汽油消费总量(实物量)

单位：万吨

	2005年	2006年	2008年	2009年	2010年	2011年	2012年
消 费 总 计	122.95	128.12	178.86	193.27	232.49	250.34	287.50
一、农、林、牧、渔业	6.33	6.53	8.29	7.72	8.56	8.70	8.82
二、工业合计	5.28	5.47	7.72	10.33	12.78	15.16	16.68
轻工业	1.12	1.03	1.48	2.62	3.04	3.40	3.79
重工业	4.16	4.44	6.25	7.71	9.74	11.76	12.89
(一)采矿业	1.03	0.98	2.46	2.09	3.39	4.51	2.75
煤炭开采和洗选业	0.43	0.40	0.58	0.64	1.42	1.71	1.62
石油和天然气开采业	0.01	0.01				0.29	
黑色金属矿采选业	0.21	0.20	0.94	0.61	0.71	1.51	0.45
有色金属矿采选业	0.28	0.27	0.42	0.31	0.62	0.55	0.59
非金属矿采选业	0.09	0.09	0.53	0.53	0.64	0.44	0.09
其他采矿业							
(二)制造业	3.39	3.57	4.43	7.37	8.48	8.82	10.01
农副食品加工业	0.19	0.18	0.25	0.63	0.73	0.76	1.08
食品制造业	0.19	0.08	0.19	0.44	0.49	0.35	0.41
饮料制造业	0.11	0.12	0.20	0.25	0.30	0.26	0.32
烟草制品业	0.15	0.14	0.15	0.21	0.25	0.37	0.63
纺织业	0.04	0.04	0.06	0.07	0.08	0.08	0.09
纺织服装、鞋、帽制造业	0.01	0.01	0.06	0.16	0.16	0.08	0.05
皮革、毛皮、羽毛(绒)及其制品业	0.00	0.00				0.19	
木材加工及木、竹、藤、棕、草制品业	0.08	0.07	0.11	0.18	0.18	0.37	0.18
家具制造业	0.02	0.01	0.06	0.11	0.19	0.19	
造纸及纸制品业	0.06	0.08	0.14	0.13	0.16	0.20	0.32
印刷业和记录媒介的复制	0.14	0.13	0.22	0.25	0.33	0.29	0.32
文教体育用品制造业	0.01	0.01	0.01			0.19	0.14
石油加工、炼焦及核燃料加工业	0.21	0.25	0.10	0.06	0.10	0.09	0.14
化学原料及化学制品制造业	0.37	0.45	0.46	0.40	0.45	0.57	0.81
医药制造业	0.16	0.20	0.10	0.12	0.13	0.17	0.36
化学纤维制造业	0.01	0.01		0.00	0.00	0.08	
橡胶和塑料制品业	0.14	0.14	0.18	0.29	0.31	0.40	0.36
非金属矿物制品业	0.32	0.31	0.49	0.76	0.94	0.87	0.68
黑色金属冶炼及压延加工业	0.16	0.31	0.17	0.70	0.84	0.45	0.54

4－11 分行业汽油消费总量(实物量)(续)

单位：万吨

	2005 年	2006 年	2008 年	2009 年	2010 年	2011 年	2012 年
有色金属冶炼及压延加工业	0.33	0.33	0.46	0.80	0.93	0.87	1.35
金属制品业	0.10	0.10	0.20	0.56	0.57	0.24	0.41
通用设备制造业	0.11	0.11	0.24	0.22	0.21	0.29	0.27
专用设备制造业	0.11	0.11	0.12	0.21	0.23	0.33	0.45
汽车制造业	0.20	0.19	0.23	0.35	0.39	0.32	0.50
铁路、船舶和其他运输设备制造业							0.09
电气机械及器材制造业	0.08	0.10	0.11	0.12	0.17	0.27	0.27
通信设备、计算机及其他电子设备制造业	0.01	0.01	0.02	0.02	0.03	0.04	0.05
仪器仪表及文化、办公用机械制造业	0.03	0.04	0.04	0.05	0.05	0.12	0.14
工艺品及其他制造业	0.02	0.02	0.06	0.25	0.22	0.17	0.09
废弃资源和废旧材料回收加工业	0.01	0.02	0.01	0.03	0.04	0.19	
(三)电力、燃气及水的生产和供应业	0.86	0.93	0.83	0.87	0.91	1.83	3.92
电力、热力的生产和供应业	0.78	0.84	0.73	0.76	0.80	1.70	3.65
燃气生产和供应业	0.03	0.03	0.03	0.02	0.03	0.02	0.09
水的生产和供应业	0.06	0.06	0.08	0.08	0.08	0.11	0.18
三、建筑业	4.05	4.36	12.13	14.51	17.15	20.04	20.36
房屋和土木工程建筑业	3.17	3.37	10.79	13.50	15.86	18.60	18.90
建筑安装业	0.42	0.52	0.97	0.64	0.87	0.97	0.98
建筑装饰业	0.25	0.25	0.18	0.19	0.23	0.26	0.26
其他建筑业	0.21	0.22	0.19	0.18	0.19	0.21	0.21
四、交通运输储运业和邮政业	89.03	91.67	80.78	89.02	111.51	110.73	116.00
铁路运输业	0.31	0.61	0.61	0.16	0.19	0.12	0.12
道路运输业	82.91	84.55	73.66	88.21	110.52	109.89	115.12
水上运输业	2.78	2.78	2.78	0.06	0.07	0.08	0.08
航空运输业	0.15	0.25	0.25	0.03	0.04	0.04	0.05
管道运输业				0.00	0.00	0.00	0.00
装卸搬运及其他运输服务业	1.37	1.67	1.67	0.32	0.38	0.32	0.33
仓储业	1.48	1.78	1.78	0.09	0.12	0.13	0.14
邮政业(电信业)	0.03	0.03	0.03	0.15	0.19	0.15	0.16
五、批发、零售业和住宿、餐饮业	2.95	3.25	9.31	11.88	14.48	22.74	29.56
六、其他行业	5.03	5.53	15.62	14.73	16.68	17.51	24.56
七、城乡居民生活	10.28	11.31	45.01	45.08	51.33	55.46	71.53

4－12　分行业柴油消费总量(实物量)

单位：万吨

	2005 年	2006 年	2008 年	2009 年	2010 年	2011 年	2012 年
消　费　总　计	283.90	331.66	411.95	437.70	562.04	609.84	650.89
一、农、林、牧、渔业	13.35	14.62	14.65	12.64	16.42	16.76	16.36
二、工业合计	22.70	25.44	41.28	50.50	76.33	84.21	88.72
轻工业	2.40	2.45	3.08	4.11	4.52	7.53	6.52
重工业	20.29	23.00	38.20	46.39	71.81	76.67	82.20
(一)采矿业	9.18	9.39	21.25	27.72	40.06	36.73	40.98
煤炭开采和洗选业	1.59	1.80	4.74	6.72	8.67	8.95	11.37
石油和天然气开采业	0.00					0.02	
黑色金属矿采选业	3.27	3.27	6.65	5.52	7.77	8.28	9.00
有色金属矿采选业	2.20	2.20	4.08	5.06	8.33	8.43	10.37
非金属矿采选业	2.12	2.12	5.78	10.42	15.29	11.04	10.22
其他采矿业							0.02
(二)制造业	11.03	12.27	16.72	20.87	33.38	43.08	44.33
农副食品加工业	0.99	0.99	1.28	1.34	1.56	2.27	1.65
食品制造业	0.59	0.59	0.68	0.81	0.85	2.40	1.92
饮料制造业	0.23	0.23	0.25	0.64	0.67	0.83	0.90
烟草制品业	0.28	0.28	0.15	0.23	0.25	0.32	0.80
纺织业	0.03	0.03	0.04	0.04	0.05	0.05	0.15
纺织服装、鞋、帽制造业	0.02	0.02	0.07	0.09	0.10	0.07	
皮革、毛皮、羽毛(绒)及其制品业	0.00	0.00				0.02	
木材加工及木、竹、藤、棕、草制品业	0.10	0.10	0.21	0.39	0.15	0.86	0.50
家具制造业	0.01	0.01	0.04	0.10	0.11	0.02	
造纸及纸制品业	0.12	0.16	0.25	0.22	0.25	0.43	0.40
印刷业和记录媒介的复制	0.03	0.03	0.15	0.13	0.14	0.20	0.07
文教体育用品制造业	0.00		0.01			0.17	0.02
石油加工、炼焦及核燃料加工业	0.25	0.34	0.61	0.46	0.49	0.73	0.80
化学原料及化学制品制造业	1.52	1.52	2.13	1.85	1.90	4.01	4.15
医药制造业	0.09	0.09	0.13	0.18	0.19	0.42	0.50
化学纤维制造业		0.01		0.00	0.00	0.02	
橡胶和塑料制品业	0.20	0.20	0.26	0.34	0.37	0.74	0.50
非金属矿物制品业	2.23	2.43	3.91	7.44	16.48	16.83	12.87
黑色金属冶炼及压延加工业	1.49	1.68	1.25	1.08	2.10	1.96	3.15

4－12 分行业柴油消费总量(实物量)(续)

单位：万吨

	2005 年	2006 年	2008 年	2009 年	2010 年	2011 年	2012 年
有色金属冶炼及压延加工业	1.66	2.06	4.13	3.41	5.87	8.16	13.44
金属制品业	0.09	0.09	0.10	0.44	0.07	0.44	0.25
通用设备制造业	0.07	0.07	0.13	0.13	0.14	0.28	0.12
专用设备制造业	0.21	0.40	0.35	0.35	0.38	0.55	1.07
汽车制造业	0.70	0.80	0.42	0.71	0.73	0.66	0.67
铁路、船舶和其他运输设备制造业							0.10
电气机械及器材制造业	0.08	0.08	0.09	0.09	0.10	0.11	0.15
通信设备、计算机及其他电子设备制造业	0.00	0.00				0.02	
仪器仪表及文化、办公用机械制造业	0.01	0.01	0.02	0.02	0.02	0.04	0.02
工艺品及其他制造业	0.01	0.01	0.04	0.32	0.35	0.32	0.10
废弃资源和废旧材料回收加工业	0.03	0.04	0.03	0.06	0.06	0.17	
(三)电力、燃气及水的生产和供应业	2.48	3.79	3.30	1.91	2.89	4.40	3.41
电力、热力的生产和供应业	2.45	3.74	3.23	1.85	2.80	4.19	3.36
燃气生产和供应业	0.02	0.03	0.04	0.04	0.05	0.17	0.02
水的生产和供应业	0.01	0.02	0.02	0.02	0.04	0.04	0.02
三、建筑业	13.53	16.56	21.86	30.65	36.67	40.70	41.36
房屋和土木工程建筑业	11.26	12.93	20.38	28.95	34.32	38.10	38.71
建筑安装业	0.95	1.65	0.12	0.11	0.18	0.20	0.20
建筑装饰业	0.81	1.21	0.02	0.02	0.03	0.03	0.03
其他建筑业	0.51	0.77	1.34	1.58	2.14	2.38	2.41
四、交通运输储运业和邮政业	219.58	257.32	312.75	317.53	399.68	434.62	467.94
铁路运输业	5.98	7.18	9.18	4.66	6.75	4.62	4.97
道路运输业	206.40	242.57	296.00	312.68	392.66	426.51	459.21
水上运输业	1.99	1.99	1.99	0.16	0.21	2.49	2.68
航空运输业	0.02	0.10	0.10	0.04	0.06	0.07	0.07
管道运输业						0.00	0.00
装卸搬运及其他运输服务业	2.69	2.75	2.75			0.52	0.56
仓储业	2.48	2.68	2.68			0.23	0.25
邮政业(电信业)	0.02	0.05	0.05			0.18	0.19
五、批发、零售业和住宿、餐饮业	1.35	1.99	4.36	8.83	11.17	11.95	12.83
六、其他行业	6.34	7.97	6.23	6.44	9.34	8.87	8.98
七、城乡居民生活	7.05	7.76	10.84	11.09	12.43	12.73	14.70

4－13　分行业电力消费总量(实物量)

单位：亿千瓦时

	2005 年	2006 年	2008 年	2009 年	2010 年	2011 年	2012 年
消　费　总　计	557.25	645.61	829.44	891.19	1004.07	1204.16	1313.62
一、农、林、牧、渔业	8.79	14.50	13.16	9.66	10.66	11.69	11.07
二、工业合计	425.94	506.91	650.52	678.77	770.26	944.39	1023.76
轻工业	22.25	23.63	35.00	40.07	28.04	34.69	33.76
重工业	403.69	483.27	615.52	638.69	742.22	909.70	990.00
(一)采矿业	31.68	41.50	54.48	64.01	65.00	98.36	67.58
煤炭开采和洗选业	7.51	6.80	12.47	12.23	12.47	18.87	15.75
石油和天然气开采业	0.01	0.01	0.00	0.00	0.13		
黑色金属矿采选业	6.61	9.28	13.29	16.02	16.25	21.43	23.35
有色金属矿采选业	14.01	19.63	22.84	23.61	24.86	51.31	21.75
非金属矿采选业	3.54	5.79	5.88	12.15	11.42	6.62	6.72
其他采矿业							
(二)制造业	329.15	368.42	484.38	525.21	536.05	680.57	731.11
农副食品加工业	5.53	6.51	9.01	17.13	10.60	7.76	9.99
食品制造业	0.77	1.65	1.06	2.11	1.23	2.21	2.71
饮料制造业	1.76	1.30	1.75	2.77	2.11	3.05	2.73
烟草制品业	4.45	4.38	4.60	4.89	5.02	8.06	5.32
纺织业	2.13	2.04	1.58	1.32	0.69	1.02	0.80
纺织服装、鞋、帽制造业	0.04	0.05	0.13	0.22	0.04	0.08	0.03
皮革、毛皮、羽毛(绒)及其制品业	0.02	0.02		0.06	0.05	0.11	0.04
木材加工及木、竹、藤、棕、草制品业	2.30	2.52	4.25	4.13	3.13	6.05	4.75
家具制造业	0.10	0.10	0.90	1.28	0.02	0.20	0.02
造纸及纸制品业	4.70	4.72	5.32	5.73	4.88	5.66	7.86
印刷业和记录媒介的复制	0.88	0.96	0.91	1.12	0.87	1.41	1.10
文教体育用品制造业	0.01	0.01	0.04			0.05	0.09
石油加工、炼焦及核燃料加工业	2.78	3.14	7.70	8.62	9.55	15.77	12.34
化学原料及化学制品制造业	92.06	109.57	136.83	133.74	131.69	147.33	174.82
医药制造业	1.02	1.14	1.31	1.88	1.51	2.01	2.24
化学纤维制造业	0.56	0.58	0.55	0.55	0.52	0.50	0.54
橡胶和塑料制品业	2.37	1.66	2.84	3.94	3.03	5.53	3.08
非金属矿物制品业	44.64	45.53	59.16	65.75	63.11	91.63	86.82
黑色金属冶炼及压延加工业	57.99	62.00	88.69	87.66	93.07	132.06	157.19

4－13 分行业电力消费总量(实物量)(续)

单位：亿千瓦小时

	2005 年	2006 年	2008 年	2009 年	2010 年	2011 年	2012 年
有色金属冶炼及压延加工业	98.75	116.01	136.91	167.13	196.74	227.67	249.66
金属制品业	0.64	0.52	4.49	6.85	1.65	8.73	2.20
通用设备制造业	1.84	1.24	3.65	2.02	2.07	4.58	1.17
专用设备制造业	1.07	0.56	0.98	1.26	0.70	1.41	0.87
汽车制造业	1.40	0.94	1.24	1.96	1.43	1.88	2.01
铁路、船舶和其他运输设备制造业							0.17
电气机械及器材制造业	0.65	0.71	0.96	1.16	0.89	1.06	1.40
通信设备、计算机及其他电子设备制造业	0.06	0.09	0.15	0.15	0.29	0.48	0.50
仪器仪表及文化、办公用机械制造业	0.28	0.24	0.33	0.33	0.31	0.39	0.30
工艺品及其他制造业	0.28	0.17	7.85	1.01	0.50	2.57	0.29
废弃资源和废旧材料回收加工业	0.07	0.06	1.20	0.42	0.35	1.31	0.06
(三)电力、燃气及水的生产和供应业	65.11	96.98	111.67	89.55	169.21	165.46	225.07
电力、热力的生产和供应业	63.40	95.18	109.42	87.04	166.96	161.14	222.47
燃气生产和供应业	0.48	0.48	0.74	0.77	0.88	0.98	1.26
水的生产和供应业	1.23	1.33	1.50	1.74	1.37	3.34	1.34
三、建筑业	8.99	11.10	12.92	14.12	18.10	21.70	21.84
房屋和土木工程建筑业	6.17	7.28	8.57	13.26	16.86	20.21	20.34
建筑安装业	1.55	2.55	2.98	0.54	0.78	0.93	0.94
建筑装饰业	0.65	0.65	0.75	0.19	0.31	0.37	0.37
其他建筑业	0.62	0.62	0.62	0.14	0.15	0.18	0.18
四、交通运输储运业和邮政业	15.20	12.57	14.24	14.59	15.96	18.55	20.12
铁路运输业	6.15	5.77	5.77	9.32	10.32	11.92	12.93
道路运输业	0.12	0.12	0.12	5.47	6.22	4.32	2.77
水上运输业	0.02	0.02	0.02	0.00	0.00	0.00	0.00
航空运输业	0.36	0.36	0.36	0.42	0.42	0.42	0.46
管道运输业				0.32	0.32	0.40	0.44
装卸搬运及其他运输服务业	0.03	0.03	0.03	0.06	0.06	0.06	0.07
仓储业	3.98	3.09	4.12	1.04	1.04	2.57	2.78
邮政业(电信业)	4.57	3.21	3.85	0.62	0.62	0.62	0.67
五、批发、零售业和住宿、餐饮业	3.50	8.10	11.99	14.83	19.25	30.44	32.81
六、其他行业	21.35	15.73	20.02	24.15	29.88	44.61	54.78
七、城乡居民生活	73.48	76.71	106.59	135.06	139.95	132.78	149.25

4－14　分能源品种实物终端消费量

年　份	原煤（万吨）	洗精煤（万吨）	其他洗煤（万吨）	煤制品（万吨）	焦炭（万吨）	焦炉煤气（亿立方米）	其它煤气（亿立方米）	其它焦化产品（万吨）
1990	1061.84		71.41		245.28	3.24	12.11	4.07
1991	1046.10		70.09		241.64	3.51	13.27	4.32
1992	1134.31		75.72		262.02	3.61	14.03	4.65
1993	1130.02		65.10		253.59	4.22	13.72	5.83
1994	1150.46		71.51		308.97	3.92	15.26	7.88
1995	1317.73	9.96	58.29	3.11	370.85	4.79	20.42	8.33
1996	1444.17	7.00	80.00	3.25	382.54	5.24	25.00	8.78
1997	1446.57	4.75	132.06	3.68	394.07	5.49	24.46	10.16
1998	1271.28	25.59	105.40	4.16	405.88	5.46	20.93	8.14
1999	1021.41	22.75	80.89	5.21	387.89	5.46	20.99	7.68
2000	1406.34	18.92	82.94	6.51	360.00	5.59	22.82	8.04
2001	1309.04	19.93	84.74	6.61	373.60	5.76	38.60	9.37
2002	1336.49	27.88	116.94	5.90	576.47	6.74	40.35	11.53
2003	1708.48	33.52	150.31	5.31	687.81	7.77	39.87	12.71
2004	2100.58	38.32	106.01	6.15	958.15	5.64	38.52	14.97
2005	2414.43	71.22	132.06	10.29	1138.94	8.05	42.52	17.62
2006	2426.52	77.51	131.69	23.77	1157.49	5.79	49.03	19.82
2007	2331.64	77.57	61.10	20.01	1282.04	6.06	79.65	16.37
2008	2560.01	33.70	58.13	21.38	1327.48	14.36	70.61	27.08
2009	3065.99	38.00	65.77	21.54	1274.55	15.46	96.25	16.78
2010	3115.74	40.09	65.46	69.05	1230.61	18.83	96.81	25.66
2011	3284.45	35.59	63.54	26.27	1218.44	19.66	110.89	28.42
2012	3458.12	82.25	66.72	21.74	1337.27	18.58	140.45	32.22

4－14 分能源品种实物终端消费量(续)

年 份	汽油(万吨)	煤油(万吨)	柴油(万吨)	燃料油(万吨)	液化石油气(万吨)	天然气(亿立方米)	电力消费(亿千瓦时)	其它燃料(万吨标准煤)
1990	57.31	6.41	38.35	2.16		4.24	114.85	
1991	59.45	6.65	39.79	2.24		4.40	130.09	
1992	60.31	6.75	40.36	2.27		4.46	142.82	
1993	62.57	6.71	41.62	2.88		4.59	160.24	
1994	63.47	6.47	44.46	3.21		4.67	181.55	
1995	64.92	9.15	46.89	2.80		4.71	207.03	
1996	69.54	11.70	49.79	2.52		5.82	234.07	
1997	72.88	14.90	51.08	1.76		5.67	244.77	
1998	76.93	16.78	52.50	3.37		4.89	248.41	
1999	81.23	19.43	53.96	6.45		5.10	271.70	
2000	90.79	19.24	55.46	11.17	10.22	5.17	291.59	94.52
2001	111.47	20.55	112.84	8.68	11.51	5.29	321.96	103.20
2002	97.60	18.95	178.85	8.53	4.35	5.14	360.90	108.72
2003	106.10	20.02	206.69	5.69	8.24	5.60	372.35	154.41
2004	111.47	23.50	237.23	3.94	8.68	5.76	430.96	159.24
2005	122.95	28.71	282.09	3.91	12.28	6.12	505.68	176.37
2006	128.12	35.06	328.65	4.72	13.83	5.45	580.28	115.58
2007	158.11	36.18	379.86	5.04	14.27	5.49	681.39	107.19
2008	178.86	38.18	409.67	5.20	14.47	5.28	762.75	80.95
2009	193.27	37.24	437.21	5.16	17.02	4.52	825.79	166.09
2010	232.49	47.44	561.26	5.62	22.38	3.64	932.23	74.98
2011	250.34	51.12	608.77	2.59	24.59	4.20	1109.63	59.89
2012	287.51	56.06	649.98	2.61	32.07	4.30	1203.61	113.72

4－15　分行业终端能源消费量(等价热值)

单位：万吨标准煤

	2005 年	2006 年	2008 年	2009 年	2010 年	2011 年	2012 年
消　费　总　计	5589. 47	6155. 55	6861. 21	7545. 42	8048. 45	9034. 55	9647. 34
一、农、林、牧、渔业	228. 12	225. 14	205. 26	215. 93	177. 49	194. 55	184. 21
二、工业合计	3956. 18	4417. 99	4948. 35	5382. 26	5675. 92	6433. 57	6805. 06
轻工业	260. 70	289. 00	299. 24	381. 88	296. 87	320. 15	361. 36
重工业	3695. 48	4128. 98	4649. 11	5000. 37	5379. 05	6113. 42	6443. 69
(一)采矿业	231. 59	267. 24	318. 61	364. 22	352. 58	452. 85	355. 76
煤炭开采和洗选业	78. 31	72. 78	77. 03	59. 97	62. 80	83. 03	72. 63
石油和天然气开采业	0. 06	0. 05		0. 01	0. 01	0. 90	
黑色金属矿采选业	55. 09	57. 84	92. 33	101. 99	93. 05	115. 88	128. 44
有色金属矿采选业	69. 52	97. 46	100. 63	113. 91	110. 94	187. 85	88. 80
非金属矿采选业	28. 61	39. 11	48. 62	88. 35	85. 79	65. 19	65. 85
其他采矿业		0. 00	0. 00				0. 04
(二)制造业	3647. 24	4016. 25	4452. 79	4912. 26	4968. 75	5715. 46	6049. 55
农副食品加工业	101. 79	100. 81	95. 35	179. 03	122. 76	100. 10	163. 43
食品制造业	13. 58	21. 05	11. 31	18. 63	15. 04	22. 63	24. 33
饮料制造业	27. 43	28. 94	26. 76	35. 31	28. 25	36. 43	28. 76
烟草制品业	32. 62	35. 66	33. 61	33. 74	33. 99	46. 93	32. 21
纺织业	16. 15	17. 34	16. 13	13. 59	9. 36	8. 30	7. 36
纺织服装、鞋、帽制造业	0. 37	0. 65	0. 93	1. 35	0. 68	0. 73	0. 31
皮革、毛皮、羽毛(绒)及其制品业	0. 25	0. 12	0. 25	0. 23	0. 18	0. 77	0. 28
木材加工及木、竹、藤、棕、草制品业	18. 20	19. 52	33. 37	20. 11	15. 30	29. 21	20. 32
家具制造业	0. 52	0. 51	3. 75	4. 92	0. 51	1. 72	0. 07
造纸及纸制品业	40. 98	53. 73	60. 13	61. 40	57. 92	62. 82	77. 09
印刷业和记录媒介的复制	5. 94	7. 03	4. 11	5. 13	4. 05	6. 50	4. 35
文教体育用品制造业	0. 07	0. 05	0. 17			0. 71	0. 52
石油加工、炼焦及核燃料加工业	85. 07	87. 49	116. 31	101. 00	124. 38	147. 95	124. 51
化学原料及化学制品制造业	987. 58	1094. 59	1180. 85	1166. 65	1140. 61	1323. 43	1454. 83
医药制造业	11. 66	15. 00	12. 15	14. 72	13. 50	16. 51	17. 49
化学纤维制造业	5. 33	6. 65	5. 61	6. 15	5. 86	5. 25	4. 94
橡胶和塑料制品业	13. 14	9. 34	12. 97	17. 99	14. 82	23. 26	13. 23
非金属矿物制品业	589. 70	709. 88	654. 38	894. 70	954. 47	1041. 30	1008. 66
黑色金属冶炼及压延加工业	1089. 36	1136. 87	1424. 27	1462. 10	1489. 52	1727. 51	1961. 11

4－15 分行业终端能源消费量(等价热值)(续)

单位：万吨标准煤

	2005年	2006年	2008年	2009年	2010年	2011年	2012年
有色金属冶炼及压延加工业	560.59	636.27	663.09	760.40	873.26	1007.70	1057.91
金属制品业	6.14	5.34	20.59	40.06	14.23	33.26	9.44
通用设备制造业	13.63	10.20	20.93	13.72	16.05	25.58	6.22
专用设备制造业	6.98	5.04	5.17	7.27	5.41	9.48	5.61
汽车制造业	10.09	6.73	8.72	31.36	12.00	13.42	14.49
铁路、船舶和其他运输设备制造业							1.06
电气机械及器材制造业	3.84	4.12	4.55	4.95	3.94	4.58	5.68
通信设备、计算机及其他电子设备制造业	0.30	0.38	0.63	0.60	1.05	1.72	1.71
仪器仪表及文化、办公用机械制造业	1.40	1.12	1.36	1.37	1.26	1.59	1.26
工艺品及其他制造业	4.02	1.46	28.99	7.69	4.76	10.75	2.15
废弃资源和废旧材料回收加工业	0.51	0.34	6.38	8.10	5.57	5.33	0.24
(三)电力、燃气及水的生产和供应业	77.35	134.49	176.95	105.78	354.59	265.26	399.75
电力、热力的生产和供应业	70.06	127.27	164.68	93.48	344.95	248.94	389.13
燃气生产和供应业	2.16	1.96	6.55	5.91	4.73	4.55	5.94
水的生产和供应业	5.13	5.26	5.73	6.39	4.91	11.77	4.68
三、建筑业	77.91	92.84	116.29	130.80	159.53	191.26	189.56
房屋和土木工程建筑业	60.97	70.64	94.59	123.28	149.38	179.35	177.77
建筑安装业	9.10	13.70	13.46	3.16	4.37	5.00	4.93
建筑装饰业	4.26	4.68	3.53	1.06	1.51	1.77	1.73
其他建筑业	3.58	3.82	4.72	3.30	4.27	5.15	5.13
四、交通运输储运业和邮政业	570.30	627.20	690.45	709.33	881.94	947.28	1010.12
铁路运输业	40.85	41.23	43.99	40.98	46.08	47.84	50.44
道路运输业	426.73	482.22	543.80	607.56	760.31	807.63	859.91
水上运输业	8.16	8.34	7.34	0.32	0.42	3.75	4.03
航空运输业	40.68	50.10	53.03	52.19	66.89	73.35	80.23
管道运输业				1.14	1.10	1.36	1.44
装卸搬运及其他运输服务业	6.06	6.58	6.62	0.72	0.80	1.47	1.55
仓储业	29.12	26.33	21.51	3.88	3.79	9.18	9.70
邮政业(电信业)	18.71	12.41	14.16	2.54	2.55	2.69	2.82
五、批发、零售业和住宿、餐饮业	41.27	62.72	80.12	94.41	123.99	164.08	275.31
六、其他行业	122.55	101.86	96.92	125.41	137.90	168.51	273.17
七、城乡居民生活	593.14	627.81	681.03	845.21	820.99	822.86	909.91

4－16　分行业终端能源消费量(当量热值)

单位：万吨标准煤

	2005年	2006年	2008年	2009年	2010年	2011年	2012年
消　费　总　计	4136.65	4646.54	5033.76	5589.75	5973.31	6673.95	7189.06
一、农、林、牧、渔业	203.06	187.44	174.06	193.16	153.76	169.68	161.61
二、工业合计	2877.60	3269.61	3545.13	3927.62	4121.24	4625.59	4938.80
轻工业	196.61	227.52	214.46	286.29	234.45	246.35	292.86
重工业	2680.99	3042.10	3330.67	3641.33	3886.79	4379.24	4645.93
(一)采矿业	141.29	159.34	189.45	213.24	207.88	243.60	217.73
煤炭开采和洗选业	56.92	55.10	47.48	31.12	35.04	42.89	40.46
石油和天然气开采业	0.03	0.03		0.00	0.00	0.62	
黑色金属矿采选业	36.24	33.72	60.82	64.21	56.88	70.28	80.74
有色金属矿采选业	29.59	46.43	46.47	58.21	55.60	78.70	44.38
非金属矿采选业	18.51	24.07	34.68	59.69	60.37	51.10	52.11
其他采矿业		0.00	0.00				0.04
(二)制造业	2697.54	3058.08	3285.37	3665.56	3775.51	4267.63	4556.31
农副食品加工业	86.03	83.89	73.98	138.62	99.17	83.60	143.02
食品制造业	11.39	16.76	8.80	13.65	12.30	17.94	18.80
饮料制造业	22.41	25.55	22.50	28.79	23.56	29.94	23.18
烟草制品业	19.29	24.23	21.25	21.31	22.82	29.78	21.34
纺织业	10.09	12.04	12.34	10.47	7.82	6.13	5.71
纺织服装、鞋、帽制造业	0.26	0.53	0.63	0.83	0.59	0.57	0.24
皮革、毛皮、羽毛(绒)及其制品业	0.18	0.07	0.25	0.09	0.07	0.53	0.20
木材加工及木、竹、藤、棕、草制品业	11.64	12.96	23.28	10.37	8.33	16.33	10.61
家具制造业	0.24	0.25	1.61	1.89	0.47	1.30	0.03
造纸及纸制品业	27.60	41.46	47.39	47.80	47.06	50.78	61.04
印刷业和记录媒介的复制	3.43	4.53	1.95	2.47	2.11	3.49	2.09
文教体育用品制造业	0.03	0.03	0.08			0.60	0.34
石油加工、炼焦及核燃料加工业	77.16	79.26	96.52	79.86	103.12	114.40	99.31
化学原料及化学制品制造业	714.30	809.54	840.86	845.23	847.47	1010.01	1097.77
医药制造业	8.70	12.03	8.99	10.21	10.14	12.23	12.92
化学纤维制造业	3.75	5.15	4.31	4.85	4.70	4.18	3.85
橡胶和塑料制品业	6.40	5.03	6.24	8.69	8.07	11.50	6.93
非金属矿物制品业	462.48	591.50	514.11	739.61	813.99	846.37	831.34
黑色金属冶炼及压延加工业	924.09	975.67	1213.98	1255.35	1282.36	1446.56	1640.07

4－16　分行业终端能源消费量(当量热值)(续)

单位：万吨标准煤

	2005年	2006年	2008年	2009年	2010年	2011年	2012年
有色金属冶炼及压延加工业	279.14	334.65	338.45	366.14	435.32	523.35	548.00
金属制品业	4.32	4.00	9.94	23.90	10.56	14.70	4.96
通用设备制造业	8.39	6.97	12.28	8.95	11.44	15.85	3.83
专用设备制造业	3.93	3.59	2.84	4.30	3.86	6.48	3.84
汽车制造业	6.09	4.29	5.78	26.73	8.82	9.41	10.37
铁路、船舶和其他运输设备制造业							0.71
电气机械及器材制造业	1.99	2.26	2.28	2.21	1.96	2.32	2.82
通信设备、计算机及其他电子设备制造业	0.11	0.15	0.24	0.23	0.40	0.69	0.68
仪器仪表及文化、办公用机械制造业	0.59	0.51	0.59	0.60	0.57	0.77	0.64
工艺品及其他制造业	3.21	1.01	10.38	5.30	3.65	5.28	1.56
废弃资源和废旧材料回收加工业	0.31	0.19	3.54	7.12	4.79	2.54	0.11
(三)电力、燃气及水的生产和供应业	38.77	52.20	70.31	48.83	137.84	114.36	164.75
电力、热力的生产和供应业	36.35	49.66	63.36	42.46	133.21	107.23	159.45
燃气生产和供应业	0.79	0.72	4.79	4.09	2.77	2.46	3.35
水的生产和供应业	1.63	1.81	2.16	2.28	1.86	4.67	1.95
三、建筑业	52.29	63.98	85.65	97.49	119.24	145.11	144.96
房屋和土木工程建筑业	43.38	51.71	74.27	92.01	111.84	136.36	136.23
建筑安装业	4.69	7.07	6.39	1.89	2.64	3.01	3.01
建筑装饰业	2.40	2.99	1.75	0.61	0.82	0.98	0.96
其他建筑业	1.81	2.21	3.25	2.98	3.93	4.76	4.76
四、交通运输储运业和邮政业	526.98	594.52	656.69	674.92	846.40	907.82	969.03
铁路运输业	23.32	26.23	30.31	19.00	23.11	22.48	24.04
道路运输业	426.47	481.98	543.59	600.94	753.23	802.20	854.26
水上运输业	8.10	8.29	7.30	0.32	0.41	3.74	4.03
航空运输业	39.65	49.16	52.18	51.20	65.95	72.46	79.29
管道运输业				0.39	0.39	0.50	0.54
装卸搬运及其他运输服务业	5.97	6.50	6.55	0.57	0.67	1.34	1.42
仓储业	17.78	18.30	11.74	1.43	1.48	3.72	4.01
邮政业(电信业)	5.69	4.06	5.03	1.07	1.16	1.38	1.44
五、批发、零售业和住宿、餐饮业	31.29	41.66	54.18	65.99	89.00	121.22	208.29
六、其他行业	61.70	60.96	54.41	77.94	80.92	101.99	161.29
七、城乡居民生活	383.72	428.37	428.30	526.64	509.46	540.39	605.08

4－17 分行业原煤终端消费量(实物量)

单位：万吨

	2005 年	2006 年	2008 年	2009 年	2010 年	2011 年	2012 年
消费总计	2414.43	2426.52	2560.01	3065.99	3115.74	3284.45	3458.13
一、农、林、牧、渔业	196.71	200.64	205.28	223.46	219.65	195.49	200.04
二、工业合计	1782.89	1831.49	1980.64	2428.93	2485.40	2638.18	2732.05
轻工业	163.21	184.60	216.52	236.30	240.80	198.30	203.22
重工业	1619.68	1646.89	1764.12	2192.63	2244.60	2439.88	2528.83
(一)采矿业	85.39	80.10	64.36	89.04	92.33	56.79	60.31
煤炭开采和洗选业	50.31	40.28	6.97	4.44	5.31	1.88	1.95
石油和天然气开采业						0.01	
黑色金属矿采选业	8.80	9.19	12.20	12.25	12.54	11.48	12.64
有色金属矿采选业	10.03	13.00	12.48	34.18	35.37	0.88	0.15
非金属矿采选业	16.25	17.63	32.70	38.17	39.11	42.54	45.58
其他采矿业		0.00	0.00				
(二)制造业	1657.88	1735.31	1897.01	2314.86	2368.80	2560.32	2654.37
农副食品加工业	25.26	26.73	57.60	59.14	60.80	28.19	40.03
食品制造业	15.28	18.75	9.61	14.30	15.55	14.84	15.12
饮料制造业	21.10	22.99	26.66	34.92	34.41	38.43	28.86
烟草制品业	24.45	26.09	24.04	23.52	23.68	25.18	19.28
纺织业	12.53	13.71	18.66	15.03	15.16	7.18	7.12
纺织服装、鞋、帽制造业	0.33	0.65	0.55	0.35	0.31	0.34	0.18
皮革、毛皮、羽毛(绒)及其制品业	0.28	0.07	0.45	0.02	0.02	0.10	0.36
木材加工及木、竹、藤、棕、草制品业	11.47	12.33	30.76	5.78	5.07	10.60	3.54
家具制造业	0.02	0.09	0.45	0.01	0.01	0.10	
造纸及纸制品业	37.19	49.49	58.97	63.55	63.68	63.01	74.17
印刷业和记录媒介的复制	4.10	4.69	0.51	0.84	0.84	0.64	0.26
文教体育用品制造业	0.00	0.00				0.01	
石油加工、炼焦及核燃料加工业	84.04	75.14	22.39	4.06	4.55	0.10	14.49
化学原料及化学制品制造业	420.00	429.40	552.46	617.28	627.46	817.09	885.16
医药制造业	12.09	13.54	12.15	12.23	12.72	12.71	12.73
化学纤维制造业	6.13	6.76	6.65	7.26	7.68	5.24	5.05
橡胶和塑料制品业	3.82	3.21	3.66	5.03	5.34	3.33	2.91
非金属矿物制品业	728.00	748.76	750.06	1068.87	1069.30	1034.22	1042.29
黑色金属冶炼及压延加工业	114.24	126.97	191.66	233.30	252.76	294.32	311.89

4－17 分行业原煤终端消费量(实物量)(续)

单位：万吨

	2005年	2006年	2008年	2009年	2010年	2011年	2012年
有色金属冶炼及压延加工业	124.57	148.11	114.23	106.09	120.64	192.83	185.61
金属制品业	1.36	1.35	5.70	20.64	21.80	2.58	0.92
通用设备制造业	1.40	1.00	3.56	2.51	3.06	2.55	0.68
专用设备制造业	2.90	2.61	0.94	1.70	2.82	3.02	0.41
汽车制造业	1.82	1.04	1.55	1.83	1.88	0.71	1.12
铁路、船舶和其他运输设备制造业							
电气机械及器材制造业	0.65	0.60	0.56	0.05	0.06	0.19	0.36
通信设备、计算机及其他电子设备制造业		0.00				0.01	
仪器仪表及文化、办公用机械制造业	0.30	0.17	0.16	0.17	0.18	0.09	0.06
工艺品及其他制造业	4.45	1.04	0.23	5.13	5.94	2.32	1.71
废弃资源和废旧材料回收加工业	0.10	0.01	2.81	11.25	13.08	0.37	0.05
(三)电力、燃气及水的生产和供应业	39.62	16.08	19.27	25.03	24.27	21.07	17.37
电力、热力的生产和供应业	39.61	15.98	15.07	22.05	21.51	19.19	14.79
燃气生产和供应业			3.89	2.98	2.76	1.48	2.58
水的生产和供应业	0.01	0.10	0.31			0.40	
三、建筑业	25.28	25.79	28.48	20.06	19.58	29.69	28.64
房屋和土木工程建筑业	25.28	25.79	27.88	19.61	19.13	28.79	27.81
建筑安装业			0.11	0.05	0.05	0.05	0.05
建筑装饰业			0.04	0.03	0.03	0.06	0.06
其他建筑业			0.45	0.37	0.37	0.79	0.72
四、交通运输储运业和邮政业	27.73	24.96	18.75	18.33	18.38	17.66	14.30
铁路运输业	11.78	11.01	15.24	0.39	0.34	0.99	0.80
道路运输业	0.31	0.31	2.96	17.72	17.82	16.46	13.32
水上运输业	1.56	1.56	0.05			0.00	0.00
航空运输业			0.00			0.00	0.00
管道运输业						0.00	0.00
装卸搬运及其他运输服务业			0.09	0.04	0.04	0.04	0.03
仓储业	14.08	12.08	0.08	0.03	0.03	0.03	0.02
邮政业(电信业)			0.33	0.15	0.15	0.15	0.12
五、批发、零售业和住宿、餐饮业	28.67	25.80	23.99	29.73	41.68	54.06	90.47
六、其他行业	61.14	55.03	16.68	18.24	24.35	29.27	47.59
七、城乡居民生活	320.68	288.61	252.45	291.63	289.09	310.09	345.04

4-18 分行业原煤终端消费量(标准量)

单位：万吨标准煤

	2005年	2006年	2008年	2009年	2010年	2011年	2012年
消 费 总 计	1201.42	1582.57	1399.25	1759.49	1881.90	2263.79	2303.68
一、农、林、牧、渔业	97.88	130.86	112.20	128.24	102.20	114.19	108.75
二、工业合计	887.17	1194.49	1082.58	1393.90	1523.12	1825.34	1825.27
轻工业	81.21	120.40	118.35	135.61	119.44	123.22	122.74
重工业	805.95	1074.10	964.23	1258.29	1403.68	1702.12	1702.53
(一)采矿业	42.49	52.24	35.18	51.09	42.90	35.33	37.96
煤炭开采和洗选业	25.03	26.27	3.81	2.55	2.34	1.36	1.26
石油和天然气开采业						0.01	
黑色金属矿采选业	4.38	5.99	6.67	7.03	7.46	7.65	7.81
有色金属矿采选业	4.99	8.48	6.82	19.61	11.39	0.72	0.08
非金属矿采选业	8.09	11.50	17.88	21.90	21.69	25.59	28.81
其他采矿业		0.00	0.00				
(二)制造业	824.96	1131.77	1036.87	1328.43	1466.66	1776.12	1776.33
农副食品加工业	12.57	17.44	31.48	33.94	23.24	15.47	22.20
食品制造业	7.60	12.23	5.25	8.20	7.55	9.44	9.42
饮料制造业	10.50	15.00	14.57	20.04	15.44	23.28	16.53
烟草制品业	12.17	17.02	13.14	13.50	14.89	16.55	12.19
纺织业	6.24	8.94	10.20	8.62	6.77	4.60	4.26
纺织服装、鞋、帽制造业	0.16	0.43	0.30	0.20	0.16	0.25	0.12
皮革、毛皮、羽毛(绒)及其制品业	0.14	0.04	0.25	0.01	0.01	0.09	0.14
木材加工及木、竹、藤、棕、草制品业	5.71	8.04	16.82	3.32	2.29	5.51	1.58
家具制造业	0.01	0.06	0.25	0.00	0.00	0.09	
造纸及纸制品业	18.51	32.28	32.23	36.47	37.48	39.92	46.30
印刷业和记录媒介的复制	2.04	3.06	0.28	0.48	0.34	0.44	0.16
文教体育用品制造业	0.00	0.00				0.01	
石油加工、炼焦及核燃料加工业	41.82	49.01	12.24	2.33	1.45	0.09	7.44
化学原料及化学制品制造业	208.99	280.05	301.96	354.24	384.43	561.63	571.36
医药制造业	6.02	8.83	6.64	7.02	7.30	8.35	8.20
化学纤维制造业	3.05	4.41	3.63	4.17	4.05	3.42	3.19
橡胶和塑料制品业	1.90	2.10	2.00	2.89	3.35	2.11	1.78
非金属矿物制品业	362.25	488.34	409.96	613.40	672.64	678.90	675.46
黑色金属冶炼及压延加工业	56.85	82.81	104.76	133.88	194.58	261.54	270.43

4－18　分行业原煤终端消费量（标准量）（续）

单位：万吨标准煤

	2005 年	2006 年	2008 年	2009 年	2010 年	2011 年	2012 年
有色金属冶炼及压延加工业	61.99	96.60	62.44	60.88	72.83	136.38	122.42
金属制品业	0.67	0.88	3.12	11.85	7.20	1.69	0.59
通用设备制造业	0.70	0.65	1.95	1.44	1.48	1.61	0.43
专用设备制造业	1.44	1.70	0.51	0.97	1.79	2.48	0.27
汽车制造业	0.91	0.68	0.84	1.05	0.86	0.48	0.71
铁路、船舶和其他运输设备制造业							
电气机械及器材制造业	0.32	0.39	0.30	0.03	0.03	0.15	0.15
通信设备、计算机及其他电子设备制造业		0.00				0.01	
仪器仪表及文化、办公用机械制造业	0.15	0.11	0.09	0.10	0.09	0.06	0.04
工艺品及其他制造业	2.21	0.68	0.12	2.94	2.19	1.32	0.93
废弃资源和废旧材料回收加工业	0.05	0.00	1.54	6.46	4.22	0.27	0.03
（三）电力、燃气及水的生产和供应业	19.71	10.49	10.53	14.37	13.56	13.89	10.98
电力、热力的生产和供应业	19.71	10.42	8.24	12.66	11.98	12.55	9.34
燃气生产和供应业			2.13	1.71	1.58	0.99	1.63
水的生产和供应业	0.00	0.07	0.17			0.36	
三、建筑业	12.58	16.82	15.57	11.51	15.45	26.50	25.27
房屋和土木工程建筑业	12.58	16.82	15.24	11.25	15.10	25.70	24.53
建筑安装业			0.06	0.03	0.04	0.05	0.05
建筑装饰业			0.02	0.02	0.02	0.05	0.05
其他建筑业			0.24	0.21	0.29	0.70	0.64
四、交通运输储运业和邮政业	13.80	16.28	10.25	10.52	14.50	15.77	12.61
铁路运输业	5.86	7.18	8.33	0.22	0.27	0.88	0.70
道路运输业	0.15	0.20	1.62	10.17	14.07	14.69	11.75
水上运输业			0.00	0.00	0.00	0.00	0.00
航空运输业			0.00			0.00	0.00
管道运输业						0.00	0.00
装卸搬运及其他运输服务业			0.05	0.02	0.03	0.04	0.03
仓储业	7.01	7.88	0.04	0.02	0.02	0.03	0.02
邮政业（电信业）			0.18	0.08	0.12	0.13	0.10
五、批发、零售业和住宿、餐饮业	14.27	16.83	23.99	29.73	41.68	54.06	79.81
六、其他行业	16.16	19.06	16.68	18.24	24.35	29.27	41.98
七、城乡居民生活	159.57	188.23	137.98	167.36	160.61	198.66	210.00

4－19　分行业焦炭终端消费量(实物量)

单位：万吨

	2005年	2006年	2008年	2009年	2010年	2011年	2012年
消　费　总　计	1138.94	1157.49	1327.48	1274.55	1230.61	1218.44	1337.27
一、农、林、牧、渔业	0.41	0.42	0.38	0.38	1.35	1.94	2.01
二、工业合计	1133.84	1152.26	1324.04	1273.77	1228.93	1216.22	1334.93
轻工业	1.47	0.11	0.38	0.98	0.12	0.40	0.31
重工业	1132.37	1152.15	1323.66	1272.79	1228.81	1215.82	1334.62
(一)采矿业	24.98	21.34	26.36	22.20	9.19	15.69	13.87
煤炭开采和洗选业	10.87	9.28	4.89	0.80	0.10	0.71	0.61
石油和天然气开采业							
黑色金属矿采选业	9.52	7.93	19.63	13.82	8.29	14.07	12.11
有色金属矿采选业	2.58	2.32	1.77	1.58	0.45	0.82	1.16
非金属矿采选业	2.01	1.81	0.07	6.00	0.35	0.10	
其他采矿业							
(二)制造业	1108.86	1130.71	1297.53	1251.53	1219.74	1195.19	1321.06
农副食品加工业	0.26	0.08	0.22	0.46	0.11	0.20	0.14
食品制造业		0.00	0.04	0.25		0.10	0.14
饮料制造业	0.61		0.07			0.10	
烟草制品业							
纺织业	0.01			0.02			
纺织服装、鞋、帽制造业							
皮革、毛皮、羽毛(绒)及其制品业							
木材加工及木、竹、藤、棕、草制品业							
家具制造业							
造纸及纸制品业	0.01						
印刷业和记录媒介的复制	0.01			0.00			
文教体育用品制造业							
石油加工、炼焦及核燃料加工业	18.99	4.92	5.75	0.11		0.10	
化学原料及化学制品制造业	273.26	292.30	274.35	233.38	217.57	176.28	208.87
医药制造业	0.01	0.01		0.00			0.03
化学纤维制造业							
橡胶和塑料制品业	0.02	0.02	0.02	0.04		0.10	
非金属矿物制品业	8.64	7.78	3.46	4.00	3.07	3.25	4.60
黑色金属冶炼及压延加工业	717.32	743.65	920.66	901.64	908.03	942.22	1034.86

4－19 分行业焦炭终端消费量(实物量)(续)

单位：万吨

	2005 年	2006 年	2008 年	2009 年	2010 年	2011 年	2012 年
有色金属冶炼及压延加工业	80.43	75.16	84.10	82.73	78.57	58.86	64.78
金属制品业	0.64	0.34	0.67	2.11	0.34	0.70	0.48
通用设备制造业	5.07	4.57	5.34	4.17	7.26	7.66	1.24
专用设备制造业	0.56	0.40	0.38	0.35	0.30	0.32	0.24
汽车制造业	1.87	0.87	2.01	21.97	4.46	5.24	5.61
铁路、船舶和其他运输设备制造业							0.02
电气机械及器材制造业	0.53	0.57	0.02	0.02	0.02	0.06	0.04
通信设备、计算机及其他电子设备制造业							
仪器仪表及文化、办公用机械制造业	0.02	0.02					
工艺品及其他制造业	0.56	0.02	0.05	0.26	0.01		
废弃资源和废旧材料回收加工业	0.03		0.40	0.02			
(三)电力、燃气及水的生产和供应业		0.21	0.15	0.04		5.34	
电力、热力的生产和供应业		0.21	0.05	0.04		5.34	
燃气生产和供应业			0.10				
水的生产和供应业							
三、建筑业	1.57	1.54	1.62				
房屋和土木工程建筑业	1.01	1.03	1.11				
建筑安装业	0.56	0.51	0.51				
建筑装饰业							
其他建筑业							
四、交通运输储运业和邮政业	0.61	0.64	0.45				
铁路运输业	0.42	0.43	0.24				
道路运输业							
水上运输业	0.10	0.11	0.11				
航空运输业							
管道运输业							
装卸搬运及其他运输服务业							
仓储业	0.09	0.10	0.10	0.10			
邮政业(电信业)							
五、批发、零售业和住宿、餐饮业	0.34	0.36	0.56	0.13			
六、其他行业	1.67	1.75		0.43			
七、城乡居民生活	0.50	0.53	0.43	0.40	0.33	0.28	0.33

4－20 分行业焦炭终端消费量(标准量)

单位：万吨标准煤

	2005 年	2006 年	2008 年	2009 年	2010 年	2011 年	2012 年
消 费 总 计	1106.37	1124.39	1289.51	1238.10	1103.49	1094.04	1200.07
一、农、林、牧、渔业	0.40	0.41	0.37	0.37	1.21	1.74	1.80
二、工业合计	1101.41	1119.30	1286.17	1237.34	1101.98	1092.05	1197.97
轻工业	1.43	0.11	0.37	0.95	0.11	0.36	0.28
重工业	1099.99	1119.19	1285.81	1236.39	1101.87	1091.69	1197.69
(一)采矿业	24.26	20.73	25.61	21.56	8.24	14.09	12.45
煤炭开采和洗选业	10.56	9.02	4.75	0.78	0.09	0.63	0.55
石油和天然气开采业							
黑色金属矿采选业	9.25	7.70	19.07	13.42	7.43	12.63	10.86
有色金属矿采选业	2.51	2.26	1.72	1.53	0.40	0.73	1.04
非金属矿采选业	1.95	1.76	0.07	5.83	0.31	0.09	
其他采矿业							
(二)制造业	1077.15	1098.37	1260.42	1215.73	1093.74	1073.16	1185.52
农副食品加工业	0.25	0.08	0.21	0.44	0.10	0.18	0.13
食品制造业		0.00	0.04	0.24		0.09	0.13
饮料制造业	0.59		0.07			0.09	
烟草制品业							
纺织业	0.01			0.02			
纺织服装、鞋、帽制造业							
皮革、毛皮、羽毛(绒)及其制品业							
木材加工及木、竹、藤、棕、草制品业							
家具制造业							
造纸及纸制品业	0.01						
印刷业和记录媒介的复制	0.01			0.00			
文教体育用品制造业							
石油加工、炼焦及核燃料加工业	18.45	4.78	5.58	0.10		0.09	
化学原料及化学制品制造业	265.44	283.94	266.50	226.71	195.10	158.28	187.44
医药制造业	0.01	0.01		0.00			0.03
化学纤维制造业							
橡胶和塑料制品业	0.02	0.02	0.02	0.04		0.09	
非金属矿物制品业	8.39	7.55	3.36	3.88	2.75	2.92	4.13
黑色金属冶炼及压延加工业	696.80	722.38	894.33	875.86	814.23	846.02	928.68

4－20　分行业焦炭终端消费量（标准量）（续）

单位：万吨标准煤

	2005年	2006年	2008年	2009年	2010年	2011年	2012年
有色金属冶炼及压延加工业	78.13	73.01	81.70	80.36	70.45	52.85	58.14
金属制品业	0.62	0.33	0.65	2.05	0.30	0.62	0.43
通用设备制造业	4.93	4.44	5.18	4.06	6.51	6.88	1.12
专用设备制造业	0.55	0.39	0.37	0.34	0.27	0.28	0.21
汽车制造业	1.82	0.85	1.95	21.34	4.00	4.70	5.03
铁路、船舶和其他运输设备制造业							0.02
电气机械及器材制造业	0.51	0.56	0.02	0.02	0.02	0.06	0.04
通信设备、计算机及其他电子设备制造业							
仪器仪表及文化、办公用机械制造业	0.02	0.02					
工艺品及其他制造业	0.54	0.02	0.05	0.25	0.01		
废弃资源和废旧材料回收加工业	0.03		0.39	0.02			
（三）电力、燃气及水的生产和供应业		0.20	0.15	0.04		4.80	
电力、热力的生产和供应业		0.20	0.05	0.04		4.80	
燃气生产和供应业			0.10				
水的生产和供应业							
三、建筑业	1.53	1.50	1.57				
房屋和土木工程建筑业	0.98	1.00	1.08				
建筑安装业	0.54	0.50	0.50				
建筑装饰业							
其他建筑业							
四、交通运输储运业和邮政业	0.59	0.62	0.44				
铁路运输业	0.41	0.42	0.23				
道路运输业							
水上运输业							
航空运输业	0.10	0.11	0.11				
管道运输业							
装卸搬运及其他运输服务业							
仓储业	0.09	0.10	0.10				
邮政业（电信业）							
五、批发、零售业和住宿、餐饮业	0.34	0.36	0.13				
六、其他行业	1.67	1.75	0.43				
七、城乡居民生活	0.49	0.51	0.42	0.39	0.30	0.25	0.30

4－21 分行业汽油终端消费量(实物量)

单位：万吨

	2005 年	2006 年	2008 年	2009 年	2010 年	2011 年	2012 年
消 费 总 计	122.95	128.12	178.86	193.27	232.49	250.34	287.50
一、农、林、牧、渔业	6.33	6.53	8.29	7.72	8.56	8.70	8.82
二、工业合计	5.28	5.47	7.72	10.33	12.78	15.16	16.68
轻工业	1.12	1.03	1.48	2.62	3.04	3.40	3.70
重工业	4.16	4.44	6.25	7.71	9.74	11.76	12.98
(一)采矿业	1.03	0.98	2.46	2.09	3.39	4.51	2.75
煤炭开采和洗选业	0.43	0.40	0.58	0.64	1.42	1.71	1.62
石油和天然气开采业	0.01	0.01				0.29	
黑色金属矿采选业	0.21	0.20	0.94	0.61	0.71	1.51	0.45
有色金属矿采选业	0.28	0.27	0.42	0.31	0.62	0.55	0.59
非金属矿采选业	0.09	0.09	0.53	0.53	0.64	0.44	0.09
其他采矿业							
(二)制造业	3.39	3.57	4.43	7.37	8.48	8.82	10.01
农副食品加工业	0.19	0.18	0.25	0.63	0.73	0.76	1.08
食品制造业	0.19	0.08	0.19	0.44	0.49	0.35	0.41
饮料制造业	0.11	0.12	0.20	0.25	0.30	0.26	0.32
烟草制品业	0.15	0.14	0.15	0.21	0.25	0.37	0.63
纺织业	0.04	0.04	0.06	0.07	0.08	0.08	0.09
纺织服装、鞋、帽制造业	0.01	0.01	0.06	0.16	0.16	0.08	0.05
皮革、毛皮、羽毛(绒)及其制品业	0.00	0.00				0.19	
木材加工及木、竹、藤、棕、草制品业	0.08	0.07	0.11	0.18	0.18	0.37	0.18
家具制造业	0.02	0.01	0.06	0.11	0.19	0.19	
造纸及纸制品业	0.06	0.08	0.14	0.13	0.16	0.20	0.32
印刷业和记录媒介的复制	0.14	0.13	0.22	0.25	0.33	0.29	0.32
文教体育用品制造业	0.01	0.01	0.01			0.19	0.14
石油加工、炼焦及核燃料加工业	0.21	0.25	0.10	0.06	0.10	0.09	0.14
化学原料及化学制品制造业	0.37	0.45	0.46	0.40	0.45	0.57	0.81
医药制造业	0.16	0.20	0.10	0.12	0.13	0.17	0.36
化学纤维制造业	0.01	0.01		0.00	0.00	0.08	
橡胶和塑料制品业	0.14	0.14	0.18	0.29	0.31	0.40	0.36
非金属矿物制品业	0.32	0.31	0.49	0.76	0.94	0.87	0.68
黑色金属冶炼及压延加工业	0.16	0.31	0.17	0.70	0.84	0.45	0.54

4－21　分行业汽油终端消费量(实物量)(续)

单位：万吨

	2005 年	2006 年	2008 年	2009 年	2010 年	2011 年	2012 年
有色金属冶炼及压延加工业	0.33	0.33	0.46	0.80	0.93	0.87	1.35
金属制品业	0.10	0.10	0.20	0.56	0.57	0.24	0.41
通用设备制造业	0.11	0.11	0.24	0.22	0.21	0.29	0.27
专用设备制造业	0.11	0.11	0.12	0.21	0.23	0.33	0.45
汽车制造业	0.20	0.19	0.23	0.35	0.39	0.32	0.50
铁路、船舶和其他运输设备制造业							0.09
电气机械及器材制造业	0.08	0.10	0.11	0.12	0.17	0.27	0.27
通信设备、计算机及其他电子设备制造业	0.01	0.01	0.02	0.02	0.03	0.04	0.05
仪器仪表及文化、办公用机械制造业	0.03	0.04	0.04	0.05	0.05	0.12	0.14
工艺品及其他制造业	0.02	0.02	0.06	0.25	0.22	0.17	0.09
废弃资源和废旧材料回收加工业	0.01	0.02	0.01	0.03	0.04	0.19	
(三)电力、燃气及水的生产和供应业	0.86	0.93	0.83	0.87	0.91	1.83	3.92
电力、热力的生产和供应业	0.78	0.84	0.73	0.76	0.80	1.70	3.65
燃气生产和供应业	0.03	0.03	0.03	0.02	0.03	0.02	0.09
水的生产和供应业	0.06	0.06	0.08	0.08	0.08	0.11	0.18
三、建筑业	4.05	4.36	12.13	14.51	17.15	20.04	20.36
房屋和土木工程建筑业	3.17	3.37	10.79	13.50	15.86	18.60	18.90
建筑安装业	0.42	0.52	0.97	0.64	0.87	0.97	0.98
建筑装饰业	0.25	0.25	0.18	0.19	0.23	0.26	0.26
其他建筑业	0.21	0.22	0.19	0.18	0.19	0.21	0.21
四、交通运输储运业和邮政业	89.03	91.67	80.78	89.02	111.51	110.73	116.00
铁路运输业	0.31	0.61	0.61	0.16	0.19	0.12	0.12
道路运输业	82.91	84.55	73.66	88.21	110.52	109.89	115.12
水上运输业	2.78	2.78	2.78	0.06	0.07	0.08	0.08
航空运输业	0.15	0.25	0.25	0.03	0.04	0.04	0.05
管道运输业				0.00	0.00	0.00	0.00
装卸搬运及其他运输服务业	1.37	1.67	1.67	0.32	0.38	0.32	0.33
仓储业	1.48	1.78	1.78	0.09	0.12	0.13	0.14
邮政业(电信业)	0.03	0.03	0.03	0.15	0.19	0.15	0.16
五、批发、零售业和住宿、餐饮业	2.95	3.25	9.31	11.88	14.48	22.74	29.56
六、其他行业	5.03	5.53	15.62	14.73	16.68	17.51	24.56
七、城乡居民生活	10.28	11.31	45.01	45.08	51.33	55.46	71.53

4－22 分行业汽油终端消费量(标准量)

单位：万吨标准煤

	2005年	2006年	2008年	2009年	2010年	2011年	2012年
消 费 总 计	180.90	188.52	263.17	284.38	342.09	368.35	423.03
一、农、林、牧、渔业	9.31	9.61	12.20	11.36	12.60	12.80	12.98
二、工业合计	7.77	8.06	11.37	15.19	18.80	22.30	24.54
轻工业	1.65	1.52	2.17	3.85	4.48	5.00	5.44
重工业	6.12	6.54	9.19	11.34	14.32	17.30	19.10
(一)采矿业	1.51	1.44	3.62	3.08	4.99	6.63	4.05
煤炭开采和洗选业	0.63	0.60	0.85	0.94	2.09	2.52	2.39
石油和天然气开采业	0.01	0.01				0.43	
黑色金属矿采选业	0.31	0.30	1.38	0.90	1.04	2.22	0.66
有色金属矿采选业	0.42	0.40	0.62	0.46	0.91	0.80	0.86
非金属矿采选业	0.13	0.13	0.77	0.77	0.94	0.65	0.13
其他采矿业							
(二)制造业	4.98	5.25	6.52	10.84	12.48	12.98	14.73
农副食品加工业	0.29	0.26	0.36	0.92	1.07	1.12	1.59
食品制造业	0.28	0.12	0.27	0.64	0.72	0.51	0.60
饮料制造业	0.16	0.17	0.29	0.36	0.44	0.38	0.46
烟草制品业	0.23	0.20	0.22	0.31	0.37	0.55	0.93
纺织业	0.07	0.05	0.08	0.10	0.12	0.12	0.13
纺织服装、鞋、帽制造业	0.02	0.01	0.08	0.24	0.24	0.12	0.07
皮革、毛皮、羽毛(绒)及其制品业	0.00	0.00				0.29	
木材加工及木、竹、藤、棕、草制品业	0.11	0.11	0.17	0.26	0.26	0.55	0.27
家具制造业	0.03	0.02	0.08	0.17	0.28	0.29	
造纸及纸制品业	0.09	0.12	0.20	0.19	0.24	0.29	0.46
印刷业和记录媒介的复制	0.21	0.20	0.32	0.37	0.49	0.43	0.46
文教体育用品制造业	0.01	0.01	0.01			0.29	0.20
石油加工、炼焦及核燃料加工业	0.31	0.37	0.15	0.09	0.15	0.13	0.20
化学原料及化学制品制造业	0.54	0.66	0.67	0.59	0.66	0.83	1.19
医药制造业	0.23	0.29	0.15	0.18	0.19	0.25	0.53
化学纤维制造业	0.01	0.01		0.00	0.00	0.12	
橡胶和塑料制品业	0.21	0.20	0.27	0.42	0.46	0.59	0.53
非金属矿物制品业	0.48	0.45	0.72	1.12	1.38	1.28	0.99
黑色金属冶炼及压延加工业	0.23	0.46	0.25	1.03	1.24	0.66	0.80

4-22 分行业汽油终端消费量(标准量)(续)

单位：万吨标准煤

	2005年	2006年	2008年	2009年	2010年	2011年	2012年
有色金属冶炼及压延加工业	0.48	0.49	0.68	1.18	1.37	1.28	1.99
金属制品业	0.14	0.15	0.29	0.82	0.84	0.36	0.60
通用设备制造业	0.17	0.16	0.36	0.33	0.31	0.42	0.40
专用设备制造业	0.16	0.16	0.18	0.31	0.34	0.49	0.66
汽车制造业	0.30	0.29	0.34	0.51	0.57	0.46	0.73
铁路、船舶和其他运输设备制造业							0.13
电气机械及器材制造业	0.12	0.15	0.16	0.18	0.25	0.40	0.40
通信设备、计算机及其他电子设备制造业	0.01	0.01	0.03	0.03	0.04	0.06	0.07
仪器仪表及文化、办公用机械制造业	0.05	0.06	0.07	0.07	0.07	0.18	0.20
工艺品及其他制造业	0.03	0.03	0.08	0.36	0.32	0.25	0.13
废弃资源和废旧材料回收加工业	0.02	0.03	0.01	0.04	0.06	0.29	
(三)电力、燃气及水的生产和供应业	1.27	1.37	1.23	1.27	1.33	2.69	5.77
电力、热力的生产和供应业	1.14	1.24	1.07	1.12	1.18	2.50	5.37
燃气生产和供应业	0.04	0.05	0.04	0.04	0.04	0.03	0.13
水的生产和供应业	0.09	0.08	0.11	0.11	0.12	0.16	0.27
三、建筑业	5.96	6.42	17.85	21.35	25.23	29.48	29.95
房屋和土木工程建筑业	4.66	4.96	15.87	19.86	23.34	27.37	27.81
建筑安装业	0.62	0.77	1.43	0.94	1.28	1.42	1.44
建筑装饰业	0.37	0.37	0.27	0.28	0.34	0.38	0.38
其他建筑业	0.31	0.32	0.28	0.26	0.28	0.31	0.32
四、交通运输储运业和邮政业	131.00	134.88	118.85	130.99	164.08	162.92	170.68
铁路运输业	0.46	0.90	0.90	0.24	0.28	0.17	0.18
道路运输业	121.99	124.41	108.38	129.80	162.62	161.69	169.39
水上运输业	4.09	4.09	4.09	0.08	0.10	0.11	0.12
航空运输业	0.22	0.37	0.37	0.05	0.06	0.06	0.07
管道运输业				0.00	0.00	0.00	0.00
装卸搬运及其他运输服务业	2.02	2.46	2.46	0.47	0.56	0.47	0.49
仓储业	2.18	2.62	2.61	0.13	0.18	0.19	0.20
邮政业(电信业)	0.04	0.04	0.04	0.22	0.28	0.22	0.23
五、批发、零售业和住宿、餐饮业	4.34	4.77	13.70	17.48	21.31	33.46	43.49
六、其他行业	7.40	8.14	22.98	21.68	24.54	25.77	36.14
七、城乡居民生活	15.13	16.64	66.23	66.33	75.53	81.61	105.24

4－23 分行业柴油终端消费量(实物量)

单位：万吨

	2005 年	2006 年	2008 年	2009 年	2010 年	2011 年	2012 年
消 费 总 计	282.09	328.65	409.67	437.21	561.26	608.77	649.98
一、农、林、牧、渔业	13.35	14.62	14.65	12.64	16.42	16.76	16.36
二、工业合计	20.89	22.44	39.00	50.01	75.55	83.14	87.81
轻工业	2.40	2.45	3.08	4.11	4.52	7.53	6.42
重工业	18.48	19.99	35.92	45.90	71.03	75.60	81.39
(一)采矿业	9.18	9.39	21.25	27.72	40.05	36.73	40.98
煤炭开采和洗选业	1.59	1.80	4.74	6.72	8.66	8.95	11.37
石油和天然气开采业	0.00					0.02	
黑色金属矿采选业	3.27	3.27	6.65	5.52	7.77	8.28	9.00
有色金属矿采选业	2.20	2.20	4.08	5.06	8.33	8.43	10.37
非金属矿采选业	2.12	2.12	5.78	10.42	15.29	11.04	10.22
其他采矿业							0.02
(二)制造业	11.03	12.27	16.71	20.86	33.37	43.07	44.33
农副食品加工业	0.99	0.99	1.28	1.34	1.56	2.27	1.65
食品制造业	0.59	0.59	0.68	0.81	0.85	2.40	1.92
饮料制造业	0.23	0.23	0.25	0.64	0.67	0.83	0.90
烟草制品业	0.28	0.28	0.15	0.23	0.25	0.32	0.80
纺织业	0.03	0.03	0.04	0.04	0.05	0.05	0.15
纺织服装、鞋、帽制造业	0.02	0.02	0.07	0.09	0.10	0.07	
皮革、毛皮、羽毛(绒)及其制品业	0.00	0.00				0.02	
木材加工及木、竹、藤、棕、草制品业	0.10	0.10	0.21	0.39	0.15	0.86	0.50
家具制造业	0.01	0.01	0.04	0.10	0.11	0.02	
造纸及纸制品业	0.12	0.16	0.25	0.22	0.25	0.43	0.40
印刷业和记录媒介的复制	0.03	0.03	0.15	0.13	0.14	0.20	0.07
文教体育用品制造业	0.00		0.01			0.17	0.02
石油加工、炼焦及核燃料加工业	0.25	0.34	0.61	0.46	0.49	0.73	0.80
化学原料及化学制品制造业	1.52	1.52	2.12	1.84	1.89	4.00	4.15
医药制造业	0.09	0.09	0.13	0.18	0.19	0.42	0.50
化学纤维制造业		0.01		0.00	0.00	0.02	
橡胶和塑料制品业	0.20	0.20	0.26	0.34	0.37	0.74	0.50
非金属矿物制品业	2.23	2.43	3.91	7.44	16.48	16.83	12.87
黑色金属冶炼及压延加工业	1.49	1.68	1.25	1.08	2.10	1.96	3.15

4－23　分行业柴油终端消费量（实物量）（续）

单位：万吨

	2005 年	2006 年	2008 年	2009 年	2010 年	2011 年	2012 年
有色金属冶炼及压延加工业	1.66	2.06	4.13	3.41	5.87	8.16	13.44
金属制品业	0.09	0.09	0.10	0.44	0.07	0.44	0.25
通用设备制造业	0.07	0.07	0.13	0.13	0.14	0.28	0.12
专用设备制造业	0.21	0.40	0.35	0.35	0.38	0.55	1.07
汽车制造业	0.70	0.80	0.42	0.71	0.73	0.66	0.67
铁路、船舶和其他运输设备制造业							0.10
电气机械及器材制造业	0.08	0.08	0.09	0.09	0.10	0.11	0.15
通信设备、计算机及其他电子设备制造业	0.00	0.00				0.02	
仪器仪表及文化、办公用机械制造业	0.01	0.01	0.02	0.02	0.02	0.04	0.02
工艺品及其他制造业	0.01	0.01	0.04	0.32	0.35	0.32	0.10
废弃资源和废旧材料回收加工业	0.03	0.04	0.03	0.06	0.06	0.17	
（三）电力、燃气及水的生产和供应业	0.67	0.78	1.03	1.43	2.13	3.34	2.50
电力、热力的生产和供应业	0.64	0.74	0.96	1.37	2.04	3.13	2.45
燃气生产和供应业	0.02	0.03	0.04	0.04	0.05	0.17	0.02
水的生产和供应业	0.01	0.02	0.02	0.02	0.04	0.04	0.02
三、建筑业	13.53	16.56	21.86	30.65	36.67	40.70	41.36
房屋和土木工程建筑业	11.26	12.93	20.38	28.95	34.32	38.10	38.71
建筑安装业	0.95	1.65	0.12	0.11	0.18	0.20	0.20
建筑装饰业	0.81	1.21	0.02	0.02	0.03	0.03	0.03
其他建筑业	0.51	0.77	1.34	1.58	2.14	2.38	2.41
四、交通运输储运业和邮政业	219.58	257.32	312.75	317.53	399.68	434.62	467.94
铁路运输业	5.98	7.18	9.18	4.66	6.75	4.62	4.97
道路运输业	206.40	242.57	296.00	312.68	392.66	426.51	459.21
水上运输业	1.99	1.99	1.99	0.16	0.21	2.49	2.68
航空运输业	0.02	0.10	0.10	0.04	0.06	0.07	0.07
管道运输业						0.00	0.00
装卸搬运及其他运输服务业	2.69	2.75	2.75			0.52	0.56
仓储业	2.48	2.68	2.68			0.23	0.25
邮政业（电信业）	0.02	0.05	0.05			0.18	0.19
五、批发、零售业和住宿、餐饮业	1.35	1.99	4.36	8.83	11.17	11.95	12.83
六、其他行业	6.34	7.97	6.23	6.44	9.34	8.87	8.98
七、城乡居民生活	7.05	7.76	10.84	11.09	12.43	12.73	14.70

4－24 分行业柴油终端消费量(标准量)

单位：万吨标准煤

	2005 年	2006 年	2008 年	2009 年	2010 年	2011 年	2012 年
消 费 总 计	411.03	478.88	596.94	637.05	817.81	887.04	947.08
一、农、林、牧、渔业	19.45	21.30	21.35	18.42	23.93	24.43	23.84
二、工业合计	30.43	32.70	56.82	72.88	110.09	121.14	127.95
轻工业	3.50	3.57	4.48	5.99	6.59	10.97	9.36
重工业	26.93	29.13	52.34	66.88	103.50	110.16	118.59
(一)采矿业	13.38	13.68	30.97	40.39	58.36	53.52	59.71
煤炭开采和洗选业	2.32	2.62	6.91	9.79	12.62	13.04	16.57
石油和天然气开采业	0.00					0.02	
黑色金属矿采选业	4.76	4.76	9.69	8.04	11.32	12.07	13.11
有色金属矿采选业	3.21	3.21	5.94	7.37	12.14	12.29	15.11
非金属矿采选业	3.09	3.09	8.42	15.19	22.28	16.09	14.89
其他采矿业							0.04
(二)制造业	16.07	17.87	24.35	30.40	48.63	62.76	64.59
农副食品加工业	1.44	1.44	1.86	1.95	2.27	3.31	2.40
食品制造业	0.85	0.85	1.00	1.19	1.24	3.50	2.80
饮料制造业	0.34	0.34	0.36	0.93	0.98	1.20	1.31
烟草制品业	0.40	0.40	0.22	0.34	0.36	0.46	1.17
纺织业	0.05	0.05	0.05	0.06	0.07	0.08	0.22
纺织服装、鞋、帽制造业	0.04	0.04	0.10	0.13	0.15	0.10	
皮革、毛皮、羽毛(绒)及其制品业	0.00	0.00				0.02	
木材加工及木、竹、藤、棕、草制品业	0.15	0.15	0.30	0.57	0.22	1.26	0.73
家具制造业	0.02	0.02	0.05	0.15	0.16	0.02	
造纸及纸制品业	0.17	0.23	0.36	0.31	0.36	0.63	0.58
印刷业和记录媒介的复制	0.05	0.05	0.22	0.20	0.20	0.29	0.11
文教体育用品制造业	0.00		0.01			0.24	0.04
石油加工、炼焦及核燃料加工业	0.36	0.50	0.88	0.67	0.71	1.07	1.17
化学原料及化学制品制造业	2.21	2.21	3.09	2.68	2.75	5.83	6.04
医药制造业	0.13	0.13	0.19	0.26	0.28	0.61	0.73
化学纤维制造业		0.01		0.00	0.00	0.02	
橡胶和塑料制品业	0.30	0.30	0.38	0.49	0.54	1.07	0.73
非金属矿物制品业	3.24	3.54	5.70	10.84	24.01	24.53	18.75
黑色金属冶炼及压延加工业	2.17	2.45	1.82	1.58	3.06	2.85	4.59

4－24　分行业柴油终端消费量(标准量)(续)

单位：万吨标准煤

	2005 年	2006 年	2008 年	2009 年	2010 年	2011 年	2012 年
有色金属冶炼及压延加工业	2.42	3.00	6.01	4.97	8.55	11.88	19.59
金属制品业	0.12	0.12	0.15	0.64	0.10	0.64	0.36
通用设备制造业	0.10	0.10	0.19	0.19	0.20	0.41	0.18
专用设备制造业	0.31	0.59	0.51	0.51	0.55	0.81	1.57
汽车制造业	1.02	1.17	0.61	1.03	1.06	0.96	0.98
铁路、船舶和其他运输设备制造业							0.15
电气机械及器材制造业	0.12	0.12	0.13	0.13	0.15	0.17	0.22
通信设备、计算机及其他电子设备制造业	0.00	0.00				0.02	
仪器仪表及文化、办公用机械制造业	0.01	0.01	0.03	0.02	0.03	0.05	0.04
工艺品及其他制造业	0.02	0.02	0.05	0.47	0.51	0.47	0.15
废弃资源和废旧材料回收加工业	0.05	0.06	0.05	0.08	0.09	0.24	
(三)电力、燃气及水的生产和供应业	0.98	1.14	1.50	2.08	3.10	4.86	3.64
电力、热力的生产和供应业	0.93	1.08	1.41	1.99	2.97	4.57	3.57
燃气生产和供应业	0.03	0.04	0.06	0.06	0.07	0.24	0.04
水的生产和供应业	0.02	0.02	0.03	0.03	0.06	0.05	0.04
三、建筑业	19.71	24.13	31.85	44.67	53.43	59.31	60.27
房屋和土木工程建筑业	16.41	18.84	29.70	42.18	50.01	55.51	56.41
建筑安装业	1.38	2.40	0.17	0.16	0.26	0.29	0.30
建筑装饰业	1.18	1.76	0.03	0.03	0.05	0.05	0.05
其他建筑业	0.74	1.12	1.95	2.30	3.12	3.46	3.52
四、交通运输储运业和邮政业	319.95	374.94	455.71	462.68	582.37	633.28	681.83
铁路运输业	8.71	10.46	13.38	6.79	9.84	6.73	7.25
道路运输业	300.75	353.45	431.30	455.60	572.14	621.47	669.11
水上运输业	2.90	2.90	2.90	0.23	0.31	3.63	3.90
航空运输业	0.03	0.15	0.15	0.06	0.09	0.10	0.10
管道运输业						0.00	0.00
装卸搬运及其他运输服务业	3.92	4.01	4.01			0.75	0.81
仓储业	3.61	3.91	3.91			0.34	0.36
邮政业(电信业)	0.03	0.07	0.07			0.26	0.28
五、批发、零售业和住宿、餐饮业	1.97	2.90	6.35	12.87	16.27	17.41	18.69
六、其他行业	9.24	11.61	9.07	9.39	13.61	12.93	13.08
七、城乡居民生活	10.27	11.30	15.79	16.16	18.11	18.55	21.42

4－25　分行业电力终端消费量(实物量)

单位：亿千瓦时

	2005 年	2006 年	2008 年	2009 年	2010 年	2011 年	2012 年
消　费　总　计	505.68	580.28	762.75	825.79	932.23	1109.63	1203.61
一、农、林、牧、渔业	8.79	14.50	13.16	9.66	10.66	11.69	11.07
二、工业合计	374.37	441.58	583.83	613.36	698.42	849.86	913.75
轻工业	22.25	23.63	35.00	40.07	28.04	34.69	33.54
重工业	352.12	417.94	548.83	573.29	670.38	815.17	880.21
(一)采矿业	31.68	41.50	54.48	64.01	65.00	98.36	67.58
煤炭开采和洗选业	7.51	6.80	12.47	12.23	12.47	18.87	15.75
石油和天然气开采业	0.01	0.01		0.00	0.00	0.13	
黑色金属矿采选业	6.61	9.28	13.29	16.02	16.25	21.43	23.35
有色金属矿采选业	14.01	19.63	22.84	23.61	24.86	51.31	21.75
非金属矿采选业	3.54	5.79	5.88	12.15	11.42	6.62	6.72
其他采矿业							
(二)制造业	329.15	368.42	484.38	525.21	536.05	680.57	731.11
农副食品加工业	5.53	6.51	9.01	17.13	10.60	7.76	9.99
食品制造业	0.77	1.65	1.06	2.11	1.23	2.21	2.71
饮料制造业	1.76	1.30	1.75	2.77	2.11	3.05	2.73
烟草制品业	4.45	4.38	4.60	4.89	5.02	8.06	5.32
纺织业	2.13	2.04	1.58	1.32	0.69	1.02	0.80
纺织服装、鞋、帽制造业	0.04	0.05	0.13	0.22	0.04	0.08	0.03
皮革、毛皮、羽毛(绒)及其制品业	0.02	0.02		0.06	0.05	0.11	0.04
木材加工及木、竹、藤、棕、草制品业	2.30	2.52	4.25	4.13	3.13	6.05	4.75
家具制造业	0.10	0.10	0.90	1.28	0.02	0.20	0.02
造纸及纸制品业	4.70	4.72	5.32	5.73	4.88	5.66	7.86
印刷业和记录媒介的复制	0.88	0.96	0.91	1.12	0.87	1.41	1.10
文教体育用品制造业	0.01	0.01	0.04			0.05	0.09
石油加工、炼焦及核燃料加工业	2.78	3.14	7.70	8.62	9.55	15.77	12.34
化学原料及化学制品制造业	92.06	109.57	136.83	133.74	131.69	147.33	174.82
医药制造业	1.02	1.14	1.31	1.88	1.51	2.01	2.24
化学纤维制造业	0.56	0.58	0.55	0.55	0.52	0.50	0.54
橡胶和塑料制品业	2.37	1.66	2.84	3.94	3.03	5.53	3.08
非金属矿物制品业	44.64	45.53	59.16	65.75	63.11	91.63	86.82
黑色金属冶炼及压延加工业	57.99	62.00	88.69	87.66	93.07	132.06	157.19

4－25　分行业电力终端消费量（实物量）（续）

单位：亿千瓦时

	2005 年	2006 年	2008 年	2009 年	2010 年	2011 年	2012 年
有色金属冶炼及压延加工业	98.75	116.01	136.91	167.13	196.74	227.67	249.66
金属制品业	0.64	0.52	4.49	6.85	1.65	8.73	2.20
通用设备制造业	1.84	1.24	3.65	2.02	2.07	4.58	1.17
专用设备制造业	1.07	0.56	0.98	1.26	0.70	1.41	0.87
汽车制造业	1.40	0.94	1.24	1.96	1.43	1.88	2.01
铁路、船舶和其他运输设备制造业							0.17
电气机械及器材制造业	0.65	0.71	0.96	1.16	0.89	1.06	1.40
通信设备、计算机及其他电子设备制造业	0.06	0.09	0.15	0.15	0.29	0.48	0.50
仪器仪表及文化、办公用机械制造业	0.28	0.24	0.33	0.33	0.31	0.39	0.30
工艺品及其他制造业	0.28	0.17	7.85	1.01	0.50	2.57	0.29
废弃资源和废旧材料回收加工业	0.07	0.06	1.20	0.42	0.35	1.31	0.06
（三）电力、燃气及水的生产和供应业	13.54	31.65	44.98	24.15	97.37	70.93	115.06
电力、热力的生产和供应业	11.83	29.85	42.73	21.63	95.12	66.61	112.46
燃气生产和供应业	0.48	0.48	0.74	0.77	0.88	0.98	1.26
水的生产和供应业	1.23	1.33	1.50	1.74	1.37	3.34	1.34
三、建筑业	8.99	11.10	12.92	14.12	18.10	21.70	21.84
房屋和土木工程建筑业	6.17	7.28	8.57	13.26	16.86	20.21	20.34
建筑安装业	1.55	2.55	2.98	0.54	0.78	0.93	0.94
建筑装饰业	0.65	0.65	0.75	0.19	0.31	0.37	0.37
其他建筑业	0.62	0.62	0.62	0.14	0.15	0.18	0.18
四、交通运输储运业和邮政业	15.20	12.57	14.24	14.59	15.96	18.55	20.12
铁路运输业	6.15	5.77	5.77	9.32	10.32	11.92	12.93
道路运输业	0.09	0.09	0.09	2.81	3.18	2.55	2.77
水上运输业	0.02	0.02	0.02	0.00	0.00	0.00	0.00
航空运输业	0.36	0.36	0.36	0.42	0.42	0.42	0.46
管道运输业				0.32	0.32	0.40	0.44
装卸搬运及其他运输服务业	0.03	0.03	0.03	0.06	0.06	0.06	0.07
仓储业	3.98	3.09	4.12	1.04	1.04	2.57	2.78
邮政业（电信业）	4.57	3.21	3.85	0.62	0.62	0.62	0.67
五、批发、零售业和住宿、餐饮业	3.50	8.10	11.99	14.83	19.25	30.44	32.81
六、其他行业	21.35	15.73	20.02	24.15	29.88	44.61	54.78
七、城乡居民生活	73.48	76.71	106.59	135.06	139.95	132.78	149.25

4－26　分行业电力终端消费量（标准量，等价热值）

单位：万吨标准煤

	2005 年	2006 年	2008 年	2009 年	2010 年	2011 年	2012 年
消　费　总　计	2062.73	2221.91	2745.91	2962.64	3220.87	3724.33	3937.52
一、农、林、牧、渔业	35.86	55.52	47.38	34.65	36.84	39.23	36.20
二、工业合计	1527.10	1690.80	2101.79	2200.54	2413.05	2852.45	2989.26
轻工业	90.77	90.49	125.99	143.76	96.88	116.43	109.72
重工业	1436.34	1600.31	1975.80	2056.78	2316.17	2736.03	2879.54
（一）采矿业	129.24	158.90	196.11	229.65	224.58	330.13	221.08
煤炭开采和洗选业	30.62	26.04	44.88	43.87	43.08	63.33	51.53
石油和天然气开采业	0.04	0.04		0.01	0.01	0.43	
黑色金属矿采选业	26.97	35.52	47.85	57.46	56.14	71.94	76.40
有色金属矿采选业	57.15	75.15	82.23	84.71	85.89	172.21	71.15
非金属矿采选业	14.46	22.15	21.16	43.60	39.46	22.22	22.00
其他采矿业							
（二）制造业	1342.64	1410.70	1743.76	1884.27	1852.05	2284.24	2391.77
农副食品加工业	22.57	24.93	32.44	61.46	36.62	26.04	32.68
食品制造业	3.13	6.32	3.81	7.57	4.25	7.40	8.86
饮料制造业	7.19	4.99	6.29	9.92	7.29	10.24	8.93
烟草制品业	18.17	16.78	16.55	17.54	17.34	27.06	17.41
纺织业	8.67	7.81	5.70	4.75	2.38	3.42	2.63
纺织服装、鞋、帽制造业	0.15	0.17	0.45	0.78	0.14	0.26	0.11
皮革、毛皮、羽毛（绒）及其制品业	0.10	0.08		0.22	0.17	0.37	0.14
木材加工及木、竹、藤、棕、草制品业	9.40	9.66	15.32	14.83	10.81	20.32	15.55
家具制造业	0.40	0.38	3.24	4.60	0.07	0.67	0.07
造纸及纸制品业	19.15	18.07	19.16	20.54	16.86	19.01	25.71
印刷业和记录媒介的复制	3.58	3.68	3.27	4.02	3.01	4.74	3.61
文教体育用品制造业	0.05	0.03	0.14			0.17	0.28
石油加工、炼焦及核燃料加工业	11.33	12.03	27.71	30.94	33.00	52.93	40.36
化学原料及化学制品制造业	375.52	419.55	492.60	479.82	454.99	494.48	571.92
医药制造业	4.17	4.37	4.70	6.75	5.22	6.75	7.32
化学纤维制造业	2.27	2.22	1.98	1.97	1.80	1.68	1.75
橡胶和塑料制品业	9.66	6.35	10.21	14.15	10.47	18.55	10.09
非金属矿物制品业	182.09	174.33	212.98	235.90	218.05	307.54	284.03
黑色金属冶炼及压延加工业	236.55	237.40	319.30	314.49	321.56	443.24	514.22

4－26 分行业电力终端消费量(标准量，等价热值)(续)

单位：万吨标准煤

	2005年	2006年	2008年	2009年	2010年	2011年	2012年
有色金属冶炼及压延加工业	402.81	444.19	492.86	599.61	679.74	764.15	816.75
金属制品业	2.61	1.98	16.17	24.58	5.70	29.29	7.18
通用设备制造业	7.50	4.77	13.13	7.25	7.15	15.36	3.82
专用设备制造业	4.37	2.14	3.54	4.52	2.42	4.73	2.84
汽车制造业	5.73	3.59	4.46	7.05	4.94	6.33	6.59
铁路、船舶和其他运输设备制造业							0.56
电气机械及器材制造业	2.64	2.74	3.44	4.17	3.07	3.57	4.59
通信设备、计算机及其他电子设备制造业	0.25	0.34	0.54	0.53	1.00	1.63	1.65
仪器仪表及文化、办公用机械制造业	1.15	0.91	1.18	1.18	1.07	1.30	0.98
工艺品及其他制造业	1.15	0.66	28.25	3.62	1.73	8.63	0.95
废弃资源和废旧材料回收加工业	0.29	0.23	4.30	1.50	1.21	4.39	0.21
(三)电力、燃气及水的生产和供应业	55.22	121.20	161.92	86.62	336.41	238.08	376.41
电力、热力的生产和供应业	48.26	114.30	153.84	77.62	328.64	223.58	367.89
燃气生产和供应业	1.96	1.82	2.66	2.77	3.04	3.29	4.13
水的生产和供应业	5.01	5.08	5.41	6.24	4.73	11.21	4.38
三、建筑业	36.67	42.50	46.51	50.68	62.54	72.82	71.44
房屋和土木工程建筑业	25.17	27.88	30.85	47.56	58.25	67.83	66.54
建筑安装业	6.32	9.76	10.73	1.93	2.69	3.14	3.08
建筑装饰业	2.65	2.49	2.70	0.69	1.07	1.25	1.22
其他建筑业	2.53	2.37	2.23	0.49	0.52	0.60	0.59
四、交通运输储运业和邮政业	62.00	48.12	51.26	52.34	55.15	62.26	65.81
铁路运输业	25.09	22.09	20.76	33.43	35.65	40.02	42.29
道路运输业	0.37	0.34	0.32	10.07	10.99	8.57	9.06
水上运输业	0.08	0.08	0.07	0.01	0.01	0.01	0.01
航空运输业	1.47	1.38	1.30	1.51	1.46	1.42	1.50
管道运输业				1.14	1.10	1.36	1.43
装卸搬运及其他运输服务业	0.12	0.11	0.11	0.22	0.21	0.20	0.21
仓储业	16.23	11.83	14.83	3.73	3.59	8.62	9.11
邮政业(电信业)	18.64	12.29	13.86	2.23	2.15	2.08	2.20
五、批发、零售业和住宿、餐饮业	14.28	31.01	43.16	53.22	66.52	102.17	107.34
六、其他行业	87.09	60.23	72.08	86.66	103.24	149.73	179.21
七、城乡居民生活	299.73	293.72	383.73	484.56	483.54	445.66	488.27

4－27 分行业电力终端消费量(标准量，当量热值)

单位：万吨标准煤

	2005年	2006年	2008年	2009年	2010年	2011年	2012年
消 费 总 计	621.49	713.17	937.42	1014.89	1145.72	1363.73	1479.24
一、农、林、牧、渔业	10.80	17.82	16.18	11.87	13.10	14.37	13.60
二、工业合计	460.11	542.70	717.53	753.82	858.36	1044.48	1123.00
轻工业	27.35	29.05	43.01	49.25	34.46	42.63	41.22
重工业	432.76	513.65	674.51	704.58	823.90	1001.84	1081.78
(一)采矿业	38.94	51.00	66.95	78.67	79.89	120.88	83.05
煤炭开采和洗选业	9.23	8.36	15.32	15.03	15.33	23.19	19.36
石油和天然气开采业	0.01	0.01		0.00	0.00	0.16	
黑色金属矿采选业	8.13	11.40	16.33	19.68	19.97	26.34	28.70
有色金属矿采选业	17.22	24.12	28.07	29.02	30.55	63.06	26.73
非金属矿采选业	4.36	7.11	7.22	14.93	14.04	8.14	8.26
其他采矿业							
(二)制造业	404.53	452.79	595.30	645.48	658.81	836.42	898.54
农副食品加工业	6.80	8.00	11.07	21.05	13.03	9.54	12.28
食品制造业	0.94	2.03	1.30	2.59	1.51	2.71	3.33
饮料制造业	2.17	1.60	2.15	3.40	2.59	3.75	3.36
烟草制品业	5.47	5.39	5.65	6.01	6.17	9.91	6.54
纺织业	2.61	2.51	1.95	1.63	0.85	1.25	0.99
纺织服装、鞋、帽制造业	0.05	0.06	0.15	0.27	0.05	0.09	0.04
皮革、毛皮、羽毛(绒)及其制品业	0.03	0.02		0.08	0.06	0.14	0.05
木材加工及木、竹、藤、棕、草制品业	2.83	3.10	5.23	5.08	3.85	7.44	5.84
家具制造业	0.12	0.12	1.11	1.58	0.02	0.25	0.03
造纸及纸制品业	5.77	5.80	6.54	7.04	6.00	6.96	9.66
印刷业和记录媒介的复制	1.08	1.18	1.12	1.38	1.07	1.74	1.36
文教体育用品制造业	0.02	0.01	0.05			0.06	0.11
石油加工、炼焦及核燃料加工业	3.41	3.86	9.46	10.60	11.74	19.38	15.16
化学原料及化学制品制造业	113.14	134.66	168.17	164.37	161.85	181.06	214.86
医药制造业	1.26	1.40	1.61	2.31	1.86	2.47	2.75
化学纤维制造业	0.68	0.71	0.68	0.68	0.64	0.61	0.66
橡胶和塑料制品业	2.91	2.04	3.49	4.85	3.72	6.79	3.79
非金属矿物制品业	54.86	55.96	72.71	80.81	77.56	112.61	106.70
黑色金属冶炼及压延加工业	71.27	76.20	109.00	107.73	114.38	162.30	193.18

4－27　分行业电力终端消费量(标准量，当量热值)(续)

单位：万吨标准煤

	2005 年	2006 年	2008 年	2009 年	2010 年	2011 年	2012 年
有色金属冶炼及压延加工业	121.36	142.57	168.26	205.40	241.79	279.81	306.83
金属制品业	0.79	0.64	5.52	8.42	2.03	10.72	2.70
通用设备制造业	2.26	1.53	4.48	2.48	2.54	5.62	1.43
专用设备制造业	1.32	0.69	1.21	1.55	0.86	1.73	1.07
汽车制造业	1.73	1.15	1.52	2.41	1.76	2.32	2.47
铁路、船舶和其他运输设备制造业							0.21
电气机械及器材制造业	0.79	0.88	1.18	1.43	1.09	1.31	1.72
通信设备、计算机及其他电子设备制造业	0.08	0.11	0.19	0.18	0.36	0.60	0.62
仪器仪表及文化、办公用机械制造业	0.35	0.29	0.40	0.40	0.38	0.48	0.37
工艺品及其他制造业	0.35	0.21	9.65	1.24	0.61	3.16	0.36
废弃资源和废旧材料回收加工业	0.09	0.07	1.47	0.51	0.43	1.61	0.08
(三)电力、燃气及水的生产和供应业	16.64	38.90	55.28	29.67	119.67	87.18	141.41
电力、热力的生产和供应业	14.54	36.69	52.52	26.59	116.90	81.87	138.21
燃气生产和供应业	0.59	0.59	0.91	0.95	1.08	1.20	1.55
水的生产和供应业	1.51	1.63	1.85	2.14	1.68	4.10	1.65
三、建筑业	11.05	13.64	15.88	17.36	22.24	26.66	26.84
房屋和土木工程建筑业	7.58	8.95	10.53	16.29	20.72	24.84	25.00
建筑安装业	1.90	3.13	3.66	0.66	0.96	1.15	1.16
建筑装饰业	0.80	0.80	0.92	0.24	0.38	0.46	0.46
其他建筑业	0.76	0.76	0.76	0.17	0.18	0.22	0.22
四、交通运输储运业和邮政业	18.68	15.45	17.50	17.93	19.62	22.80	24.72
铁路运输业	7.56	7.09	7.09	11.45	12.68	14.65	15.89
道路运输业	0.11	0.11	0.11	3.45	3.91	3.14	3.40
水上运输业	0.02	0.02	0.02	0.00	0.00	0.00	0.00
航空运输业	0.44	0.44	0.44	0.52	0.52	0.52	0.56
管道运输业				0.39	0.39	0.50	0.54
装卸搬运及其他运输服务业	0.04	0.04	0.04	0.07	0.07	0.07	0.08
仓储业	4.89	3.80	5.06	1.28	1.28	3.16	3.42
邮政业(电信业)	5.62	3.95	4.73	0.76	0.76	0.76	0.83
五、批发、零售业和住宿、餐饮业	4.30	9.95	14.73	18.23	23.66	37.41	40.33
六、其他行业	26.24	19.33	24.61	29.69	36.72	54.83	67.32
七、城乡居民生活	90.31	94.28	131.00	165.99	172.00	163.19	183.43

五、规模以上工业能源消费

INDUSTRIAL ENERGY CONSUMPTION

5-1 规模以上工业分能源品种实物消费总量

年 份	原煤（万吨）	洗精煤（万吨）	其他洗煤（万吨）	煤制品（万吨）	焦炭（万吨）	其它焦化产品（万吨）	焦炉煤气（亿立方米）	高炉煤气（亿立方米）
2005	3546.35	571.34	28.05	4.56	1038.29	9.61	6.80	57.97
2006	4095.81	719.66	20.37	16.92	1168.12	2.75	8.51	66.57
2007	4269.52	998.86	40.64	14.53	1291.30	15.23	8.74	98.58
2008	4220.53	1233.03	73.23	12.95	1262.70	24.03	13.49	101.28
2009	4446.47	1371.25	59.76	10.87	1174.14	24.80	18.38	139.42
2010	4607.10	1650.94	75.78	60.45	1162.11	35.91	18.32	141.90
2011	4974.14	1696.66	51.37	16.05	1159.77	41.26	16.88	157.70
2012	8390.90	1746.42	48.15	14.18	1246.61	39.58	17.20	191.93

续表1

年 份	其他煤气（亿立方米）	天然气（亿立方米）	原油（万吨）	汽油（万吨）	煤油（万吨）	柴油（万吨）	燃料油（万吨）	液化石油气（万吨）
2005	0.14	5.91	0.09	3.73	0.18	16.95	3.91	0.08
2006	1.32	5.21	0.07	3.68	0.23	21.29	4.72	0.10
2007	2.52	5.29	0.08	4.01	0.25	25.34	5.02	0.22
2008	3.34	4.97	0.06	4.10	0.21	29.45	5.11	0.39
2009	4.91	4.19	0.07	3.83	0.16	26.30	5.16	0.30
2010	5.51	3.34	0.06	3.67	0.20	27.60	5.62	0.43
2011	5.79	3.77	0.02	3.51	0.15	31.77	2.57	0.50
2012	6.37	3.50	0.06	3.67	0.15	36.05	2.61	0.61

续表2

年 份	其他石油制品（万吨）	热力（万百万千焦）	电力消费（亿千瓦时）	其它燃料（万吨标准煤）	煤矸石（万吨）	生物质能（万吨标准煤）	工业废料（万吨标准煤）	城市固体垃圾（万吨标准煤）
2005	2.53	65.69	400.05	93.74				
2006	2.86	964.29	461.18	97.61	18.77	74.00	0.63	
2007	4.56	875.19	531.55	177.37	112.79	81.38	6.90	
2008	4.60	416.62	559.01	118.01	86.04	86.18	6.95	3.05
2009	4.90	271.09	599.92	123.16	101.18	88.02	7.22	4.93
2010	5.72	207.66	665.42	107.03	82.68	75.51	7.88	5.11
2011	1.03	526.63	744.41	2.96	42.36	264.26	21.91	40.34
2012	0.04	568.52	853.28	2.79	33.91	292.44	31.47	37.42

5－2　分行业规模以上工业综合能源消费量(当量热值)

单位：万吨标准煤

行　业	2005 年	2006 年	2008 年	2009 年	2010 年	2011 年	2012 年
全部工业企业	3546.35	4095.81	4220.53	4446.47	4607.10	4974.14	5298.33
轻工业	223.39	231.19	171.19	146.43	139.66	228.98	274.48
重工业	3322.96	3864.62	4049.35	4300.03	4467.43	4745.16	5023.85
煤炭开采和洗选业	150.91	115.74	158.45	132.63	141.62	147.22	198.19
石油和天然气开采业	0.00	0.00	0.00	0.00	0.00		
黑色金属矿采选业	34.52	27.77	61.72	74.49	72.17	81.87	95.15
有色金属矿采选业	20.86	38.26	20.82	28.63	21.59	25.50	32.87
非金属矿采选业	16.70	26.11	29.33	30.49	33.74	33.11	36.08
其他采矿业							
农副食品加工业	103.32	103.49	40.12	23.41	16.63	88.01	105.34
食品制造业	9.21	9.06	10.11	7.83	10.76	12.91	16.12
饮料制造业	20.15	18.39	18.55	15.62	15.04	18.19	19.75
烟草制品业	22.64	23.85	21.27	21.81	22.09	28.11	23.66
纺织业	6.85	7.92	10.61	5.26	5.71	3.92	5.60
纺织服装、鞋、帽制造业	0.14	0.54	0.18	0.14	0.17	0.22	0.21
皮革、毛皮、羽毛(绒)及其制品业	0.16	0.05	0.00	0.00	0.00	0.00	0.21
木材加工及木、竹、藤、棕、草制品业	10.16	10.59	9.42	7.60	8.44	8.79	10.59
家具制造业	0.03	0.10	0.03	0.04	0.04	0.01	0.02
造纸及纸制品业	33.02	33.87	39.48	40.23	37.05	47.76	59.51
印刷业和记录媒介的复制	1.13	1.31	1.12	1.26	1.39	1.37	1.63
文教体育用品制造业	0.01	0.01					0.16

5－2 分行业规模以上工业综合能源消费量(当量热值)(续)

单位：万吨标准煤

行 业	2005 年	2006 年	2008 年	2009 年	2010 年	2011 年	2012 年
石油加工、炼焦和核燃料加工业	54.34	66.33	221.49	223.08	240.71	237.72	254.08
化学原料和化学制品制造业	705.00	804.97	801.63	781.83	790.18	882.27	962.87
医药制造业	8.82	12.62	9.72	10.41	9.59	11.38	12.44
化学纤维制造业	6.82	7.92	6.92	7.07	5.69	5.07	4.49
橡胶和塑料制品业	3.41	4.11	4.62	5.23	6.12	4.64	5.90
非金属矿物制品业	445.73	513.19	510.27	570.81	598.85	668.96	776.69
黑色金属冶炼和压延加工业	866.81	983.64	1057.83	1012.24	1074.80	1094.15	1225.36
有色金属冶炼和压延加工业	211.75	262.83	328.63	321.58	381.91	468.25	501.83
金属制品业	1.66	2.08	1.95	2.69	2.91	3.15	4.06
通用设备制造业	4.50	4.61	7.10	5.18	10.24	8.39	3.09
专用设备制造业	3.93	2.37	3.02	3.44	3.42	3.76	2.28
汽车制造业	4.60	3.57	4.00	13.10	7.99	6.10	8.92
铁路、船舶、航空航天和其他运输设备制造业							0.32
电气机械和器材制造业	1.77	2.06	1.67	1.61	1.56	1.59	2.32
计算机、通信和其他电子设备制造业	0.10	0.14	0.25	0.19	0.36	0.58	0.60
仪器仪表制造业	0.46	0.45	0.46	0.43	0.44	0.49	0.44
其他制造业	1.29	0.71	0.91	1.10	1.10	1.34	1.33
废弃资源综合利用业	0.10	0.14	0.65	0.42	0.16	0.10	0.10
电力、热力生产和供应业	780.59	1000.47	824.85	1084.36	1072.73	1068.73	915.74
燃气生产和供应业	13.60	4.91	11.94	10.77	10.25	9.08	8.78
水的生产和供应业	1.27	1.62	1.40	1.49	1.64	1.40	1.60

5－3 分行业规模以上工业综合能源消费量(等价热值)

单位：万吨标准煤

行 业	2005年	2006年	2008年	2009年	2010年	2011年	2012年
全部工业企业	3766.97	4374.02	4668.37	4660.29	4945.11	5463.18	6125.91
轻工业	259.31	270.88	218.22	192.30	186.67	274.15	336.11
重工业	3507.66	4103.14	4450.14	4467.99	4758.44	5189.03	5789.81
煤炭开采和洗选业	128.89	116.33	170.78	142.01	157.90	168.17	228.00
石油和天然气开采业	0.00	0.00	0.00	0.00	0.00		
黑色金属矿采选业	44.96	40.19	73.98	84.26	79.45	102.35	118.05
有色金属矿采选业	49.01	76.14	49.96	66.26	52.65	57.97	74.03
非金属矿采选业	23.73	36.26	38.41	41.27	45.47	43.39	47.42
其他采矿业							
农副食品加工业	100.45	107.01	45.62	28.78	21.84	92.58	112.80
食品制造业	10.43	10.86	12.50	9.86	13.80	16.16	20.96
饮料制造业	23.53	21.00	22.68	19.84	19.39	22.79	24.91
烟草制品业	35.15	35.85	34.74	34.45	35.29	40.26	33.73
纺织业	11.80	10.67	13.12	6.76	7.14	5.18	7.13
纺织服装、鞋、帽制造业	0.25	0.65	0.29	0.25	0.29	0.26	0.26
皮革、毛皮、羽毛(绒)及其制品业	0.20	0.07	0.01	0.00	0.00	0.00	0.29
木材加工及木、竹、藤、棕、草制品业	14.71	15.44	15.56	13.40	14.88	14.89	19.60
家具制造业	0.08	0.14	0.07	0.08	0.09	0.03	0.06
造纸及纸制品业	40.10	40.71	47.90	48.27	44.39	55.84	70.00
印刷业和记录媒介的复制	2.99	3.25	2.92	3.11	3.36	3.12	3.72
文教体育用品制造业	0.02	0.03					0.32

5－3 分行业规模以上工业综合能源消费量(等价热值)(续)

单位：万吨标准煤

行 业	2005 年	2006 年	2008 年	2009 年	2010 年	2011 年	2012 年
石油加工、炼焦和核燃料加工业	60.68	69.83	231.75	232.01	250.70	249.69	267.58
化学原料和化学制品制造业	922.14	1042.10	1052.18	1029.75	1034.15	1131.25	1250.45
医药制造业	11.01	14.93	12.64	14.29	12.95	15.31	16.66
化学纤维制造业	6.93	7.98	7.35	7.54	5.95	5.69	5.26
橡胶和塑料制品业	7.27	7.95	9.77	11.05	12.08	9.67	11.73
非金属矿物制品业	550.29	612.81	624.67	686.87	722.97	803.59	933.75
黑色金属冶炼和压延加工业	990.52	1116.94	1219.48	1165.84	1249.36	1289.89	1503.28
有色金属冶炼和压延加工业	451.43	528.45	670.82	659.40	782.62	911.24	972.48
金属制品业	2.69	3.37	3.40	4.93	6.07	6.55	8.21
通用设备制造业	8.07	7.77	10.57	8.17	14.78	12.16	5.30
专用设备制造业	6.23	3.68	4.96	5.53	4.89	5.02	3.92
汽车制造业	7.84	5.85	6.33	16.19	11.20	9.39	12.72
铁路、船舶、航空航天和其他运输设备制造业							0.64
电气机械和器材制造业	3.32	3.77	3.52	3.57	3.66	3.34	4.97
计算机、通信和其他电子设备制造业	0.25	0.35	0.66	0.48	0.96	1.53	1.56
仪器仪表制造业	1.20	1.01	1.08	1.04	1.15	1.14	1.00
其他制造业	1.92	1.14	1.40	1.62	1.75	1.92	1.88
废弃资源综合利用业	0.23	0.25	0.74	0.54	0.25	0.20	0.22
电力、热力生产和供应业	230.51	421.05	261.42	296.66	317.42	368.56	348.90
燃气生产和供应业	14.15	5.45	13.14	12.03	11.66	10.44	9.98
水的生产和供应业	3.97	4.74	3.96	4.18	4.59	3.62	4.13

5-4 分行业规模以上工业原煤消费量

单位：万吨

行 业	2005年	2006年	2008年	2009年	2010年	2011年	2012年
全部工业企业	4611.95	5182.09	6087.26	6939.84	7233.93	7886.38	8390.9
轻工业	179.28	179.72	217.81	189.24	175.44	190.56	218.19
重工业	4432.67	5002.37	5869.44	6750.60	7058.49	7695.83	8172.71
煤炭开采和洗选业	713.38	636.39	1013.46	1082.80	1183.25	1405.71	2191.06
石油和天然气开采业							
黑色金属矿采选业	6.29	7.19	10.47	10.22	11.18	10.12	11.82
有色金属矿采选业	5.81	13.00	1.12	7.27	0.59	0.53	0.14
非金属矿采选业	20.31	27.97	33.91	33.71	46.48	47.06	48.38
其他采矿业							
农副食品加工业	44.76	42.79	57.79	41.90	28.70	29.65	42.73
食品制造业	10.27	9.48	10.88	7.49	9.98	11.63	14.05
饮料制造业	14.78	12.93	19.35	17.11	17.06	23.75	27.29
烟草制品业	25.73	27.04	25.59	25.54	25.35	26.41	19.02
纺织业	7.49	9.71	13.38	6.22	6.84	4.47	6.66
纺织服装、鞋、帽制造业	0.20	0.65	0.22	0.18	0.21	0.22	0.17
皮革、毛皮、羽毛(绒)及其制品业	0.20	0.07	0.01				0.36
木材加工及木、竹、藤、棕、草制品业	10.43	9.28	7.48	4.85	4.06	3.06	3.49
家具制造业		0.09		0.01			
造纸及纸制品业	44.77	44.97	56.42	56.83	53.03	63.26	74.73
印刷业和记录媒介的复制	0.28	0.36	0.10	0.18	0.32	0.22	0.24
文教体育用品制造业							

5－4 分行业规模以上工业原煤消费量(续)

单位：万吨

行 业	2005年	2006年	2008年	2009年	2010年	2011年	2012年
石油加工、炼焦和核燃料加工业	446.52	427.18	676.72	680.84	703.71	623.18	670.2
化学原料和化学制品制造业	498.46	526.78	675.07	765.84	806.83	972.51	1027.36
医药制造业	9.82	9.33	11.34	11.12	10.35	11.65	11.75
化学纤维制造业	9.47	10.39	9.21	9.05	7.40	6.25	5.35
橡胶和塑料制品业	1.33	2.44	2.32	2.43	3.27	1.75	2.71
非金属矿物制品业	560.55	628.91	670.13	710.82	728.10	846.90	971.58
黑色金属冶炼和压延加工业	193.35	114.54	206.16	212.18	244.76	246.34	271.46
有色金属冶炼和压延加工业	76.73	92.55	107.35	95.06	138.37	161.56	171.27
金属制品业	0.82	1.35	0.97	1.34	0.92	0.63	0.85
通用设备制造业	0.93	1.00	2.21	1.41	1.56	1.37	0.57
专用设备制造业	2.81	0.91	1.62	1.48	2.67	2.58	0.38
汽车制造业	1.56	1.04	1.06	1.24	0.99	0.57	1.04
铁路、船舶、航空航天和其他运输设备制造业							
电气机械和器材制造业	0.63	0.60	0.31	0.02	0.03	0.05	0.36
计算机、通信和其他电子设备制造业							
仪器仪表制造业	0.28	0.17	0.16	0.17	0.09	0.08	0.06
其他制造业	1.36	1.04	0.91	1.18	0.94	1.53	1.63
废弃资源综合利用业	0.01	0.01	0.31	0.46	0.14	0.05	0.05
电力、热力生产和供应业	1897.93	2517.51	2465.26	3146.53	3193.08	3380.80	2810.58
燃气生产和供应业	4.67	4.41	5.95	4.36	3.67	2.51	3.56
水的生产和供应业							

5-5 分行业规模以上工业焦炭消费量

单位：万吨

行 业	2005年	2006年	2008年	2009年	2010年	2011年	2012年
全部工业企业	1038.29	1168.12	1262.70	1174.14	1162.11	1159.77	1246.61
轻工业	0.41	5.00	0.18	0.22	0.18	0.38	5.15
重工业	1037.88	1163.12	1262.52	1173.92	1161.93	1159.39	1241.46
煤炭开采和洗选业	10.87	9.28	4.89	0.80	0.10	0.70	0.57
石油和天然气开采业							
黑色金属矿采选业	3.57	7.93	14.86	10.07	8.43	11.63	11.29
有色金属矿采选业	0.72	0.38	0.51	0.39	0.50	0.32	1.08
非金属矿采选业		0.14					
其他采矿业							
农副食品加工业	0.15	0.08	0.16	0.18	0.11	0.15	0.13
食品制造业			0.01			0.20	0.13
饮料制造业	0.03						
烟草制品业							
纺织业				0.02			
纺织服装、鞋、帽制造业							
皮革、毛皮、羽毛(绒)及其制品业							
木材加工及木、竹、藤、棕、草制品业							
家具制造业							
造纸及纸制品业							
印刷业和记录媒介的复制							
文教体育用品制造业							

5－5 分行业规模以上工业焦炭消费量(续)

单位：万吨

行　业	2005 年	2006 年	2008 年	2009 年	2010 年	2011 年	2012 年
石油加工、炼焦和核燃料加工业	5. 39	4. 92	5. 67	0. 09	0. 40		
化学原料和化学制品制造业	250. 01	263. 17	257. 72	229. 28	171. 90	173. 71	194. 8
医药制造业		4. 65					0. 03
化学纤维制造业							
橡胶和塑料制品业							
非金属矿物制品业	4. 40	6. 56	2. 15	1. 77	1. 92	2. 06	4. 29
黑色金属冶炼和压延加工业	729. 25	820. 48	910. 60	859. 90	911. 00	904. 71	965. 15
有色金属冶炼和压延加工业	27. 69	44. 47	58. 85	58. 48	55. 03	52. 36	60. 42
金属制品业	0. 41	0. 34	0. 34	0. 33	0. 34	0. 36	0. 45
通用设备制造业	2. 34	2. 47	3. 70	2. 72	6. 93	5. 16	1. 16
专用设备制造业	0. 48	0. 40	0. 35	0. 27	0. 30	0. 28	0. 22
汽车制造业	0. 99	0. 87	1. 13	9. 62	4. 53	2. 82	5. 23
铁路、船舶、航空航天和其他运输设备制造业							0. 02
电气机械和器材制造业	0. 52	0. 57	0. 01	0. 01	0. 02	0. 03	0. 04
计算机、通信和其他电子设备制造业							
仪器仪表制造业	0. 02	0. 02					
其他制造业	0. 02	0. 02			0. 01		
废弃资源综合利用业			0. 38				
电力、热力生产和供应业	0. 36	0. 21	0. 15	0. 04		5. 29	
燃气生产和供应业	1. 07	1. 15	1. 21	0. 15	0. 60		1. 6
水的生产和供应业							

5－6 分行业规模以上工业汽油消费量

单位：万吨

行 业	2005 年	2006 年	2008 年	2009 年	2010 年	2011 年	2012 年
全部工业企业	3.73	3.68	4.10	3.83	3.67	3.51	3.67
轻工业	0.91	0.96	0.98	0.94	0.88	0.84	0.91
重工业	2.82	2.72	3.11	2.89	2.79	2.67	2.76
煤炭开采和洗选业	0.20	0.17	0.40	0.37	0.37	0.41	0.36
石油和天然气开采业							
黑色金属矿采选业	0.18	0.08	0.12	0.12	0.11	0.10	0.1
有色金属矿采选业	0.16	0.24	0.18	0.15	0.12	0.13	0.13
非金属矿采选业	0.04	0.05	0.04	0.04	0.04	0.03	0.02
其他采矿业							
农副食品加工业	0.17	0.18	0.22	0.19	0.16	0.23	0.24
食品制造业	0.13	0.08	0.10	0.10	0.09	0.09	0.09
饮料制造业	0.05	0.12	0.11	0.09	0.09	0.07	0.07
烟草制品业	0.15	0.14	0.15	0.15	0.13	0.14	0.14
纺织业	0.02	0.04	0.02	0.02	0.01	0.01	0.02
纺织服装、鞋、帽制造业	0.01	0.01	0.01	0.01	0.01	0.01	0.01
皮革、毛皮、羽毛(绒)及其制品业							
木材加工及木、竹、藤、棕、草制品业	0.04	0.04	0.03	0.03	0.04	0.06	0.04
家具制造业	0.01	0.01	0.01	0.01	0.01		
造纸及纸制品业	0.05	0.08	0.08	0.06	0.06	0.06	0.07
印刷业和记录媒介的复制	0.09	0.09	0.08	0.09	0.09	0.06	0.07
文教体育用品制造业							0.03

5-6 分行业规模以上工业汽油消费量(续)

单位：万吨

行 业	2005年	2006年	2008年	2009年	2010年	2011年	2012年
石油加工、炼焦和核燃料加工业	0.02	0.03	0.09	0.05	0.04	0.04	0.03
化学原料和化学制品制造业	0.30	0.32	0.32	0.28	0.23	0.17	0.18
医药制造业	0.11	0.08	0.08	0.10	0.08	0.07	0.08
化学纤维制造业							
橡胶和塑料制品业	0.07	0.05	0.10	0.14	0.14	0.09	0.08
非金属矿物制品业	0.21	0.17	0.15	0.16	0.15	0.14	0.15
黑色金属冶炼和压延加工业	0.14	0.09	0.11	0.12	0.08	0.10	0.12
有色金属冶炼和压延加工业	0.29	0.32	0.43	0.25	0.30	0.34	0.3
金属制品业	0.05	0.05	0.10	0.10	0.07	0.06	0.09
通用设备制造业	0.08	0.10	0.09	0.09	0.10	0.06	0.06
专用设备制造业	0.08	0.10	0.07	0.10	0.12	0.09	0.1
汽车制造业	0.11	0.12	0.14	0.16	0.11	0.10	0.11
铁路、船舶、航空航天和其他运输设备制造业							0.02
电气机械和器材制造业	0.07	0.07	0.07	0.07	0.08	0.08	0.06
计算机、通信和其他电子设备制造业	0.01	0.01	0.01	0.01	0.01	0.01	0.01
仪器仪表制造业	0.02	0.02	0.02	0.02	0.03	0.03	0.03
其他制造业	0.01	0.01	0.01	0.02	0.02	0.02	0.02
废弃资源综合利用业	0.01	0.01					
电力、热力生产和供应业	0.77	0.70	0.67	0.68	0.72	0.68	0.81
燃气生产和供应业	0.03	0.03	0.03	0.02	0.02	0.01	0.02
水的生产和供应业	0.05	0.05	0.04	0.04	0.05	0.03	0.04

5－7 分行业规模以上工业煤油消费量

单位：万吨

行 业	2005 年	2006 年	2008 年	2009 年	2010 年	2011 年	2012 年
全部工业企业	0.18	0.23	0.21	0.16	0.20	0.15	0.15
轻工业	0.04				0.01		
重工业	0.14	0.23	0.20	0.16	0.20	0.14	0.15
煤炭开采和洗选业		0.01	0.01				
石油和天然气开采业							
黑色金属矿采选业							
有色金属矿采选业		0.01		0.01			0.01
非金属矿采选业							
其他采矿业							
农副食品加工业							
食品制造业	0.03						
饮料制造业							
烟草制品业							
纺织业							
纺织服装、鞋、帽制造业							
皮革、毛皮、羽毛(绒)及其制品业							
木材加工及木、竹、藤、棕、草制品业							
家具制造业							
造纸及纸制品业							
印刷业和记录媒介的复制							
文教体育用品制造业							

5－7 分行业规模以上工业煤油消费量(续)

单位：万吨

行 业	2005 年	2006 年	2008 年	2009 年	2010 年	2011 年	2012 年
石油加工、炼焦和核燃料加工业							
化学原料和化学制品制造业	0.02		0.01				
医药制造业							
化学纤维制造业							
橡胶和塑料制品业							
非金属矿物制品业	0.01	0.01					
黑色金属冶炼和压延加工业	0.01	0.01					
有色金属冶炼和压延加工业	0.07	0.15	0.14	0.10	0.15	0.10	0.11
金属制品业		0.01					
通用设备制造业	0.01	0.02	0.02	0.01	0.01	0.02	0.01
专用设备制造业							
汽车制造业	0.02	0.02	0.02	0.02	0.02	0.02	0.02
铁路、船舶、航空航天和其他运输设备制造业							
电气机械和器材制造业							
计算机、通信和其他电子设备制造业							
仪器仪表制造业							
其他制造业							
废弃资源综合利用业							
电力、热力生产和供应业							
燃气生产和供应业							
水的生产和供应业							

5－8　分行业规模以上工业柴油消费量

单位：万吨

行　业	2005 年	2006 年	2008 年	2009 年	2010 年	2011 年	2012 年
全部工业企业	16.95	21.29	29.45	26.30	27.60	31.77	36.05
轻工业	2.27	2.20	2.57	2.45	2.28	2.45	2.71
重工业	14.67	19.09	26.88	23.85	25.32	29.32	33.33
煤炭开采和洗选业	0.98	1.80	3.34	3.40	3.56	3.40	4.55
石油和天然气开采业							
黑色金属矿采选业	2.54	2.20	3.85	2.87	2.73	2.81	3.6
有色金属矿采选业	0.91	1.80	2.62	2.42	3.05	3.36	4.15
非金属矿采选业	1.14	2.01	4.11	4.20	3.68	3.84	4.09
其他采矿业							
农副食品加工业	0.97	1.06	1.20	0.97	0.57	0.71	0.66
食品制造业	0.52	0.47	0.58	0.45	0.65	0.69	0.77
饮料制造业	0.16	0.06	0.14	0.27	0.29	0.29	0.36
烟草制品业	0.28	0.22	0.15	0.23	0.24	0.19	0.32
纺织业	0.02	0.01	0.01	0.01	0.01	0.01	0.06
纺织服装、鞋、帽制造业	0.02	0.02	0.02	0.02	0.02	0.02	
皮革、毛皮、羽毛(绒)及其制品业							
木材加工及木、竹、藤、棕、草制品业	0.06	0.09	0.09	0.10	0.16	0.26	0.2
家具制造业	0.01	0.01	0.01	0.01	0.01		
造纸及纸制品业	0.10	0.16	0.17	0.14	0.14	0.19	0.16
印刷业和记录媒介的复制	0.03	0.03	0.05	0.04	0.03	0.03	0.03
文教体育用品制造业							0.01

5－8　分行业规模以上工业柴油消费量(续)

单位：万吨

行　业	2005 年	2006 年	2008 年	2009 年	2010 年	2011 年	2012 年
石油加工、炼焦和核燃料加工业	0.17	0.34	0.57	0.40	0.46	0.40	0.32
化学原料和化学制品制造业	1.36	1.24	1.66	1.63	1.57	1.63	1.66
医药制造业	0.09	0.08	0.10	0.15	0.18	0.21	0.2
化学纤维制造业							
橡胶和塑料制品业	0.17	0.17	0.17	0.16	0.24	0.22	0.2
非金属矿物制品业	0.97	1.54	2.01	2.40	2.80	4.94	5.15
黑色金属冶炼和压延加工业	1.42	0.98	1.17	1.00	0.99	1.10	1.26
有色金属冶炼和压延加工业	1.48	2.40	3.23	2.61	3.11	3.65	5.38
金属制品业	0.05	0.04	0.04	0.06	0.07	0.11	0.1
通用设备制造业	0.04	0.06	0.06	0.05	0.09	0.08	0.05
专用设备制造业	0.20	0.40	0.34	0.31	0.21	0.30	0.43
汽车制造业	0.66	0.45	0.34	0.50	0.43	0.32	0.27
铁路、船舶、航空航天和其他运输设备制造业							0.04
电气机械和器材制造业	0.07	0.07	0.09	0.07	0.07	0.06	0.06
计算机、通信和其他电子设备制造业							
仪器仪表制造业	0.01		0.01	0.01	0.01	0.01	0.01
其他制造业	0.01	0.01	0.04	0.07	0.06	0.06	0.04
废弃资源综合利用业	0.03	0.04	0.02	0.02			
电力、热力生产和供应业	2.44	3.49	3.22	1.67	2.13	2.85	1.89
燃气生产和供应业	0.02	0.03	0.03	0.03	0.02		0.01
水的生产和供应业	0.01	0.02	0.01	0.01	0.01	0.01	0.01

5-9 分行业规模以上工业电力消费量

单位：亿千瓦时

行业	2005年	2006年	2008年	2009年	2010年	2011年	2012年
全部工业企业	400.05	461.18	559.01	599.92	665.42	744.41	853.28
轻工业	21.49	21.06	25.63	26.38	26.07	28.34	38.47
重工业	378.55	440.13	533.38	573.54	639.36	716.07	814.81
煤炭开采和洗选业	5.21	5.67	11.16	9.78	11.49	10.69	14.71
石油和天然气开采业							
黑色金属矿采选业	6.11	7.73	11.26	12.96	14.08	19.29	21.81
有色金属矿采选业	11.22	16.36	13.01	17.41	14.32	15.83	20.31
非金属矿采选业	2.94	4.82	4.30	5.40	6.10	5.90	6.28
其他采矿业							
农副食品加工业	5.23	5.43	7.52	7.60	6.54	6.88	9.33
食品制造业	0.50	0.79	0.98	0.92	1.40	1.62	2.53
饮料制造业	1.35	1.09	1.76	1.86	1.93	2.24	2.55
烟草制品业	4.45	4.38	4.59	4.73	5.02	5.92	4.97
纺织业	1.75	1.04	1.05	0.67	0.66	0.61	0.75
纺织服装、鞋、帽制造业	0.02	0.04	0.03	0.02	0.03	0.02	0.03
皮革、毛皮、羽毛(绒)及其制品业	0.02	0.01					0.04
木材加工及木、竹、藤、棕、草制品业	1.83	2.10	2.77	2.74	3.08	2.97	4.44
家具制造业	0.01	0.01	0.01	0.02	0.02	0.01	0.02
造纸及纸制品业	3.97	3.52	4.80	4.86	4.59	5.38	7.34
印刷业和记录媒介的复制	0.71	0.80	0.77	0.83	0.89	0.85	1.03
文教体育用品制造业	0.01	0.01					0.08

5-9 分行业规模以上工业电力消费量(续)

单位：亿千瓦时

行　业	2005 年	2006 年	2008 年	2009 年	2010 年	2011 年	2012 年
石油加工、炼焦和核燃料加工业	2.22	2.62	7.73	8.44	9.49	11.04	11.52
化学原料和化学制品制造业	92.77	109.57	125.55	128.23	133.43	144.38	163.26
医药制造业	0.86	0.95	1.25	1.76	1.49	1.91	2.09
化学纤维制造业	0.55	0.58	0.55	0.55	0.52	0.50	0.5
橡胶和塑料制品业	1.57	1.66	2.30	2.72	2.84	2.46	2.88
非金属矿物制品业	40.14	42.53	45.47	54.46	59.64	67.81	81.08
黑色金属冶炼和压延加工业	53.12	61.98	78.61	80.57	91.54	103.33	146.79
有色金属冶炼和压延加工业	98.47	116.22	152.42	159.46	192.56	216.75	233.15
金属制品业	0.40	0.52	0.62	0.97	1.47	1.66	2.05
通用设备制造业	1.35	1.24	1.52	1.30	2.03	1.83	1.09
专用设备制造业	0.90	0.54	0.84	0.94	0.67	0.62	0.81
汽车制造业	1.26	0.94	1.01	1.40	1.49	1.60	1.88
铁路、船舶、航空航天和其他运输设备制造业							0.16
电气机械和器材制造业	0.58	0.71	0.80	0.88	0.95	0.85	1.31
计算机、通信和其他电子设备制造业	0.06	0.09	0.18	0.13	0.29	0.46	0.47
仪器仪表制造业	0.26	0.24	0.27	0.26	0.31	0.31	0.28
其他制造业	0.25	0.17	0.22	0.22	0.29	0.28	0.27
废弃资源综合利用业	0.04	0.05	0.04	0.06	0.05	0.05	0.06
电力、热力生产和供应业	58.38	64.96	73.77	85.76	93.97	108.29	105.02
燃气生产和供应业	0.48	0.48	0.75	0.77	0.88	0.98	1.18
水的生产和供应业	1.06	1.33	1.14	1.24	1.37	1.09	1.25

5－10 分地区规模以上工业综合能源消费量（当量热值）

单位：万吨标准煤

地 区	2005 年	2006 年	2008 年	2009 年	2010 年	2011 年	2012 年
云南省	3546.35	4095.81	4220.53	4446.47	4607.10	4974.14	5298.33
昆明市	806.50	917.09	988.54	1047.88	1125.52	1175.94	1230.69
曲靖市	931.26	1195.88	1212.63	1386.03	1393.58	1453.87	1436.99
玉溪市	483.81	554.53	578.86	587.31	624.38	625.83	665.45
保山市	46.69	57.15	50.26	48.02	50.97	67.92	77.73
昭通市	133.65	147.10	144.37	142.49	125.24	138.29	236.33
丽江市	77.87	76.74	119.99	109.63	117.59	119.13	131.91
普洱市	59.23	70.46	58.91	48.47	52.17	65.57	76.31
临沧市	40.36	33.97	24.98	17.44	17.49	54.08	68.69
楚雄州	124.23	145.20	151.93	150.76	149.17	139.28	144.69
红河州	569.34	544.66	562.93	585.69	608.18	712.16	724.07
文山州	61.45	73.82	92.62	98.85	101.05	120.85	151.70
西双版纳州	15.06	13.23	7.43	7.19	6.37	13.98	16.30
大理州	142.33	196.38	174.63	163.00	171.99	192.07	212.29
德宏州	41.24	45.15	32.34	34.74	44.08	71.11	82.69
怒江州	8.23	17.56	12.93	12.37	11.86	13.88	26.12
迪庆州	5.10	6.89	7.20	6.56	7.46	8.99	16.36

5－11 分地区规模以上工业综合能源消费量(等价热值)

单位：万吨标准煤

地 区	2005 年	2006 年	2008 年	2009 年	2010 年	2011 年	2012 年
云南省	3766.97	4374.02	4668.37	4660.29	4945.11	5463.11	6125.91
昆明市	1004.10	1079.71	1204.51	1203.79	1292.47	1373.23	1500.71
曲靖市	724.42	980.07	1003.69	1001.23	1081.45	1227.43	1362.86
玉溪市	590.58	672.48	716.43	723.43	770.59	774.67	834.14
保山市	64.85	79.67	85.26	88.55	94.73	117.89	133.54
昭通市	160.37	189.87	189.78	192.28	174.46	187.95	214.06
丽江市	86.02	85.41	131.02	121.29	131.44	134.30	149.92
普洱市	72.72	82.23	75.25	65.11	70.46	84.55	99.59
临沧市	46.58	40.38	38.68	28.96	29.22	69.43	89.40
楚雄州	152.04	173.77	183.54	181.79	183.30	173.18	182.55
红河州	442.61	489.27	555.08	570.84	595.46	698.78	811.38
文山州	95.27	116.12	153.44	163.79	170.32	197.88	247.01
西双版纳州	24.50	19.63	11.32	12.03	11.10	18.02	20.18
大理州	213.63	250.12	216.57	205.27	219.86	241.18	267.78
德宏州	58.94	64.90	59.41	62.40	79.51	117.03	133.81
怒江州	17.07	34.25	28.32	25.77	24.59	26.91	52.56
迪庆州	13.26	16.15	16.06	13.76	16.17	17.53	26.43

5-12 分地区规模以上工业原煤消费量

单位：万吨

地 区	2005 年	2006 年	2008 年	2009 年	2010 年	2011 年	2012 年
云南省	4611.95	5182.09	6087.26	6939.84	7233.93	7886.38	8390.9
昆明市	745.26	903.68	981.69	1125.49	1266.58	1397.06	1384.78
曲靖市	2130.90	2365.69	2713.95	3182.77	3247.65	3487.07	3658.43
玉溪市	164.42	172.73	195.93	217.30	233.21	248.45	271.08
保山市	26.48	32.99	32.82	29.87	30.62	28.21	40.25
昭通市	65.90	76.04	115.14	115.58	106.11	100.92	346.69
丽江市	220.23	212.78	366.49	395.13	440.23	468.77	536.47
普洱市	54.62	55.49	61.31	56.82	61.66	64.71	76.11
临沧市	28.32	29.51	30.85	19.65	17.72	35.40	45.51
楚雄州	125.00	125.42	110.62	114.54	129.68	126.77	132.36
红河州	857.79	963.11	1237.11	1448.78	1445.80	1614.22	1505.38
文山州	38.00	37.05	51.71	48.20	45.60	60.08	65.26
西双版纳州	6.44	7.69	7.14	6.28	4.82	5.39	11.62
大理州	126.37	170.23	156.28	150.47	171.56	214.55	268.26
德宏州	17.12	18.07	19.22	21.71	25.89	26.16	32.86
怒江州	4.91	11.42	6.72	7.16	6.18	8.01	6.49
迪庆州	0.19	0.18	0.27	0.09	0.61	0.61	9.36

5-13 分地区规模以上工业焦炭消费量

单位：万吨

地 区	2005年	2006年	2008年	2009年	2010年	2011年	2012年
云南省	1038.29	1168.12	1262.70	1174.14	1162.11	1159.77	1246.61
昆明市	261.57	288.92	315.55	311.41	302.85	295.27	306.91
曲靖市	271.85	279.25	271.29	223.33	189.01	193.34	225.67
玉溪市	327.37	378.26	391.37	381.65	395.20	382.46	404.9
保山市	0.30	0.20	0.67	1.06	3.86	6.58	1.72
昭通市	3.44	7.42	6.18	8.31	4.86	4.02	5.21
丽江市	0.92	0.24	0.16	0.06	0.14		
普洱市	1.37	1.00	0.93	0.82	0.85	0.17	
临沧市	0.20	0.05			0.35	0.03	0.75
楚雄州	53.27	57.44	87.17	84.89	77.19	71.12	75.65
红河州	90.85	106.95	138.65	117.74	146.71	158.05	162.03
文山州	16.83	23.83	25.00	27.39	28.09	31.92	45.33
西双版纳州	1.13	0.63	0.72	0.69	0.58	0.52	0.08
大理州	8.39	22.26	22.24	14.21	9.64	12.81	14.74
德宏州	0.01		0.01	0.01			
怒江州							
迪庆州	0.80	1.70	2.78	2.58	2.76	3.50	3.62

5-14 分地区规模以上工业汽油消费量

单位：万吨

地区	2005年	2006年	2008年	2009年	2010年	2011年	2012年
云南省	3.73	3.68	4.10	3.83	3.67	3.51	3.67
昆明市	1.38	1.26	1.34	1.36	1.33	1.13	1.19
曲靖市	0.38	0.31	0.48	0.43	0.38	0.39	0.34
玉溪市	0.34	0.37	0.36	0.36	0.38	0.36	0.39
保山市	0.19	0.18	0.10	0.08	0.10	0.14	0.17
昭通市	0.07	0.08	0.13	0.13	0.13	0.12	0.14
丽江市	0.06	0.03	0.03	0.04	0.07	0.05	0.06
普洱市	0.10	0.13	0.12	0.13	0.13	0.09	0.1
临沧市	0.06	0.07	0.08	0.08	0.08	0.08	0.09
楚雄州	0.12	0.12	0.15	0.14	0.15	0.14	0.14
红河州	0.46	0.39	0.42	0.35	0.32	0.39	0.38
文山州	0.11	0.09	0.12	0.10	0.11	0.10	0.15
西双版纳州	0.03	0.04	0.04	0.04	0.03	0.03	0.03
大理州	0.31	0.48	0.60	0.48	0.36	0.39	0.4
德宏州	0.07	0.07	0.06	0.06	0.06	0.05	0.07
怒江州	0.05	0.06	0.06	0.03	0.04	0.04	0.03
迪庆州				0.01	0.01	0.01	

5－15　分地区规模以上工业煤油消费量

单位：万吨

地　区	2005 年	2006 年	2008 年	2009 年	2010 年	2011 年	2012 年
云南省	0.18	0.23	0.21	0.16	0.20	0.15	0.15
昆明市	0.07	0.10	0.06	0.05	0.04	0.04	0.03
曲靖市	0.02	0.01	0.01				
玉溪市	0.01	0.03	0.02	0.02	0.03	0.02	0.03
保山市							
昭通市							
丽江市	0.02	0.02	0.03	0.02	0.04	0.05	0.05
普洱市		0.01	0.02	0.01	0.01		
临沧市							
楚雄州	0.01	0.02	0.03	0.02	0.04		0.01
红河州	0.01	0.02	0.03	0.01	0.02	0.01	0.01
文山州							
西双版纳州							
大理州	0.04	0.03	0.02	0.01	0.02	0.02	0.02
德宏州							
怒江州							
迪庆州							

5－16 分地区规模以上工业柴油消费量

单位：万吨

地 区	2005年	2006年	2008年	2009年	2010年	2011年	2012年
云南省	16.95	21.29	29.45	26.30	27.60	31.77	36.05
昆明市	5.85	7.40	10.98	10.63	10.40	13.04	13.44
曲靖市	2.84	3.88	4.20	3.17	4.15	4.11	3.13
玉溪市	2.48	2.67	3.38	2.35	2.55	2.78	3.43
保山市	0.42	0.35	0.65	0.60	0.59	0.63	0.8
昭通市	0.16	0.30	0.84	0.76	1.02	1.00	1.75
丽江市	0.04	0.05	0.25	0.24	0.32	0.16	0.36
普洱市	0.46	0.44	1.11	0.90	1.09	1.07	0.93
临沧市	0.19	0.20	0.37	0.13	0.15	0.30	0.31
楚雄州	0.66	0.41	0.59	0.69	0.72	0.53	0.77
红河州	1.48	1.91	2.01	2.03	2.05	2.59	4.37
文山州	0.36	1.30	1.57	1.80	2.16	2.79	3.46
西双版纳州	0.59	0.38	0.83	0.83	0.71	0.79	0.81
大理州	0.94	1.32	1.72	1.44	1.22	1.43	1.83
德宏州	0.34	0.40	0.66	0.55	0.22	0.21	0.37
怒江州	0.11	0.20	0.18	0.12	0.18	0.20	0.17
迪庆州	0.03	0.07	0.11	0.06	0.07	0.13	0.12

5－17 分地区规模以上工业电力消费量

单位：亿千瓦时

地 区	2005 年	2006 年	2008 年	2009 年	2010 年	2011 年	2012 年
云南省	400.05	461.18	559.01	599.92	665.42	744.41	853.28
昆明市	129.16	142.09	162.06	168.60	178.30	192.24	214.58
曲靖市	64.29	79.16	111.36	121.32	142.75	170.97	181.84
玉溪市	43.67	51.03	62.02	65.24	71.37	75.10	85.99
保山市	8.84	10.14	16.39	19.83	20.89	24.78	28.01
昭通市	10.96	18.68	20.27	23.33	23.36	24.55	29.98
丽江市	3.34	4.51	6.06	6.36	6.88	7.64	9.13
普洱市	6.97	6.63	9.01	9.37	10.25	10.55	13.46
临沧市	4.33	3.87	7.57	6.91	7.07	9.72	12.85
楚雄州	12.90	14.05	17.62	18.51	20.79	20.96	23.19
红河州	55.24	65.41	73.99	83.18	96.51	109.00	132.35
文山州	13.85	18.33	27.32	30.77	33.24	37.57	47.34
西双版纳州	3.83	2.71	1.97	2.42	2.48	2.42	2.31
大理州	27.59	23.64	19.11	20.20	23.06	23.95	27.73
德宏州	8.08	9.52	13.53	14.16	18.28	23.50	26.49
怒江州	3.65	7.35	7.04	6.43	6.20	6.35	13.04
迪庆州	3.37	4.08	3.71	3.30	3.98	4.16	4.97

5-18 规模以上工业分能源品种实物终端消费量

年 份	原煤（万吨）	洗精煤（万吨）	其他洗煤（万吨）	煤制品（万吨）	焦炭（万吨）	其它焦化产品（万吨）	焦炉煤气（亿立方米）	高炉煤气（亿立方米）
2005	1255.05	17.63	6.24	4.56	953.87	9.61	6.01	42.01
2006	1386.16	27.81	7.57	16.92	1073.61	2.75	7.28	47.41
2007	1576.84	31.87	11.89	14.53	1147.20	14.56	6.95	76.87
2008	1782.34	28.87	16.00	12.95	1258.75	16.88	11.31	65.02
2009	1857.17	30.74	14.01	10.87	1172.36	15.65	14.58	91.61
2010	1931.10	34.46	25.71	59.49	1161.51	24.67	13.76	93.58
2011	2246.94	29.15	13.24	16.05	1159.77	26.89	14.22	107.05
2012	2515.82	42.25	11.32	14.18	1245.01	25.53	14.91	135.45

续表1

年 份	其他煤气（亿立方米）	天然气（亿立方米）	原油（万吨）	汽油（万吨）	煤油（万吨）	柴油（万吨）	燃料油（万吨）	液化石油气（万吨）
2005	0.14	5.91	0.09	3.70	0.18	15.14	3.91	0.08
2006	1.32	5.21	0.07	3.68	0.23	18.28	4.72	0.10
2007	2.52	5.29	0.08	4.01	0.25	23.05	4.90	0.13
2008	3.34	4.97	0.06	4.10	0.21	27.22	5.11	0.26
2009	4.11	4.19	0.07	3.83	0.16	25.81	5.16	0.23
2010	3.70	3.34	0.06	3.67	0.20	26.83	5.62	0.37
2011	3.41	3.77	0.02	3.51	0.15	30.70	2.57	0.42
2012	2.78	3.50	0.06	3.67	0.15	35.14	2.61	0.51

续表2

年 份	其他石油制品（万吨）	热力（万百万千焦）	电力消费（亿千瓦时）	其它燃料（万吨标准煤）	煤矸石（万吨）	生物质能（万吨标准煤）	工业废料（万吨标准煤）	城市固体垃圾（万吨标准煤）
2005	2.53	65.69	400.05	34.02				
2006	2.86	964.29	461.18	25.10	2.20	12.34	0.17	
2007	4.56	875.19	531.55	115.50	10.55	46.34	2.04	
2008	4.60	416.62	559.01	72.29	22.51	65.45	2.71	
2009	4.90	271.09	599.92	74.15	19.07	67.76	2.90	0.05
2010	5.72	207.66	665.42	65.20	9.40	58.67	3.65	0.18
2011	1.03	526.63	744.41	2.96	5.13	200.39	9.17	4.07
2012	0.04	568.52	853.28	2.79	3.09	216.41	8.37	6.07

5－19 分行业规模以上工业原煤终端消费量

单位：万吨

行 业	2005 年	2006 年	2008 年	2009 年	2010 年	2011 年	2012 年
全部工业企业	1255.05	1386.16	1782.34	1857.17	1931.10	2246.94	2515.82
轻工业	133.58	136.62	200.60	178.15	166.10	177.39	205.67
重工业	1121.47	1249.53	1581.73	1679.03	1765.01	2069.55	2310.15
煤炭开采和洗选业	5.05	10.58	7.52	3.44	2.27	1.68	1.76
石油和天然气开采业							
黑色金属矿采选业	6.29	7.19	10.47	10.22	11.18	10.12	11.82
有色金属矿采选业	5.81	13.00	1.12	7.27	0.59	0.53	0.14
非金属矿采选业	11.94	12.60	30.32	29.83	40.06	38.93	42.16
其他采矿业							
农副食品加工业	18.99	16.36	50.83	36.61	25.58	25.32	38.09
食品制造业	9.85	9.23	10.88	7.49	9.98	11.63	14.05
酒、饮料和精制茶制造业	14.78	11.57	19.35	17.11	17.06	23.75	27.29
烟草制品业	24.44	26.09	24.40	23.36	22.52	24.99	17.84
纺织业	7.49	9.71	9.46	6.22	6.84	4.47	6.66
纺织服装、服饰业	0.20	0.65	0.22	0.18	0.21	0.22	0.17
皮革、毛皮、羽毛及其制品和制鞋业	0.20	0.07	0.01				0.36
木材加工和木、竹、藤、棕、草制品业	10.43	9.28	7.48	4.85	4.06	3.06	3.49
家具制造业		0.09		0.01			
造纸和纸制品业	29.90	34.49	53.44	55.00	51.84	56.93	68.81
印刷和记录媒介复制业	0.28	0.36	0.10	0.18	0.32	0.22	0.24
文教、工美、体育和娱乐用品制造业							

5－19　分行业规模以上工业原煤终端消费量(续)

单位：万吨

行　业	2005年	2006年	2008年	2009年	2010年	2011年	2012年
石油加工、炼焦和核燃料加工业	1.60	1.14	1.29	1.51			13.97
化学原料和化学制品制造业	358.11	356.59	536.05	583.82	598.22	744.88	825.37
医药制造业	9.82	9.33	11.34	11.12	10.35	11.65	11.75
化学纤维制造业	6.13	6.76	7.05	7.26	5.18	5.18	4.67
橡胶和塑料制品业	1.33	2.44	2.32	2.43	3.27	1.75	2.71
非金属矿物制品业	551.88	627.95	669.75	709.88	727.04	846.49	960.72
黑色金属冶炼和压延加工业	95.45	114.54	190.18	212.18	244.76	246.34	271.46
有色金属冶炼和压延加工业	76.56	91.03	107.35	95.06	123.65	161.56	171.27
金属制品业	0.82	1.35	0.97	1.34	0.92	0.63	0.85
通用设备制造业	0.93	1.00	2.21	1.41	1.56	1.37	0.57
专用设备制造业	2.81	0.91	1.62	1.48	2.67	2.58	0.38
汽车制造业	1.56	1.04	1.06	1.24	0.99	0.57	1.04
铁路、船舶、航空航天和其他运输设备制造业							
电气机械和器材制造业	0.63	0.60	0.31	0.02	0.03	0.05	0.36
计算机、通信和其他电子设备制造业							
仪器仪表制造业	0.28	0.17	0.16	0.17	0.09	0.08	0.06
其他制造业	1.36	1.04	0.91	1.18	0.94	1.53	1.63
废弃资源综合利用业	0.01	0.01	0.31	0.46	0.14	0.05	0.05
电力、热力生产和供应业	0.10	8.98	19.80	21.88	16.51	19.03	13.68
燃气生产和供应业			4.04	2.96	2.26	1.37	2.39
水的生产和供应业							

5－20 分行业规模以上工业焦炭终端消费量

单位：万吨

行 业	2005 年	2006 年	2008 年	2009 年	2010 年	2011 年	2012 年
全部工业企业	953.87	1073.61	1258.75	1172.36	1161.51	1159.77	1245.01
轻工业	0.41	5.00	0.18	0.22	0.18	0.38	5.15
重工业	953.46	1068.61	1258.57	1172.14	1161.33	1159.39	1239.85
煤炭开采和洗选业	10.87	9.28	4.89	0.80	0.10	0.70	0.57
石油和天然气开采业							
黑色金属矿采选业	3.57	7.93	14.86	10.07	8.43	11.63	11.29
有色金属矿采选业	0.72	0.38	0.51	0.39	0.50	0.32	1.08
非金属矿采选业		0.14					
其他采矿业							
农副食品加工业	0.15	0.08	0.16	0.18	0.11	0.15	0.13
食品制造业			0.01			0.20	0.13
酒、饮料和精制茶制造业	0.03						
烟草制品业							
纺织业				0.02			
纺织服装、服饰业							
皮革、毛皮、羽毛及其制品和制鞋业							
木材加工和木、竹、藤、棕、草制品业							
家具制造业							
造纸和纸制品业							
印刷和记录媒介复制业							
文教、工美、体育和娱乐用品制造业							

5－20 分行业规模以上工业焦炭终端消费量(续)

单位：万吨

行 业	2005 年	2006 年	2008 年	2009 年	2010 年	2011 年	2012 年
石油加工、炼焦和核燃料加工业	5.39	4.92	5.67	0.09	0.40		
化学原料和化学制品制造业	249.73	262.73	257.72	229.28	171.90	173.71	194.80
医药制造业		4.65					0.03
化学纤维制造业							
橡胶和塑料制品业							
非金属矿物制品业	4.40	6.56	2.15	1.77	1.92	2.06	4.29
黑色金属冶炼和压延加工业	646.18	727.55	907.86	858.27	911.00	904.71	965.15
有色金属冶炼和压延加工业	27.69	44.47	58.85	58.48	55.03	52.36	60.42
金属制品业	0.41	0.34	0.34	0.33	0.34	0.36	0.45
通用设备制造业	2.34	2.47	3.70	2.72	6.93	5.16	1.16
专用设备制造业	0.48	0.40	0.35	0.27	0.30	0.28	0.22
汽车制造业	0.99	0.87	1.13	9.62	4.53	2.82	5.23
铁路、船舶、航空航天和其他运输设备制造业							0.02
电气机械和器材制造业	0.52	0.57	0.01	0.01	0.02	0.03	0.04
计算机、通信和其他电子设备制造业							
仪器仪表制造业	0.02	0.02					
其他制造业	0.02	0.02			0.01		
废弃资源综合利用业			0.38				
电力、热力生产和供应业	0.36	0.21	0.15	0.04		5.29	
燃气生产和供应业							
水的生产和供应业							

5－21 分行业规模以上工业汽油终端消费量

单位：万吨

行 业	2005 年	2006 年	2008 年	2009 年	2010 年	2011 年	2012 年
全部工业企业	3. 70	3. 68	4. 10	3. 83	3. 67	3. 51	3. 67
轻工业	0. 91	0. 96	0. 98	0. 94	0. 88	0. 84	0. 91
重工业	2. 79	2. 72	3. 11	2. 89	2. 79	2. 67	2. 76
煤炭开采和洗选业	0. 20	0. 17	0. 40	0. 37	0. 37	0. 41	0. 36
石油和天然气开采业							
黑色金属矿采选业	0. 18	0. 08	0. 12	0. 12	0. 11	0. 10	0. 10
有色金属矿采选业	0. 16	0. 24	0. 18	0. 15	0. 12	0. 13	0. 13
非金属矿采选业	0. 04	0. 05	0. 04	0. 04	0. 04	0. 03	0. 02
其他采矿业							
农副食品加工业	0. 17	0. 18	0. 22	0. 19	0. 16	0. 23	0. 24
食品制造业	0. 13	0. 08	0. 10	0. 10	0. 09	0. 09	0. 09
酒、饮料和精制茶制造业	0. 05	0. 12	0. 11	0. 09	0. 09	0. 07	0. 07
烟草制品业	0. 15	0. 14	0. 15	0. 15	0. 13	0. 14	0. 14
纺织业	0. 02	0. 04	0. 02	0. 02	0. 01	0. 01	0. 02
纺织服装、服饰业	0. 01	0. 01	0. 01	0. 01	0. 01	0. 01	0. 01
皮革、毛皮、羽毛及其制品和制鞋业							
木材加工和木、竹、藤、棕、草制品业	0. 04	0. 04	0. 03	0. 03	0. 04	0. 06	0. 04
家具制造业	0. 01	0. 01	0. 01	0. 01	0. 01		
造纸和纸制品业	0. 05	0. 08	0. 08	0. 06	0. 06	0. 06	0. 07
印刷和记录媒介复制业	0. 09	0. 09	0. 08	0. 09	0. 09	0. 06	0. 07
文教、工美、体育和娱乐用品制造业							0. 03

5－21 分行业规模以上工业汽油终端消费量(续)

单位：万吨

行 业	2005年	2006年	2008年	2009年	2010年	2011年	2012年
石油加工、炼焦和核燃料加工业	0.02	0.03	0.09	0.05	0.04	0.04	0.03
化学原料和化学制品制造业	0.30	0.32	0.32	0.28	0.23	0.17	0.18
医药制造业	0.11	0.08	0.08	0.10	0.08	0.07	0.08
化学纤维制造业							
橡胶和塑料制品业	0.07	0.05	0.10	0.14	0.14	0.09	0.08
非金属矿物制品业	0.21	0.17	0.15	0.16	0.15	0.14	0.15
黑色金属冶炼和压延加工业	0.14	0.09	0.11	0.12	0.08	0.10	0.12
有色金属冶炼和压延加工业	0.29	0.32	0.43	0.25	0.30	0.34	0.30
金属制品业	0.05	0.05	0.10	0.10	0.07	0.06	0.09
通用设备制造业	0.08	0.10	0.09	0.09	0.10	0.06	0.06
专用设备制造业	0.08	0.10	0.07	0.10	0.12	0.09	0.10
汽车制造业	0.11	0.12	0.14	0.16	0.11	0.10	0.11
铁路、船舶、航空航天和其他运输设备制造业							0.02
电气机械和器材制造业	0.07	0.07	0.07	0.07	0.08	0.08	0.06
计算机、通信和其他电子设备制造业	0.01	0.01	0.01	0.01	0.01	0.01	0.01
仪器仪表制造业	0.02	0.02	0.02	0.02	0.03	0.03	0.03
其他制造业	0.01	0.01	0.01	0.02	0.02	0.02	0.02
废弃资源综合利用业	0.01	0.01					
电力、热力生产和供应业	0.75	0.70	0.67	0.68	0.72	0.68	0.81
燃气生产和供应业	0.03	0.03	0.03	0.02	0.02	0.01	0.02
水的生产和供应业	0.05	0.05	0.04	0.04	0.05	0.03	0.04

5-22 分行业规模以上工业煤油终端消费量

单位：万吨

行业	2005年	2006年	2008年	2009年	2010年	2011年	2012年
全部工业企业	0.18	0.23	0.21	0.16	0.20	0.15	0.15
轻工业	0.04				0.01		
重工业	0.14	0.23	0.20	0.16	0.20	0.14	0.15
煤炭开采和洗选业		0.01	0.01				
石油和天然气开采业							
黑色金属矿采选业							
有色金属矿采选业		0.01		0.01			0.01
非金属矿采选业							
其他采矿业							
农副食品加工业							
食品制造业	0.03						
酒、饮料和精制茶制造业							
烟草制品业							
纺织业							
纺织服装、服饰业							
皮革、毛皮、羽毛及其制品和制鞋业							
木材加工和木、竹、藤、棕、草制品业							
家具制造业							
造纸和纸制品业							
印刷和记录媒介复制业							
文教、工美、体育和娱乐用品制造业							

5－22 分行业规模以上工业煤油终端消费量(续)

单位：万吨

行　业	2005 年	2006 年	2008 年	2009 年	2010 年	2011 年	2012 年
石油加工、炼焦和核燃料加工业							
化学原料和化学制品制造业	0.02		0.01				
医药制造业							
化学纤维制造业							
橡胶和塑料制品业							
非金属矿物制品业	0.01	0.01					
黑色金属冶炼和压延加工业	0.01	0.01					
有色金属冶炼和压延加工业	0.07	0.15	0.14	0.10	0.15		0.11
金属制品业		0.01					
通用设备制造业	0.01	0.02	0.02	0.01	0.01		0.01
专用设备制造业							
汽车制造业	0.02	0.02	0.02	0.02	0.02		0.02
铁路、船舶、航空航天和其他运输设备制造业							
电气机械和器材制造业							
计算机、通信和其他电子设备制造业							
仪器仪表制造业							
其他制造业							
废弃资源综合利用业							
电力、热力生产和供应业							
燃气生产和供应业							
水的生产和供应业							

5－23 分行业规模以上工业柴油终端消费量

单位：万吨

行 业	2005 年	2006 年	2008 年	2009 年	2010 年	2011 年	2012 年
全部工业企业	15. 14	18. 28	27. 22	25. 81	26. 83	30. 70	35. 14
轻工业	2. 27	2. 20	2. 57	2. 45	2. 28	2. 45	2. 71
重工业	12. 87	16. 08	24. 65	23. 36	24. 55	28. 25	32. 42
煤炭开采和洗选业	0. 98	1. 80	3. 34	3. 40	3. 56	3. 40	4. 55
石油和天然气开采业							
黑色金属矿采选业	2. 54	2. 20	3. 85	2. 87	2. 73	2. 81	3. 60
有色金属矿采选业	0. 91	1. 80	2. 62	2. 42	3. 05	3. 36	4. 15
非金属矿采选业	1. 14	2. 01	4. 11	4. 20	3. 68	3. 84	4. 09
其他采矿业							
农副食品加工业	0. 97	1. 06	1. 20	0. 97	0. 57	0. 71	0. 66
食品制造业	0. 52	0. 47	0. 58	0. 45	0. 65	0. 69	0. 77
酒、饮料和精制茶制造业	0. 16	0. 06	0. 14	0. 27	0. 29	0. 29	0. 36
烟草制品业	0. 28	0. 22	0. 15	0. 23	0. 24	0. 19	0. 32
纺织业	0. 02	0. 01	0. 01	0. 01	0. 01	0. 01	0. 06
纺织服装、服饰业	0. 02	0. 02	0. 02	0. 02	0. 02	0. 02	
皮革、毛皮、羽毛及其制品和制鞋业							
木材加工和木、竹、藤、棕、草制品业	0. 06	0. 09	0. 09	0. 10	0. 16	0. 26	0. 20
家具制造业	0. 01	0. 01	0. 01	0. 01	0. 01		
造纸和纸制品业	0. 10	0. 16	0. 17	0. 14	0. 14	0. 19	0. 16
印刷和记录媒介复制业	0. 03	0. 03	0. 05	0. 04	0. 03	0. 03	0. 03
文教、工美、体育和娱乐用品制造业							0. 01

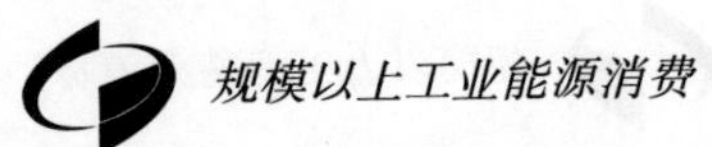

5－23 分行业规模以上工业柴油终端消费量(续)

单位：万吨

行　业	2005 年	2006 年	2008 年	2009 年	2010 年	2011 年	2012 年
石油加工、炼焦和核燃料加工业	0.17	0.34	0.57	0.40	0.46	0.40	0.32
化学原料和化学制品制造业	1.36	1.24	1.65	1.62	1.56	1.63	1.66
医药制造业	0.09	0.08	0.10	0.15	0.18	0.21	0.20
化学纤维制造业							
橡胶和塑料制品业	0.17	0.17	0.17	0.16	0.24	0.22	0.20
非金属矿物制品业	0.97	1.54	2.01	2.40	2.80	4.94	5.15
黑色金属冶炼和压延加工业	1.42	0.98	1.17	1.00	0.99	1.10	1.26
有色金属冶炼和压延加工业	1.48	2.40	3.23	2.61	3.11	3.65	5.38
金属制品业	0.05	0.04	0.04	0.06	0.07	0.11	0.10
通用设备制造业	0.04	0.06	0.06	0.05	0.09	0.08	0.05
专用设备制造业	0.20	0.40	0.34	0.31	0.21	0.30	0.43
汽车制造业	0.66	0.45	0.34	0.50	0.43	0.32	0.27
铁路、船舶、航空航天和其他运输设备制造业							0.04
电气机械和器材制造业	0.07	0.07	0.09	0.07	0.07	0.06	0.06
计算机、通信和其他电子设备制造业							
仪器仪表制造业	0.01		0.01	0.01	0.01	0.01	0.01
其他制造业	0.01	0.01	0.04	0.07	0.06	0.06	0.04
废弃资源综合利用业	0.03	0.04	0.02	0.02			
电力、热力生产和供应业	0.63	0.48	1.00	1.19	1.37	1.79	0.98
燃气生产和供应业	0.02	0.03	0.03	0.03	0.02		0.01
水的生产和供应业	0.01	0.02	0.01	0.01	0.01	0.01	0.01

5－24 分行业规模以上工业电力终端消费量

单位：亿千瓦时

行 业	2005 年	2006 年	2008 年	2009 年	2010 年	2011 年	2012 年
全部工业企业	400.05	461.18	559.01	599.92	665.42	744.41	853.28
轻工业	21.49	21.06	25.63	26.38	26.07	28.34	38.47
重工业	378.55	440.13	533.38	573.54	639.36	716.07	814.81
煤炭开采和洗选业	5.21	5.67	11.16	9.78	11.49	10.69	14.71
石油和天然气开采业							
黑色金属矿采选业	6.11	7.73	11.26	12.96	14.08	19.29	21.81
有色金属矿采选业	11.22	16.36	13.01	17.41	14.32	15.83	20.31
非金属矿采选业	2.94	4.82	4.30	5.40	6.10	5.90	6.28
其他采矿业							
农副食品加工业	5.23	5.43	7.52	7.60	6.54	6.88	9.33
食品制造业	0.50	0.79	0.98	0.92	1.40	1.62	2.53
酒、饮料和精制茶制造业	1.35	1.09	1.76	1.86	1.93	2.24	2.55
烟草制品业	4.45	4.38	4.59	4.73	5.02	5.92	4.97
纺织业	1.75	1.04	1.05	0.67	0.66	0.61	0.75
纺织服装、服饰业	0.02	0.04	0.03	0.02	0.03	0.02	0.03
皮革、毛皮、羽毛及其制品和制鞋业	0.02	0.01					0.04
木材加工和木、竹、藤、棕、草制品业	1.83	2.10	2.77	2.74	3.08	2.97	4.44
家具制造业	0.01	0.01	0.01	0.02	0.02	0.01	0.02
造纸和纸制品业	3.97	3.52	4.80	4.86	4.59	5.38	7.34
印刷和记录媒介复制业	0.71	0.80	0.77	0.83	0.89	0.85	1.03
文教、工美、体育和娱乐用品制造业	0.01	0.01					0.08

5－24 分行业规模以上工业电力终端消费量(续)

单位：亿千瓦时

行业	2005 年	2006 年	2008 年	2009 年	2010 年	2011 年	2012 年
石油加工、炼焦和核燃料加工业	2.22	2.62	7.73	8.44	9.49	11.04	11.52
化学原料和化学制品制造业	92.77	109.57	125.55	128.23	133.43	144.38	163.26
医药制造业	0.86	0.95	1.25	1.76	1.49	1.91	2.09
化学纤维制造业	0.55	0.58	0.55	0.55	0.52	0.50	0.50
橡胶和塑料制品业	1.57	1.66	2.30	2.72	2.84	2.46	2.88
非金属矿物制品业	40.14	42.53	45.47	54.46	59.64	67.81	81.08
黑色金属冶炼和压延加工业	53.12	61.98	78.61	80.57	91.54	103.33	146.79
有色金属冶炼和压延加工业	98.47	116.22	152.42	159.46	192.56	216.75	233.15
金属制品业	0.40	0.52	0.62	0.97	1.47	1.66	2.05
通用设备制造业	1.35	1.24	1.52	1.30	2.03	1.83	1.09
专用设备制造业	0.90	0.54	0.84	0.94	0.67	0.62	0.81
汽车制造业	1.26	0.94	1.01	1.40	1.49	1.60	1.88
铁路、船舶、航空航天和其他运输设备制造业							0.16
电气机械和器材制造业	0.58	0.71	0.80	0.88	0.95	0.85	1.31
计算机、通信和其他电子设备制造业	0.06	0.09	0.18	0.13	0.29	0.46	0.47
仪器仪表制造业	0.26	0.24	0.27	0.26	0.31	0.31	0.28
其他制造业	0.25	0.17	0.22	0.22	0.29	0.28	0.27
废弃资源综合利用业	0.04	0.05	0.04	0.06	0.05	0.05	0.06
电力、热力生产和供应业	58.38	64.96	73.77	85.76	93.97	108.29	105.02
燃气生产和供应业	0.48	0.48	0.75	0.77	0.88	0.98	1.18
水的生产和供应业	1.06	1.33	1.14	1.24	1.37	1.09	1.25

5－25　分地区规模以上工业原煤终端消费量

单位：万吨

地　区	2005 年	2006 年	2008 年	2009 年	2010 年	2011 年	2012 年
云南省	1255.05	1386.16	1782.34	1857.17	1931.10	2246.94	2515.82
昆明市	304.98	340.91	430.03	421.75	531.60	570.73	650.14
曲靖市	191.04	187.52	248.37	282.41	302.72	394.66	397.25
玉溪市	141.43	165.89	193.26	213.63	232.87	246.48	268.45
保山市	24.55	30.43	32.82	29.87	30.62	28.21	40.25
昭通市	65.25	75.92	81.05	72.23	68.22	68.49	81.54
丽江市	44.55	37.42	57.97	62.44	70.35	70.36	73.31
普洱市	41.80	48.88	61.20	56.73	61.58	64.55	75.97
临沧市	23.23	19.80	26.56	17.48	16.10	28.28	39.58
楚雄州	42.09	51.70	56.94	60.13	67.93	63.46	58.10
红河州	185.63	183.91	357.40	406.72	309.19	411.58	490.52
文山州	38.00	37.05	51.65	48.14	45.59	60.02	65.17
西双版纳州	6.00	7.42	6.62	6.28	4.82	5.39	11.36
大理州	126.30	170.08	152.27	150.40	156.83	199.94	215.45
德宏州	15.10	17.63	19.22	21.71	25.89	26.16	32.86
怒江州	4.91	11.42	6.72	7.16	6.18	8.01	6.49
迪庆州	0.19	0.18	0.27	0.09	0.61	0.61	9.36

5－26　分地区规模以上工业焦炭终端消费量

单位：万吨

地　区	2005 年	2006 年	2008 年	2009 年	2010 年	2011 年	2012 年
云南省	953.87	1073.61	1258.75	1172.36	1161.51	1159.77	1245.01
昆明市	191.23	210.31	314.34	311.26	302.25	295.27	305.31
曲靖市	270.88	275.59	271.29	223.33	189.01	193.34	225.67
玉溪市	326.49	376.94	389.87	380.03	395.20	382.46	404.90
保山市	0.30	0.20	0.67	1.06	3.86	6.58	1.72
昭通市	3.44	7.42	6.18	8.31	4.86	4.02	5.21
丽江市	0.92	0.24	0.16	0.06	0.14		
普洱市	1.37	1.00	0.93	0.82	0.85	0.17	
临沧市	0.20	0.05			0.35	0.03	0.75
楚雄州	48.49	46.95	87.17	84.89	77.19	71.12	75.65
红河州	83.40	106.51	137.41	117.74	146.71	158.05	162.03
文山州	16.83	23.83	25.00	27.39	28.09	31.92	45.33
西双版纳州	1.13	0.63	0.72	0.69	0.58	0.52	0.08
大理州	8.39	22.26	22.24	14.21	9.64	12.81	14.74
德宏州	0.01		0.01	0.01			
怒江州							
迪庆州	0.80	1.70	2.78	2.58	2.76	3.50	3.62

5－27　分地区规模以上工业汽油终端消费量

单位：万吨

地　区	2005 年	2006 年	2008 年	2009 年	2010 年	2011 年	2012 年
云南省	3.70	3.68	4.10	3.83	3.67	3.51	3.67
昆明市	1.38	1.26	1.34	1.36	1.33	1.13	1.19
曲靖市	0.38	0.31	0.48	0.43	0.38	0.39	0.34
玉溪市	0.34	0.37	0.36	0.36	0.38	0.36	0.39
保山市	0.19	0.18	0.10	0.08	0.10	0.14	0.17
昭通市	0.07	0.08	0.13	0.13	0.13	0.12	0.14
丽江市	0.06	0.03	0.03	0.04	0.07	0.05	0.06
普洱市	0.10	0.13	0.12	0.13	0.13	0.09	0.10
临沧市	0.06	0.07	0.08	0.08	0.08	0.08	0.09
楚雄州	0.12	0.12	0.15	0.14	0.15	0.14	0.14
红河州	0.44	0.39	0.42	0.35	0.32	0.39	0.38
文山州	0.11	0.09	0.12	0.10	0.11	0.10	0.15
西双版纳州	0.03	0.04	0.04	0.04	0.03	0.03	0.03
大理州	0.31	0.48	0.60	0.48	0.36	0.39	0.40
德宏州	0.07	0.07	0.06	0.06	0.06	0.05	0.07
怒江州	0.05	0.06	0.06	0.03	0.04	0.04	0.03
迪庆州				0.01	0.01	0.01	

5－28　分地区规模以上工业煤油终端消费量

单位：万吨

地　区	2005年	2006年	2008年	2009年	2010年	2011年	2012年
云南省	0.18	0.23	0.21	0.16	0.20	0.15	0.15
昆明市	0.07	0.10	0.06	0.05	0.04	0.04	0.03
曲靖市	0.02	0.01	0.01				
玉溪市	0.01	0.03	0.02	0.02	0.03	0.02	0.03
保山市							
昭通市							
丽江市	0.02	0.02	0.03	0.02	0.04	0.05	0.05
普洱市		0.01	0.02	0.01	0.01		
临沧市							
楚雄州	0.01	0.02	0.03	0.02	0.04		0.01
红河州	0.01	0.02	0.03	0.01	0.02	0.01	0.01
文山州							
西双版纳州							
大理州	0.04	0.03	0.02	0.01	0.02	0.02	0.02
德宏州							
怒江州							
迪庆州							

5-29 分地区规模以上工业柴油终端消费量

单位：万吨

地　区	2005 年	2006 年	2008 年	2009 年	2010 年	2011 年	2012 年
云南省	15. 14	18. 28	27. 22	25. 81	26. 83	30. 70	35. 14
昆明市	5. 85	7. 14	10. 23	10. 57	10. 35	12. 95	13. 39
曲靖市	1. 25	1. 68	2. 95	2. 87	3. 49	3. 21	2. 75
玉溪市	2. 48	2. 67	3. 38	2. 35	2. 55	2. 78	3. 43
保山市	0. 42	0. 35	0. 65	0. 60	0. 59	0. 63	0. 80
昭通市	0. 16	0. 30	0. 84	0. 76	1. 02	1. 00	1. 33
丽江市	0. 04	0. 05	0. 25	0. 24	0. 32	0. 16	0. 36
普洱市	0. 46	0. 44	1. 11	0. 90	1. 09	1. 07	0. 93
临沧市	0. 19	0. 20	0. 37	0. 13	0. 15	0. 30	0. 31
楚雄州	0. 66	0. 41	0. 59	0. 69	0. 72	0. 53	0. 77
红河州	1. 25	1. 37	1. 78	1. 90	1. 99	2. 52	4. 31
文山州	0. 36	1. 30	1. 57	1. 80	2. 16	2. 79	3. 46
西双版纳州	0. 59	0. 38	0. 83	0. 83	0. 71	0. 79	0. 81
大理州	0. 94	1. 32	1. 72	1. 44	1. 22	1. 43	1. 83
德宏州	0. 34	0. 40	0. 66	0. 55	0. 22	0. 21	0. 37
怒江州	0. 11	0. 20	0. 18	0. 12	0. 18	0. 20	0. 17
迪庆州	0. 03	0. 07	0. 11	0. 06	0. 07	0. 13	0. 12

5-30 分地区规模以上工业电力终端消费量

单位：亿千瓦时

地 区	2005年	2006年	2008年	2009年	2010年	2011年	2012年
云南省	400.05	461.18	559.01	599.92	665.42	744.41	853.28
昆明市	129.16	142.09	162.06	168.60	178.30	192.24	214.58
曲靖市	64.29	79.16	111.36	121.32	142.75	170.97	181.84
玉溪市	43.67	51.03	62.02	65.24	71.37	75.10	85.99
保山市	8.84	10.14	16.39	19.83	20.89	24.78	28.01
昭通市	10.96	18.68	20.27	23.33	23.36	24.55	29.98
丽江市	3.34	4.51	6.06	6.36	6.88	7.64	9.13
普洱市	6.97	6.63	9.01	9.37	10.25	10.55	13.46
临沧市	4.33	3.87	7.57	6.91	7.07	9.72	12.85
楚雄州	12.90	14.05	17.62	18.51	20.79	20.96	23.19
红河州	55.24	65.41	73.99	83.18	96.51	109.00	132.35
文山州	13.85	18.33	27.32	30.77	33.24	37.57	47.34
西双版纳州	3.83	2.71	1.97	2.42	2.48	2.42	2.31
大理州	27.59	23.64	19.11	20.20	23.06	23.95	27.73
德宏州	8.08	9.52	13.53	14.16	18.28	23.50	26.49
怒江州	3.65	7.35	7.04	6.43	6.20	6.35	13.04
迪庆州	3.37	4.08	3.71	3.30	3.98	4.16	4.97

5－31 规模以上工业企业能源加工转换投入

能源名称	计量单位	2005 年	2006 年	2008 年	2009 年	2010 年	2011 年	2012 年
原煤	吨	33568992	37959334	43049173	50826646	53028265	56394426	58750818
洗精煤	吨	5537084	6918481	12041638	13405050	16164819	16675046	17041732
其他洗煤	吨	218107	127960	572345	457454	500749	381341	368257
煤制品	吨					9581		
型煤	吨							
水煤浆	吨							
煤粉	吨					9581		
焦炭	吨	844173	945125	39454	17822	6009		16031
其他焦化产品	吨			71458	91579	112329	143737	140503
焦炉煤气	万立方米	7892.00	12321.00	21747.00	37981.77	45587.08	26620.16	22870
高炉煤气	万立方米	159596.00	191510.00	362571.48	478121.71	483187.53	506475.9	564790
其他煤气	万立方米				7957.56	18024.34	9941	35893
天然气	万立方米							
液化天然气	吨							
原油	吨							
汽油	吨	217						
煤油	吨	3						
柴油	吨	18091	30049	22281	4892	7690	10680	9118
燃料油	吨							
液化石油气	吨			1303	684	657	775	958
炼厂干气	吨							
其他石油制品	吨							
热力	百万千焦				1243772	4148151	12642157	
电力	万千瓦时							
其他燃料	吨标准煤	597175	725068	457245	490125	418327		
煤矸石	吨		165689	635293	821069	732737	372304	308244
生物质能	吨标准煤		616644	207285	202576	168466	638730	760258
工业废料	吨标准煤		4581	42422	43210	42287	127472	231058
城市固体垃圾	吨标准煤			30486	48746	49245	362782	313529

5－32 规模以上工业企业火力发电投入合计

能源名称	计量单位	2005 年	2006 年	2008 年	2009 年	2010 年	2011 年	2012 年
原煤	吨	20747285	27332352	25922685	33066352	33425275	35204098	29554714
洗精煤	吨	1549	38					
其他洗煤	吨	188775	127960	571142	449233	390796	229653	196298
煤制品	吨							
型煤	吨							
水煤浆	吨							
煤粉	吨							
焦炭	吨	80453	13144	27387	16287			
其他焦化产品	吨							
焦炉煤气	万立方米	7892. 00	12321. 00	21747. 00	24838. 58	32527. 65	26620. 16	22870
高炉煤气	万立方米	159596. 00	191510. 00	362571. 48	478121. 71	483187. 53	506475. 9	564790
其他煤气	万立方米				7957. 56	18024. 34	23755. 8	35893
天然气	万立方米							
液化天然气	吨							
原油	吨							
汽油	吨	217						
煤油	吨	3						
柴油	吨	18091	30049	22281	4892	7533	10481	8728
燃料油	吨							
液化石油气	吨							
炼厂干气	吨							
其他石油制品	吨							
热力	百万千焦				1243772	4148151	12642157	
电力	万千瓦时							
其他燃料	吨标准煤	597175	725068	457245	490125	418327		
煤矸石	吨		165689	635293	821069	732737	367837	304732
生物质能	吨标准煤		616644	207285	202576	168466	638730	760258
工业废料	吨标准煤		4581	42422	43210	42287	127472	231058
城市固体垃圾	吨标准煤			30486	48746	49245	362782	313529

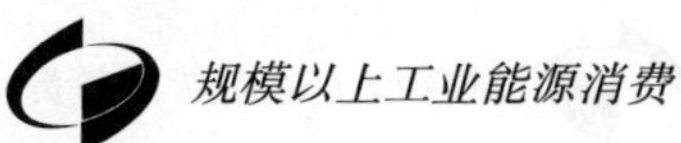

5－33 规模以上工业企业分品种加工转换投入情况

能源名称	计量单位	2005 年	2006 年	2008 年	2009 年	2010 年	2011 年	2012 年
供热投入情况								
原煤	吨	399048	9520	201104	121156	304333	449102	415003
柴油	吨					157	200	390
煤矸石	吨							3512
原煤入洗投入情况								
原煤	吨	7119004	6306591	11857094	12483414	14156681	16234727	24693414
炼焦投入情况								
原煤	吨	5122554	4237922	5063351	5155724	4823573	4037265	3731397
洗精煤	吨	4824057	6295146	10731657	11851512	14118392	15050332	15475515
其他洗煤	吨	29332		1203	8221	109953	151688	171959
其他焦化产品	吨			2544	3052			
制气投入情况								
原煤	吨	152747	6584	4939		318403	269034	162121
洗精煤	吨	711478	623297	1309981	1553538	2046427	1624714	1566217
煤粉(煤制品)	吨					9581		
焦炭	吨	763720	931981	12067	1535	6009		16031
其他焦化产品	吨			53201	88527	112329	143737	140503
焦炉煤气	万立方米				13143. 19	13059. 43		
其他煤气	万立方米						9941	
液化石油气	吨			1303	684	657	775	958
加工型煤投入情况								
原煤	吨	28354	66365					

5－34 规模以上工业企业回收能利用合计

能源名称	计量单位	2005 年	2006 年	2008 年	2009 年	2010 年	2011 年	2012 年
原煤	吨							
洗精煤	吨							
其他洗煤	吨							
煤制品	吨							
型煤	吨							
水煤浆	吨							
煤粉	吨							
焦炭	吨							
其他焦化产品	吨							
焦炉煤气	万立方米							
高炉煤气	万立方米			1008806.67	1265961.29	1420005.58	1579112.46	1924078
其他煤气	万立方米			31851.72	38158.28	55658.23	57977.45	68732
天然气	万立方米							
液化天然气	吨							
原油	吨							
汽油	吨							
煤油	吨							
柴油	吨							
燃料油	吨							
液化石油气	吨							
炼厂干气	吨							
其他石油制品	吨							
热力	百万千焦				1243772	4177959	19247742	
电力	万千瓦时							
其他燃料	吨标准煤			988970	1159590	969399		481
煤矸石	吨			642924	979777	713787		
生物质能	吨标准煤			756972	792318	699328		
工业废料	吨标准煤			70162	67708	64969		
城市固体垃圾	吨标准煤							

5－35 规模以上工业企业主要能源品种消费量购进价格

能源名称	计量单位	2005 年	2006 年	2008 年	2009 年	2010 年	2011 年	2012 年
原煤	元/吨	234.07	245.91	362.77	342.78	384.4	465.5	553.54
其中：1. 无烟煤	元/吨						585.31	697.26
2. 炼焦烟煤	元/吨						719.18	799.44
3. 一般烟煤	元/吨						529.26	588.42
4. 褐煤	元/吨						201.26	235.62
洗精煤	元/吨	615.73	480.81	1044.93	857.49	1033.58	1277.22	1220.80
其它洗煤	元/吨	371.27	375.63	517.07	489.05	417.62	301.86	874.56
煤制品	元/吨	401.43	406.75	754.84	584.93	552.32	777.49	823.89
焦炭	元/吨	665.40	727.09	1458.37	1190.97	1673.67	1770.38	1697.75
其它焦化产品	元/吨	553.92	1084.75	1878.25	1452.05	2006.59	2167.16	2334.49
焦炉煤气	元/万立方米	5711.24	5442.46	6578.83	8876.23	9612.81	9536.9	8823.82
高炉煤气	元/万立方米	1503.44	1057.27	1888.12	3514.88	3286.29	2753.25	2539.62
转炉煤气	元/万立方米						3594.5	3594.50
发生炉煤气	元/万立方米	2538.03	7813.95	6552.06	3598.08	3607.08	5625	14506.17
天然气(气态)	元/万立方米	9935.32	7346.40	7546.60	8128.55	10443.59	16412.34	18758.33
液化天然气(液态)	元/吨						6934.64	6264.70
煤层气(煤田)	元/万立方米							
原油	元/吨	1836.82	2439.68	3025.13	2665.66	2700.73	3400	3500.00
汽油	元/吨	4637.69	5555.54	6647.17	6653.17	7490.11	8346.53	9003.67
煤油	元/吨	4494.66	5937.68	7193.03	6402.04	6963.9	8752.46	8805.50
柴油	元/吨	4292.42	4912.70	6150.31	5563.17	6444.77	7476.17	7983.92
燃料油	元/吨	2151.97	2808.82	2751.12	2343.86	2895.55	3926.77	3608.32
液化石油气	元/吨	5005.33	5343.69	6664.74	6387.43	5492.56	7620.61	6996.85
炼厂干气	元/吨							
石脑油	元/吨							
润滑油	元/吨						11581.03	11609.49
石蜡	元/吨						11692.31	7848.85
溶剂油	元/吨						8591.82	8974.82
石油焦	元/吨						1905.95	1599.55
石油沥青	元/吨						3192.5	2851.55
其它石油制品	元/吨	1889.47	3940.21	2416.85	1486.8	2168.22	3356.74	9726.70
热力	元/百万千焦	52.87	100.09	38.64	94.28	44.83	42.8	45.06
电力	元/万千瓦时	3686.62	3801.52	4255.01	4066.34	4712.15	4592.72	4811.33
煤矸石用于燃料	元/吨		161.6	41.92	63.5	57.72	47.12	174.44
城市垃圾用于燃料	元/吨							
生物质废料用于燃料	元/吨		303.52	221.40	266.2	564.81	395.81	738.60
余热余压	元/百万千焦						0	
其它工业废料用于燃料	元/吨		288.27	169.97	243.02	1180.46	195.87	742.91
其它燃料	元/吨标准煤	441.83	444.06	254.96	271.45	799.36	594.92	263.89
能源合计	元/吨标准煤	748.62	791.90	1214.25	1096.19	1277.09	786.82	1008.24

5-36 规模以上工业企业主要能源品种加权折标系数

能源名称	计量单位	2005年	2006年	2008年	2009年	2010年	2011年	2012年
原煤	0.6271	0.6081	0.5717	0.5800	0.5730	0.5522	0.5783	
其中：1. 无烟煤								
2. 炼焦烟煤								
3. 一般烟煤								
4. 褐煤								
洗精煤	0.9000	0.9022	0.8876	0.8939	0.8957	0.6513	0.8968	
其它洗煤	0.5221	0.5665	0.3568	0.4289	0.4912	0.6811	0.3801	
煤制品	0.5760	0.5740	0.6068	0.6377	0.7832	0.5828	0.5752	
焦炭	0.9609	0.9638	0.9036	0.8972	0.8973	0.8979	0.8974	
其它焦化产品	1.2123	1.1161	1.2596	1.3393	1.3363	1.3493	1.2874	
焦炉煤气	5.9129	5.9708	5.9836	5.9595	5.9871	5.9366	5.8864	
高炉煤气	1.2860	1.2697	1.3159	1.3388	1.3248	1.3493	1.3272	
转炉煤气								
发生炉煤气	5.0473	2.3004	2.1399	2.0519	2.1302	1.7860	1.786	
天然气(气态)	11.9994	12.0972	12.1590	12.0889	12.0212	12.1138	12.241	
液化天然气(液态)								
煤层气(煤田)								
原油	1.4286	1.4286	1.4286	1.4286	1.4286	1.4286	1.4286	
汽油	1.4714	1.4714	1.4714	1.4714	1.4714	1.4714	1.4714	
煤油	1.4714	1.4714	1.4714	1.4714	1.4714	1.4714	1.4714	
柴油	1.4571	1.4571	1.4567	1.4572	1.4571	1.4571	1.4571	
燃料油	1.4286	1.5306	1.4286	1.4286	1.4286	1.4286	1.4286	
液化石油气	1.7143	1.7143	1.7143	1.7143	1.7143	1.7143	1.7143	
炼厂干气								
石脑油								
润滑油								
石蜡								
溶剂油								
石油焦								
石油沥青								
其它石油制品	1.1482	1.1218	1.1278	1.1024	1.0919	1.0919	1.3326	
热力	0.0341	0.0341	0.0341	0.0341	0.0341	0.0341	0.0341	
电力（发电标准煤耗）	3.65	3.5	3.4332	3.3113	3.2811	3.2811	1.229	
煤矸石用于燃料		0.1769	0.2525	0.2272	0.2159	0.2282	0.2402	
城市垃圾用于燃料						0.1370	0.137	
生物质废料用于燃料						0.2659	0.2678	
余热余压						0.0341	0.0341	
其它工业废料用于燃料						0.2628	0.2658	
其它燃料						1.0000	1.0000	

5－37 规模以工业企业能源年末消费库存

能源名称	计量单位	2005 年	2006 年	2008 年	2009 年	2010 年	2011 年	2012 年
原煤	吨	2721998	3035131	6598337	4906613	9187569	5748101	7932754
其中：1. 无烟煤	吨						1466058	2448202
2. 炼焦烟煤	吨						169839	167713
3. 一般烟煤	吨						2811549	4271161
4. 褐煤	吨						1297883	1045677
洗精煤	吨	484698	522093	783136	1006400	954259	670383	991597
其它洗煤	吨	33427	4235	141013	129223	89037	36963	7640
煤制品	吨	1265	10097	9655	17462	157477	12065	9015
焦炭	吨	779277	734328	916126	817952	512647	567497	557288
其它焦化产品	吨	7435	3713	9538	23945	28595	33373	31756
焦炉煤气	万立方米							
高炉煤气	万立方米							
转炉煤气	万立方米							
发生炉煤气	万立方米							
天然气(气态)	万立方米							
液化天然气(液态)	吨							
煤层气(煤田)	万立方米							
原油	吨	61	119	103	153	141	139	70
汽油	吨	3531	1895	2622	1275	1429	813	1038
煤油	吨	227	333	140	135	83	82	109
柴油	吨	19555	14360	20327	14323	12845	22232	15956
燃料油	吨	8640	7036	5204	2987	7453	656	527
液化石油气	吨	80	64	58	54	44		138
炼厂干气	吨							
石脑油	吨							
润滑油	吨							252
石蜡	吨							21
溶剂油	吨							10
石油焦	吨							25497
石油沥青	吨							2947
其它石油制品	吨	2516	3187	4008	7879	6945	84	10
热力	百万千焦							
电力	万千瓦时							
煤矸石用于燃料	吨		3405			3871	98577	21827
城市垃圾用于燃料	吨							
生物质废料用于燃料	吨		3491					
余热余压	百万千焦							
其它工业废料用于燃料	吨							
其它燃料	吨标准煤	8765	11672		358	1671	859	4376

六、能源平衡表

THE ENERGY BALANCE

6－1　2005年云南省地区

指标名称	煤合计（万吨）	原煤（万吨）	洗精煤（万吨）	其它洗煤（万吨）	煤制品（万吨）	焦炭（万吨）	焦炉煤气（亿立方米）	其它煤气（亿立方米）	石油合计（万吨）
甲	1	2	3	4	5	6	7	8	9
一．可供本地区消费的能源量	6681.53	6550.89	138.79	－7.96	－0.19	9.66			457.88
1. 年初库存量	261.48	206.63	49.02	5.59	0.24	38.71			21.01
2. 一次能源生产量	6462.14	6462.14							0.09
3. 回收能									0.01
4. 外省（区、市）调入量	832.33	509.35	303.16	19.82		131.88			472.83
5. 进口量									
6. 我轮．机在外国加油量									0.31
7. 本省（区、市）调出量（－）	－585.09	－405.73	－169.33	－10.03		－85.01			－12.73
8. 出口量（－）									
9. 外轮．机在我国加油量（－）									－0.31
10. 年末库存量（－）	－289.33	－221.50	－44.06	－23.34	－0.43	－75.92			－23.33
二．加工转换投入（－）产出（＋）量	－4053.53	－4136.45	－67.57	140.01	10.48	1129.30	7.92	48.40	－1.81
1. 火力发电	－2009.58	－1975.55	－0.15	－33.88		－8.05	－0.79	－15.96	－1.81
2. 供热	－39.91	－39.91							
3. 煤炭洗选	－293.18	－1020.80	550.80	176.82					
4. 炼焦	－1624.50	－1074.50	－547.07	－2.93		1213.72			
5. 炼油									
6. 制气	－86.42	－15.27	－71.15				8.71	64.36	
其中：焦炭再投入量（－）						－76.37			
7. 煤制品加工	0.06	－10.42			10.48				
三．损失量								5.88	
其中：运输和输配损失									
四．终端消费量	2628.00	2414.43	71.22	132.06	10.29	1138.94	8.05	42.52	456.10
（一）第一产业	196.71	196.71				0.41			20.11
1. 农．林．牧．渔业	196.71	196.71				0.41			20.11
（二）第二产业	1954.42	1808.17	71.22	71.27	3.76	1135.41	6.03	42.14	52.28
1. 工业	1928.46	1782.89	71.22	70.59	3.76	1133.84	6.03	42.14	34.42
#用作原料．材料		197.26	0.59	1.95		69.87			1.19
2. 建筑业	25.96	25.28		0.68		1.57			17.86
（三）第三产业	89.34	88.87		0.47		2.62			357.53
1. 交通运输．仓储和邮政业	28.20	27.73		0.47		0.61			337.99
2. 批发、零售业和住宿、餐饮业	28.67	28.67				0.34			7.48
3. 其他	32.47	32.47				1.67			12.06
（四）生活消费	387.53	320.68		60.32	6.53	0.50	2.02	0.38	26.18
1. 城镇	70.82	45.31		22.67	2.84	0.25	2.02	0.38	15.12
2. 乡村	316.71	275.37		37.65	3.69	0.25			11.06
五．平衡差额（＋、－）		0.01		－0.01		0.02	－0.13		－0.03
六．消费量合计	6681.53	6550.88	689.59	168.87	10.29	1223.36	8.84	64.36	457.91

能源平衡表(实物量)

原油(万吨)	汽油(万吨)	煤油(万吨)	柴油(万吨)	燃料油(万吨)	液化石油气(万吨)	炼厂干气(万吨)	天然气(亿立方米)	其它石油制品(万吨)	其它焦化产品(万吨)	热力(万百万千焦)	电力(亿千瓦时)	其它能源(万吨标煤)
10	11	12	13	14	15	16	17	18	19	20	21	22
0.07	122.91	28.71	283.90	3.91	12.28	0.01	6.12	6.09	-0.26		282.23	236.09
0.03	7.11	0.77	10.78	0.86	0.19			1.27	0.48			0.77
0.09							0.22				349.19	236.05
						0.01						
	126.89	28.65	294.40	3.91	12.71		5.90	6.27			1.31	
		0.31										
	-0.24	-0.02	-12.47								-65.00	
											-3.27	
		-0.31										
-0.05	-10.85	-0.69	-8.81	-0.86	-0.62			-1.45	-0.74			-0.73
			-1.81						17.78	496.68	275.01	-59.72
			-1.81								275.01	-59.72
										496.68		
									17.78			
											51.57	
											51.57	
0.07	122.95	28.71	282.09	3.91	12.28		6.12	6.09	17.62	497.32	505.68	176.37
	6.33	0.43	13.35								8.79	64.58
	6.33	0.43	13.35								8.79	64.58
0.07	9.33	0.85	34.42	3.91	0.29		5.92	3.41	17.02	497.32	383.36	70.15
0.07	5.28	0.57	20.89	3.91	0.29		5.92	3.41	16.42	497.32	374.37	70.15
				0.05			5.77	1.14	3.47			4.42
	4.05	0.28	13.53						0.60		8.99	
	97.01	27.40	227.27		3.17			2.68	0.60		40.05	
	89.03	26.82	219.58					2.56			15.20	
	2.95	0.01	1.35		3.05			0.12	0.60		3.50	
	5.03	0.57	6.34		0.12						21.35	
	10.28	0.03	7.05		8.82		0.20				73.48	41.64
	8.41	0.03	2.17		4.51		0.20				53.19	0.73
	1.87		4.88		4.31						20.29	40.91
	-0.04					0.01			-0.10	-0.64	-0.01	
0.07	122.95	28.71	283.90	3.91	12.28		6.12	6.09	17.62	497.32	557.25	236.09

6－2　2005 年云南省地区

指标名称	煤合计	原煤	洗精煤	其它洗煤	煤制品	焦炭	焦炉煤气	其它煤气	石油合计	原油	汽油
甲	YC	1	2	3	4	5	6	7	YO	8	9
一．可供本地区消费的能源量	3873.89	3753.28	124.91	－4.18	－0.11	9.38			671.25	0.10	180.85
1. 年初库存量	194.79	147.60	44.12	2.94	0.14	37.60			30.51	0.04	10.46
2. 一次能源生产量	3689.88	3689.88							0.13	0.13	
3. 回收能									0.02		
4. 外省(区、市)调入量	647.08	363.83	272.84	10.41		128.11			693.17		186.71
5. 进口量											
6. 我轮．机在外国加油量									0.46		
7. 本省(区、市)调出量(－)	－447.48	－289.81	－152.40	－5.27		－82.58			－18.55		－0.35
8. 出口量(－)											
9. 外轮．机在我国加油量(－)									－0.46		
10. 年末库存量(－)	－210.39	－158.22	－39.65	－12.26	－0.26	－73.75			－34.02	－0.07	－15.96
二．加工转换投入(－)产出(＋)量	－2532.84	－2551.85	－60.81	73.53	6.29	1097.00	48.65	62.19	－2.64		
1. 火力发电	－1026.25	－1008.32	－0.14	－17.79		－7.82	－4.85	－20.51	－2.64		
2. 供热	－28.51	－28.51									
3. 煤炭洗选	－140.57	－729.16	495.72	92.87							
4. 炼焦	－1261.42	－767.52	－492.36	－1.54		1179.01					
5. 炼油											
6. 制气	－74.94	－10.91	－64.04				53.51	82.70			
其中：焦炭再投入量(－)						－74.19					
7. 煤制品加工	－1.16	－7.44			6.29						
三．损失量								7.56			
其中：运输和输配损失											
四．终端消费量	1341.05	1201.42	64.10	69.36	6.17	1106.37	49.45	54.64	668.66	0.10	180.91
(一)第一产业	97.88	97.88				0.40			29.40		9.31
1. 农．林．牧．渔业	97.88	97.88				0.40			29.40		9.31
(二)第二产业	1003.53	899.74	64.10	37.43	2.26	1102.94	37.04	54.15	75.65	0.10	13.73
1. 工业	990.59	887.17	64.10	37.07	2.26	1101.41	37.04	54.15	49.56	0.10	7.77
#用作原料．材料	99.71	98.16	0.53	1.02		67.87			1.51		
2. 建筑业	12.94	12.58		0.36		1.53			26.09		5.96
(三)第三产业	44.47	44.22		0.25		2.55			523.05		142.74
1. 交通运输．仓储和邮政业	14.05	13.80		0.25		0.59			493.66		131.00
2. 批发、零售业和住宿、餐饮业	14.27	14.27				0.33			11.70		4.34
3. 其他	16.16	16.16				1.62			17.68		7.40
(四)生活消费	195.17	159.57		31.68	3.92	0.49	12.41	0.49	40.56		15.13
1. 城镇	36.16	22.55		11.91	1.70	0.24	12.41	0.49	23.31		12.37
2. 乡村	159.01	137.02		19.77	2.21	0.24			17.25		2.75
五．平衡差额(＋、－)				－0.01		0.02	－0.80		－0.04		－0.06
六．消费量合计											

能源平衡表(标准量,万吨标准煤)

煤油	柴油	燃料油	液化石油气	炼厂干气	天然气	其它石油制品	其它焦化产品	热力		电力		其它能源	合计	
								当量值	等价值	当量值	等价值		当量值	等价值
10	11	12	13	14	15	16	17	18	19	20	21	22	23	24
42.24	413.67	5.59	21.05	0.02	81.40	7.73	-0.30			346.86	1151.24	236.09	5218.58	6022.95
1.13	15.71	1.23	0.33			1.61	0.55					0.77	264.23	264.23
					2.93					429.15	1424.37	236.05	4358.14	5353.36
				0.02									0.02	0.02
42.16	428.97	5.59	21.79		78.47	7.96				1.61	5.34		1548.44	1552.17
0.46													0.46	0.46
-0.03	-18.17									-79.89	-265.14		-628.49	-813.75
										-4.02	-13.34		-4.02	-13.34
-0.46													-0.46	-0.46
-1.02	-12.84	-1.23	-1.06			-1.84	-0.85					-0.73	-319.74	-319.74
	-2.64						20.45	16.94	28.51	337.99	1121.79	-59.72	-1011.98	-216.61
	-2.64									337.99	1121.79	-59.72	-783.80	
								16.94	28.51				-11.57	
													-140.57	-140.57
							20.45						-61.96	-61.96
													61.27	61.27
													-74.19	-74.19
													-1.16	-1.16
										63.38	210.36		70.94	217.91
										63.38	210.36		63.38	210.36
42.24	411.03	5.59	21.05		81.40	7.73	20.26	16.96	28.54	621.48	2062.71	176.37	4136.63	5589.45
0.63	19.45									10.80	35.86	64.58	203.06	228.12
0.63	19.45									10.80	35.86	64.58	203.06	228.12
1.25	50.15	5.59	0.50		78.74	4.33	19.57	16.96	28.54	471.15	1563.76	70.15	2929.87	4034.07
0.84	30.44	5.59	0.50		78.74	4.33	18.88	16.96	28.54	460.10	1527.09	70.15	2877.59	3956.16
		0.06			76.74	1.45	3.99					4.42	254.24	254.24
0.41	19.71						0.69			11.05	36.67		52.29	77.91
40.32	331.16		5.43			3.40	0.69			49.22	163.37		619.97	734.12
39.46	319.95					3.25				18.68	62.00		526.98	570.30
0.01	1.97		5.23			0.15	0.69			4.30	14.28		31.29	41.27
0.84	9.24		0.21							26.24	87.09		61.70	122.55
0.04	10.27		15.12		2.66					90.31	299.73	41.64	383.72	593.14
0.04	3.16		7.73		2.66					65.37	216.97	0.73	141.37	292.96
7.11		7.39							24.94	82.76	40.91	242.35	300.18	
				0.02			-0.12	-0.02	-0.04	-0.01	-0.04		-0.97	-1.01
													5219.55	6023.97

6－3 2006年云南省地区

指标名称	煤合计（万吨）	原煤（万吨）	洗精煤（万吨）	其它洗煤（万吨）	煤制品（万吨）	焦炭（万吨）	焦炉煤气（亿立方米）	其它煤气（亿立方米）	石油合计（万吨）
甲	1	2	3	4	5	6	7	8	9
一．可供本地区消费的能源量	7481.98	7355.16	129.31	－1.91	－0.58	18.34			520.62
1. 年初库存量	289.33	221.50	44.06	23.34	0.43	75.92			23.33
2. 一次能源生产量	7339.08	7339.08							0.08
3. 回收能									0.01
4. 外省(区、市)调入量	829.04	503.58	307.21	18.25		131.88			535.47
5. 进口量									
6. 我轮．机在外国加油量									0.37
7. 本省(区、市)调出量(－)	－611.34	－427.60	－165.42	－18.32		－91.85			－14.99
8. 出口量(－)									
9. 外轮．机在我国加油量(－)									－0.37
10. 年末库存量(－)	－364.13	－281.40	－56.54	－25.18	－1.01	－97.61			－23.28
二．加工转换投入(－)产出(＋)量	－4822.51	－4928.66	－51.80	133.60	24.35	1139.15	5.79	48.95	－3.00
1. 火力发电	－2781.68	－2735.88		－45.80		－1.31	－2.06	－19.15	－3.00
2. 供热	－7.56	－7.56							
3. 煤炭洗选	－302.36	－1214.99	733.23	179.40					
4. 炼焦	－1666.09	－946.91	－719.18			1233.67			
5. 炼油									
6. 制气	－66.51	－0.66	－65.85				7.86	68.10	
其中：焦炭再投入量(－)						－93.20			
7. 煤制品加工	1.69	－22.66			24.35				
三．损失量									
其中：运输和输配损失									
四．终端消费量	2659.49	2426.51	77.51	131.69	23.77	1157.49	5.79	49.03	517.61
(一)第一产业	200.64	200.64				0.42			21.60
1. 农．林．牧．渔业	200.64	200.64				0.42			21.60
(二)第二产业	2023.45	1857.27	77.51	71.74	16.92	1153.80	3.57	48.73	58.97
1. 工业	1996.95	1831.49	77.51	71.03	16.92	1152.26	3.57	48.73	37.74
#用作原料．材料		197.89	1.53	1.88	3.67	97.02			1.79
2. 建筑业	26.50	25.79		0.71		1.54			21.23
(三)第三产业	79.98	79.98				2.75			408.08
1. 交通运输．仓储和邮政业	24.96	24.96				0.64			384.96
2. 批发、零售业和住宿、餐饮业	25.80	25.80				0.36			8.88
3. 其他	29.22	29.22				1.75			14.24
(四)生活消费	355.42	288.61		59.95	6.86	0.53	2.22	0.30	28.96
1. 城镇	66.16	40.78		22.40	2.98	0.26	2.22	0.30	16.71
2. 乡村	289.26	247.83		37.55	3.87	0.26			12.25
五．平衡差额(＋、－)	－0.02	－0.01				0.01		－0.08	
六．消费量合计	7482.00	7355.17	862.54	177.49	23.77	1252.01	7.85	68.18	520.61

能源平衡表(实物量)

原油（万吨）	汽油（万吨）	煤油（万吨）	柴油（万吨）	燃料油（万吨）	液化石油气（万吨）	炼厂干气（万吨）	天然气（亿立方米）	其它石油制品（万吨）	其它焦化产品（万吨）	热力（万百万千焦）	电力（亿千瓦时）	其它能源（万吨标煤）
10	11	12	13	14	15	16	17	18	19	20	21	22
0.07	128.11	35.06	331.65	4.73	13.83	0.01	5.45	7.16	-15.13		247.70	135.87
0.05	10.85	0.69	8.81	0.86	0.62			1.45	0.74			0.73
0.08							0.24				355.72	136.01
						0.01						
	127.38	36.26	346.40	4.57	13.83		5.21	7.03			8.91	
		0.37										
	-0.26	-0.02	-14.70						-15.10		-109.32	
											-7.61	
		-0.37										
-0.06	-9.86	-1.87	-8.85	-0.70	-0.62			-1.32	-0.77			-0.87
			-3.00						34.95	150.53	397.91	-20.29
			-3.00								397.91	-20.29
										150.53		
									34.95			
											65.33	
											65.33	
0.07	128.12	35.06	328.66	4.72	13.83		5.45	7.16	19.82	150.53	580.29	115.58
	6.53	0.45	14.62								14.50	6.78
	6.53	0.45	14.62								14.50	6.78
0.07	9.83	0.88	39.00	4.72	0.31		5.25	4.16	19.25	150.53	452.68	60.65
0.07	5.47	0.57	22.44	4.72	0.31		5.25	4.16	18.68	150.53	441.58	60.65
		0.03	0.11	0.05			5.21	1.60	3.47			4.42
	4.36	0.31	16.56						0.57		11.10	
	100.45	33.71	267.28		3.64			3.00	0.57		36.40	
	91.67	33.10	257.32					2.87			12.57	
	3.25	0.01	1.99		3.51			0.13	0.57		8.10	
	5.53	0.60	7.97		0.13						15.73	
	11.31	0.02	7.76		9.88		0.20				76.71	48.15
	9.25	0.02	2.39		5.05		0.20				52.06	0.51
	2.06		5.37		4.83						24.65	47.64
			-0.01			0.01					-0.01	
0.07	128.12	35.06	331.66	4.72	13.83		5.45	7.16	19.82	150.53	645.62	135.87

6－4　2006 年云南省地区

指标名称	煤合计	原煤	洗精煤	其它洗煤	煤制品	焦炭	焦炉煤气	其它煤气	石油合计	原油	汽油
甲	YC	1	2	3	4	5	6	7	YO	8	9
一．可供本地区消费的能源量	4700.23	4585.20	116.38	－1.00	－0.35	17.82			763.01	0.10	188.50
1. 年初库存量	210.39	158.22	39.65	12.26	0.26	73.75			34.02	0.07	15.96
2. 一次能源生产量	4573.72	4573.72							0.11	0.11	
3. 回收能									0.02		
4. 外省（区、市）调入量	645.78	359.71	276.49	9.58		128.11			784.68		187.43
5. 进口量											
6. 我轮．机在外国加油量									0.54		
7. 本省（区、市）调出量（－）	－463.93	－305.43	－148.88	－9.62		－89.22			－21.84		－0.38
8. 出口量（－）											
9. 外轮．机在我国加油量（－）									－0.54		
10. 年末库存量（－）	－265.72	－201.00	－50.89	－13.22	－0.61	－94.81			－33.98	－0.09	－14.51
二．加工转换投入（－）产出（＋）量	－2964.48	－3002.64	－46.62	70.17	14.61	1106.57	35.59	62.90	－4.38		
1. 火力发电	－1460.39	－1436.34		－24.05		－1.28	－12.67	－24.61	－4.38		
2. 供热	－5.40	－5.40									
3. 煤炭洗选	－113.74	－867.87	659.91	94.22							
4. 炼焦	－1323.64	－676.38	－647.26			1198.38					
5. 炼油											
6. 制气	－59.74	－0.47	－59.26				48.26	87.51			
其中：焦炭再投入量（－）						－90.53					
7. 煤制品加工	－1.58	－16.19			14.61						
三．损失量											
其中：运输和输配损失											
四．终端消费量	1735.76	1582.57	69.76	69.17	14.26	1124.39	35.58	63.01	758.62	0.10	188.51
（一）第一产业	130.86	130.86				0.41			31.57		9.61
1. 农．林．牧．渔业	130.86	130.86				0.41			31.57		9.61
（二）第二产业	1328.90	1211.31	69.76	37.68	10.15	1120.80	21.93	62.62	85.24	0.10	14.46
1. 工业	1311.71	1194.49	69.76	37.30	10.15	1119.31	21.93	62.62	54.24	0.10	8.05
#用作原料．材料	133.62	129.06	1.37	0.99	2.20	94.25			2.29		
2. 建筑业	17.19	16.82		0.37		1.49			31.00		6.42
（三）第三产业	52.16	52.16				2.67			596.90		147.80
1. 交通运输．仓储和邮政业	16.28	16.28				0.62			562.17		134.88
2. 批发、零售业和住宿、餐饮业	16.83	16.83				0.35			13.87		4.77
3. 其他	19.06	19.06				1.70			20.86		8.14
（四）生活消费	223.83	188.23		31.49	4.11	0.51	13.65	0.39	44.90		16.64
1. 城镇	40.15	26.60		11.76	1.79	0.25	13.65	0.39	25.78		13.61
2. 乡村	183.68	161.64		19.72	2.32	0.25			19.12		3.03
五．平衡差额（＋、－）	－0.01	－0.01					0.01	－0.10	0.01		－0.01
六．消费量合计											

能源平衡表(标准量，万吨标准煤)

煤油	柴油	燃料油	液化石油气	炼厂干气	天然气	其它石油制品	其它焦化产品	热力		电力		其它能源	合计	
								当量值	等价值	当量值	等价值		当量值	等价值
10	11	12	13	14	15	16	17	18	19	20	21	22	23	24
51.58	483.25	6.75	23.71	0.02	72.48	9.09	-17.40			304.42	948.44	135.87	5976.42	6620.44
1.02	12.84	1.23	1.06			1.84	0.85					0.73	319.74	319.74
					3.18					437.18	1362.06	136.01	5150.21	6075.09
				0.02									0.02	0.02
53.35	504.73	6.53	23.71		69.29	8.93				10.94	34.10		1638.81	1661.96
0.54													0.54	0.54
-0.03	-21.43						-17.37			-134.35	-418.59		-726.72	-1010.95
										-9.35	-29.14		-9.35	-29.14
-0.54													-0.54	-0.54
-2.75	-12.89	-1.01	-1.06			-1.68	-0.89					-0.87	-396.27	-396.27
	-4.38						40.20	5.13	5.40	489.04	1523.61	-20.29	-1249.72	-214.87
	-4.38									489.04	1523.61	-20.29	-1034.58	
								5.13	5.40				-0.27	
													-113.74	-113.74
							40.20						-85.06	-85.06
													76.04	76.04
													-90.53	-90.53
													-1.58	-1.58
										80.29	250.15		80.29	250.15
										80.29	250.15		80.29	250.15
51.58	478.88	6.75	23.70		72.49	9.09	22.79	5.13	5.40	713.18	2221.93	115.58	4646.52	6155.55
0.66	21.30									17.82	55.52	6.78	187.44	225.14
0.66	21.30									17.82	55.52	6.78	187.44	225.14
1.29	56.83	6.75	0.53		69.83	5.28	22.14	5.13	5.40	556.34	1733.32	60.65	3333.58	4510.82
0.84	32.70	6.75	0.53		69.83	5.28	21.48	5.13	5.40	542.70	1690.81	60.65	3269.60	4417.98
0.04	0.16	0.06			69.35	2.03	3.99					4.42	307.93	307.93
0.45	24.13						0.66			13.64	42.50		63.98	92.84
49.60	389.45		6.24			3.81	0.66			44.74	139.38		697.13	791.77
48.70	374.94					3.64				15.45	48.13		594.52	627.20
0.01	2.90		6.01			0.17	0.66			9.95	31.01		41.66	62.72
0.88	11.61		0.23							19.33	60.23		60.96	101.86
0.03	11.30		16.93		2.66					94.28	293.72	48.15	428.37	627.81
0.03	3.48		8.66		2.66					63.98	199.34	0.51	147.37	282.73
	7.82		8.28							30.29	94.39	47.64	281.00	345.09
	-0.01		0.01	0.02	-0.01					-0.01	-0.03		-0.10	-0.12
													5976.53	6620.57

6－5　2007年云南省地区

指标名称	煤合计（万吨）	原煤（万吨）	洗精煤（万吨）	其它洗煤（万吨）	煤制品（万吨）	焦炭（万吨）	焦炉煤气（亿立方米）	其它煤气（亿立方米）	石油合计（万吨）
甲	1	2	3	4	5	6	7	8	9
一．可供本地区消费的能源量	7620.32	7454.23	478.20	－311.62	－0.49	192.99			602.04
1. 年初库存量	364.13	281.40	56.54	25.18	1.01	97.61			23.28
2. 一次能源生产量	7755.19	7755.19							0.10
3. 回收能									
4. 外省(区、市)调入量	1154.87	483.58	659.04	12.25		285.45			622.24
5. 进口量									
6. 我轮．机在外国加油量									0.35
7. 本省(区、市)调出量(－)	－1114.53	－608.02	－165.42	－341.09		－72.85			－12.70
8. 出口量(－)									
9. 外轮．机在我国加油量(－)									－0.35
10. 年末库存量(－)	－539.34	－457.92	－71.96	－7.96	－1.50	－117.22			－30.88
二．加工转换投入(－)产出(＋)量	－5130.13	－5122.72	－400.63	372.73	20.50	1089.05	6.06	79.65	－2.37
1. 火力发电	－3185.44	－3170.79		－14.64		－2.15	－1.80	－21.63	－2.29
2. 供热	－87.33	－84.63	－2.70						
3. 煤炭洗选	－207.81	－1266.09	670.91	387.37					
4. 炼焦	－1534.53	－561.54	－972.99			1184.40			
5. 炼油									
6. 制气	－117.29	－21.44	－95.85				7.86	101.28	－0.09
其中：焦炭再投入量(－)						－93.20			
7. 煤制品加工	2.27	－18.23			20.50				
三．损失量									
其中：运输和输配损失									
四．终端消费量	2490.33	2331.63	77.57	61.11	20.01	1282.04	6.06	79.65	599.82
(一)第一产业	205.64	205.64				0.38			23.03
1. 农．林．牧．渔业	205.64	205.64				0.38			23.03
(二)第二产业	1910.70	1796.18	77.57	22.42	14.53	1279.68	3.84	79.40	59.40
1. 工业	1884.30	1770.50	77.57	21.70	14.53	1278.14	3.84	79.40	38.46
#用作原料．材料		232.12	1.71	1.06	7.39	218.16			1.14
2. 建筑业	26.39	25.68		0.71		1.54			20.94
(三)第三产业	58.20	58.20				1.45			448.49
1. 交通运输．仓储和邮政业	24.96	24.96				0.64			415.50
2. 批发、零售业和住宿、餐饮业	16.82	16.82				0.26			18.81
3. 其他	16.42	16.42				0.55			14.19
(四)生活消费	315.79	271.61		38.69	5.48	0.53	2.22	0.25	68.89
1. 城镇	57.53	37.78		18.14	1.61	0.26	2.22	0.25	34.03
2. 乡村	258.26	233.83		20.55	3.87	0.26			34.86
五．平衡差额(＋、－)	－0.13	－0.13							－0.15
六．消费量合计	7620.45	7454.36	1149.12	75.75	20.01	1377.39	7.86	101.28	602.19

能源平衡表(实物量)

原油（万吨）	汽油（万吨）	煤油（万吨）	柴油（万吨）	燃料油（万吨）	液化石油气（万吨）	炼厂干气（万吨）	天然气（亿立方米）	其它石油制品（万吨）	其它焦化产品（万吨）	热力（万百万千焦）	电力（亿千瓦时）	其它能源（万吨标煤）
10	11	12	13	14	15	16	17	18	19	20	21	22
0.11	157.98	36.19	382.13	5.04	14.35		5.49	6.24	-27.48		271.97	157.49
0.06	9.86	1.87	8.85	0.70	0.62			1.32	0.77			0.87
0.10							0.20				430.96	159.36
	161.84	35.69	398.97	5.03	14.41		5.29	6.30			6.87	
		0.35										
	-2.20	-0.02	-10.48						-27.07		-140.30	
											-25.56	
		-0.35										
-0.05	-11.52	-1.35	-15.21	-0.69	-0.68			-1.38	-1.18			-2.74
			-2.29		-0.09				43.85	875.20	473.55	-50.30
			-2.29								473.55	-50.30
										875.20		
									43.85			
					-0.09							
											64.13	
											64.13	
0.11	158.11	36.18	379.86	5.04	14.27		5.49	6.24	16.37	875.20	681.39	107.19
	7.89	0.07	15.07								15.19	11.66
	7.89	0.07	15.07								15.19	11.66
0.11	7.40	0.25	41.90	5.04	0.13		5.29	4.56	15.80	875.19	537.65	82.69
0.11	4.03	0.24	24.34	5.04	0.13		5.29	4.56	15.23	875.19	525.22	82.69
	0.03	0.07	0.56	0.15			5.28	0.33	6.91			1.15
	3.37	0.01	17.56						0.57		12.43	
	99.98	35.84	306.84		4.15			1.68	0.57	0.01	41.97	
	78.82	35.23	299.87					1.58			13.10	
	11.86	0.01	2.99		3.92			0.03	0.57		10.94	
	9.30	0.60	3.99		0.23			0.07		0.01	17.93	
	42.84	0.02	16.04		9.99		0.20				86.58	12.84
	21.60	0.02	7.31		5.10		0.20				58.19	3.17
	21.24		8.73		4.89						28.39	9.67
	-0.13		-0.02		-0.01							
0.11	158.11	36.18	382.15	5.04	14.36		5.49	6.24	16.37	875.20	745.52	157.49

6－6　2007 年云南省地区

指标名称	煤合计	原煤	洗精煤	其它洗煤	煤制品	焦炭	焦炉煤气	其它煤气	石油合计	原油	汽油
甲	YC	1	2	3	4	5	6	7	YO	8	9
一．可供本地区消费的能源量	4884.49	4618.06	430.38	－163.66	－0.29	187.47			882.39	0.16	232.45
1. 年初库存量	265.72	201.00	50.89	13.22	0.61	94.81			33.98	0.09	14.51
2. 一次能源生产量	4833.03	4833.03							0.14	0.14	
3. 回收能											
4. 外省(区、市)调入量	944.99	345.42	593.14	6.43		277.29			911.88		238.13
5. 进口量											
6. 我轮．机在外国加油量									0.51		
7. 本省(区、市)调出量(－)	－762.33	－434.31	－148.88	－179.14		－70.77			－18.54		－3.24
8. 出口量(－)											
9. 外轮．机在我国加油量(－)									－0.51		
10. 年末库存量(－)	－396.94	－327.09	－64.76	－4.18	－0.90	－113.87			－45.07	－0.07	－16.95
二．加工转换投入(－)产出(＋)量	－3211.44	－3058.93	－360.57	195.76	12.30	1057.90	37.24	102.34	－3.48		
1. 火力发电	－1672.36	－1664.67		－7.69		－2.09	－11.04	－27.80	－3.33		
2. 供热	－62.88	－60.45	－2.43								
3. 煤炭洗选	－97.10	－904.37	603.82	203.45							
4. 炼焦	－1276.80	－401.11	－875.69			1150.53					
5. 炼油											
6. 制气	－101.58	－15.31	－86.26				48.28	130.14	－0.15		
其中：焦炭再投入量(－)						－90.53					
7. 煤制品加工	－0.72	－13.02			12.30						
三．损失量											
其中：运输和输配损失											
四．终端消费量	1673.13	1559.21	69.82	32.09	12.01	1245.37	37.24	102.35	879.13	0.16	232.65
(一)第一产业	137.52	137.52				0.37			33.67		11.61
1. 农．林．牧．渔业	137.52	137.52				0.37			33.67		11.61
(二)第二产业	1291.45	1201.15	69.82	11.77	8.72	1243.08	23.59	102.03	85.70	0.16	10.89
1. 工业	1273.90	1183.97	69.82	11.40	8.72	1241.59	23.59	102.03	55.14	0.16	5.93
#用作原料．材料	161.75	155.23	1.54	0.55	4.43	211.92			1.56		0.05
2. 建筑业	17.55	17.17		0.37		1.49			30.56		4.96
(三)第三产业	38.92	38.92				1.41			656.20		147.11
1. 交通运输．仓储和邮政业	16.69	16.69				0.62			606.76		115.98
2. 批发、零售业和住宿、餐饮业	11.25	11.25				0.25			28.58		17.45
3. 其他	10.98	10.98				0.53			20.86		13.68
(四)生活消费	205.24	181.63		20.32	3.29	0.51	13.65	0.32	103.56		63.03
1. 城镇	35.76	25.26		9.53	0.97	0.25	13.65	0.32	51.21		31.78
2. 乡村	169.49	156.37		10.79	2.32	0.25			52.36		31.25
五．平衡差额(＋、－)	－0.09	－0.09							－0.22		－0.19
六．消费量合计											

能源平衡表(标准量，万吨标准煤)

煤油	柴油	燃料油	液化石油气	炼厂干气	天然气	其它石油制品	其它焦化产品	热力		电力		其它能源	合计	
								当量值	等价值	当量值	等价值		当量值	等价值
10	11	12	13	14	15	16	17	18	19	20	21	22	23	24
53.25	556.80	7.21	24.60		73.02	7.92	-31.60			334.25	979.09	157.49	6487.49	7132.33
2.75	12.89	1.01	1.06			1.68	0.89					0.87	396.27	396.27
					2.66					529.65	1551.46	159.36	5524.85	6546.65
52.51	581.34	7.19	24.70		70.36	8.00				8.44	24.73		2212.95	2229.24
0.51													0.51	0.51
-0.03	-15.27						-31.13			-172.43	-505.08		-1055.20	-1387.85
										-31.41	-92.02		-31.41	-92.02
-0.51													-0.51	-0.51
-1.99	-22.16	-0.99	-1.17			-1.75	-1.36					-2.74	-559.98	-559.98
	-3.33		-0.15				50.43	29.84	62.88	581.99	1704.78	-50.30	-1405.48	-249.65
	-3.33									581.99	1704.78	-50.30	-1184.94	-62.15
								29.84	62.88				-33.04	
													-97.10	-97.10
							50.43						-75.84	-75.84
			-0.15										76.70	76.70
													-90.53	-90.53
													-0.72	-0.72
										78.82	230.87		78.82	230.87
										78.82	230.87		78.82	230.87
53.24	553.49	7.20	24.47		72.99	7.93	18.82	29.84	62.88	837.43	2453.01	107.19	5003.50	6652.12
0.10	21.96									18.67	54.68	11.66	201.89	237.90
0.10	21.96									18.67	54.68	11.66	201.89	237.90
0.37	61.06	7.20	0.22		70.33	5.79	18.17	29.84	62.88	660.77	1935.54	82.69	3607.66	4915.46
0.36	35.47	7.20	0.22		70.33	5.79	17.51	29.84	62.88	645.50	1890.80	82.69	3542.12	4820.46
0.10	0.81	0.18			70.22	0.42	7.95					1.15	454.56	454.56
0.01	25.59						0.66			15.28	44.75		65.53	95.01
52.73	447.10		7.11			2.13	0.66			51.58	151.09		748.76	848.27
51.84	436.94					2.01				16.10	47.16		640.17	671.23
0.01	4.36		6.72			0.04	0.66			13.45	39.38		54.18	80.12
0.88	5.81		0.39			0.09				22.04	64.55		54.41	96.92
0.03	23.37		17.13		2.66					106.41	311.69	12.84	445.19	650.47
0.03	10.65		8.74		2.66					71.52	209.48	3.17	178.53	316.50
	12.72		8.38							34.89	102.20	9.67	266.66	333.97
	-0.03	0.01	-0.01		0.02								-0.30	-0.30
													6487.79	7132.63

6－7　2008 年云南省地区

指标名称	煤合计（万吨）	原煤（万吨）	洗精煤（万吨）	其它洗煤（万吨）	煤制品（万吨）	焦炭（万吨）	焦炉煤气（亿立方米）	其它煤气（亿立方米）	石油合计（万吨）
甲	1	2	3	4	5	6	7	8	9
一．可供本地区消费的能源量	7915.94	7852.96	339.43	－276.98	0.53	－60.19		105.27	656.64
1. 年初库存量	539.34	457.92	71.96	7.96	1.50	117.22			30.88
2. 一次能源生产量	8657.43	8657.43							0.07
3. 回收能								105.27	
4. 外省（区、市）调入量	595.47	83.68	499.54	12.25		25.45			672.17
5. 进口量									
6. 我轮．机在外国加油量									0.35
7. 本省（区、市）调出量（－）	－1007.01	－590.50	－135.42	－281.09		－65.90			－13.79
8. 出口量（－）									－1.03
9. 外轮．机在我国加油量（－）									－0.35
10. 年末库存量（－）	－869.29	－755.57	－96.65	－16.10	－0.97	－136.96			－31.66
二．加工转换投入（－）产出（＋）量	－5242.47	－5292.65	－305.76	335.11	20.84	1387.66	14.36	－35.55	－2.41
1. 火力发电	－2823.96	－2766.85		－57.11		－2.74	－2.17	－35.71	－2.28
2. 供热	－46.44	－46.44							
3. 煤炭洗选	－390.97	－1654.65	871.47	392.22					
4. 炼焦	－1842.20	－795.97	－1046.23			1297.91	14.25		
5. 炼油									
6. 制气	－141.49	－10.49	－131.00			93.70	2.28	0.16	－0.13
其中：焦炭再投入量（－）						－1.21			
7. 煤制品加工	2.59	－18.25			20.84				
三．损失量									
其中：运输和输配损失									
四．终端消费量	2673.22	256	33.70	58.13	21.38	1327.48	14.36	70.61	654.16
（一）第一产业	205.28	205.28				0.38			23.01
1. 农．林．牧．渔业	205.28	205.28				0.38			23.01
（二）第二产业	2082.33	2009.12	33.70	23.50	16.01	1325.66	10.54	69.43	93.59
1. 工业	2053.12	1980.64	33.70	22.76	16.01	1324.04	10.54	69.43	58.39
#用作原料．材料		245.60	3.03	0.82	5.92	146.34			1.10
2. 建筑业	29.21	28.47		0.74		1.62			35.20
（三）第三产业	93.16	93.16				1.01		0.91	471.56
1. 交通运输．仓储和邮政业	18.75	18.75				0.45			430.42
2. 批发、零售业和住宿、餐饮业	43.89	43.89				0.13		0.47	17.15
3. 其他	30.52	30.52				0.43		0.44	23.99
（四）生活消费	292.45	252.45		34.63	5.37	0.43	3.82	0.27	66.00
1. 城镇	49.59	32.78		15.28	1.53	0.21	3.82	0.27	32.09
2. 乡村	242.86	219.67		19.35	3.84	0.22			33.91
五．平衡差额（＋、－）	0.25	0.30	－0.04	－0.01	－0.01			－0.89	0.07
六．消费量合计	7915.69	7852.66	1210.93	115.24	21.38	1331.43	16.53	106.32	656.57

能源平衡表(实物量)

原油（万吨）	汽油（万吨）	煤油（万吨）	柴油（万吨）	燃料油（万吨）	液化石油气（万吨）	炼厂干气（万吨）	天然气（亿立方米）	其它石油制品（万吨）	其它焦化产品（万吨）	热力（万百万千焦）	电力（亿千瓦时）	其它能源（万吨标煤）
10	11	12	13	14	15	16	17	18	19	20	21	22
0.11	178.86	38.19	411.95	5.21	14.60		5.27	7.71	-19.04		411.84	123.58
0.05	11.52	1.35	15.21	0.69	0.68			1.38	1.18			2.74
0.07							0.12				621.96	123.67
	183.58	38.12	423.09	5.14	14.50		5.15	7.73			2.44	
		0.35										
	-3.99	-0.02	-9.78						-19.17		-181.00	
			-1.03								-31.56	
		-0.35										
-0.01	-12.25	-1.26	-15.54	-0.62	-0.58			-1.40	-1.05			-2.83
			-2.28		-0.13				46.12	416.63	417.60	-42.63
			-2.28								417.60	-42.63
										416.63		
									42.48			
					-0.13				8.96			
									-5.32			
											66.69	
											66.69	
0.06	178.86	38.19	409.67	5.20	14.47		5.28	7.71	27.08	416.64	762.75	80.95
	8.29	0.07	14.65								13.16	11.66
	8.29	0.07	14.65								13.16	11.66
0.06	19.86	1.42	60.85	5.20	0.27		5.08	5.93	26.54	416.63	596.75	57.43
0.06	7.72	0.20	39.00	5.20	0.27		5.08	5.93	25.87	416.63	583.83	57.43
	0.04	0.05	0.15	0.06	0.02		4.97	0.79				3.21
	12.13	1.21	21.85						0.67		12.92	
	105.71	36.68	323.33		4.06		0.02	1.78	0.54	0.01	46.25	
	80.78	35.19	312.75		0.02			1.68			14.24	
	9.31	0.85	4.36		2.60		0.01	0.03	0.52		11.99	
	15.62	0.64	6.23		1.44		0.01	0.07	0.02	0.01	20.02	
	45.01	0.02	10.84		10.13		0.18				106.59	11.86
	22.80	0.01	4.11		5.17		0.18				71.09	2.17
	22.21	0.01	6.73		4.96						35.51	9.69
0.05				0.01						-0.01		
0.05		38.19	411.95	5.20	14.60		5.28	7.71	32.40	416.64	829.44	123.58

6－8　2008 年云南省地区

指标名称	煤合计	原煤	洗精煤	其它洗煤	煤制品	焦炭	焦炉煤气	其它煤气	石油合计	原油	汽油
甲	YC	1	2	3	4	5	6	7	YO	8	9
一．可供本地区消费的能源量	4816.52	4656.18	305.49	－145.47	0.32	－58.47		135.27	962.06	0.16	263.18
1. 年初库存量	396.94	327.09	64.76	4.18	0.90	113.87			45.07	0.07	16.95
2. 一次能源生产量	5230.82	5230.82							0.10	0.10	
3. 回收能								135.27			
4. 外省(区、市)调入量	515.79	59.77	449.59	6.43		24.72			984.73		270.12
5. 进口量											
6. 我轮．机在外国加油量									0.51		
7. 本省(区、市)调出量(－)	－691.30	－421.79	－121.88	－147.63		－64.02			－20.16		－5.87
8. 出口量(－)									－1.50		
9. 外轮．机在我国加油量(－)									－0.51		
10. 年末库存量(－)	－635.73	－539.70	－86.99	－8.46	－0.58	－133.04			－46.19	－0.01	－18.02
二．加工转换投入(－)产出(＋)量	－3343.46	－3256.78	－275.19	176.00	12.50	1347.98	88.21	－45.68	－3.55		
1. 火力发电	－1482.59	－1452.60		－29.99		－2.66	－13.33	－45.89	－3.32		
2. 供热	－33.17	－33.17									
3. 煤炭洗选	－191.60	－1181.92	784.32	205.99							
4. 炼焦	－1510.17	－568.56	－941.61			1260.79	87.54				
5. 炼油											
6. 制气	－125.39	－7.49	－117.90			91.02	14.01	0.21	－0.22		
其中：焦炭再投入量(－)						－1.18					
7. 煤制品加工	－0.53	－13.04			12.50						
三．损失量											
其中：运输和输配损失											
四．终端消费量	1472.93	1399.24	30.33	30.53	12.83	1289.51	88.21	90.74	958.41	0.09	263.18
(一)第一产业	112.20	112.20				0.37			33.65		12.20
1. 农．林．牧．渔业	112.20	112.20				0.37			33.65		12.20
(二)第二产业	1150.42	1098.14	30.33	12.34	9.60	1287.75	64.75	89.22	135.48	0.09	29.22
1. 工业	1134.47	1082.58	30.33	11.96	9.60	1286.17	64.75	89.22	84.00	0.09	11.37
#用作原料．材料	140.94	134.24	2.72	0.43	3.55	142.16			1.45		0.06
2. 建筑业	15.95	15.56		0.39		1.57			51.48		17.85
(三)第三产业	50.92	50.92				0.98		1.17	689.86		155.54
1. 交通运输．仓储和邮政业	10.25	10.25				0.44			628.51		118.86
2. 批发、零售业和住宿、餐饮业	23.99	23.99				0.12		0.61	25.79		13.70
3. 其他	16.68	16.68				0.42		0.56	35.55		22.98
(四)生活消费	159.39	137.98		18.19	3.22	0.42	23.47	0.35	99.42		66.23
1. 城镇	26.86	17.92		8.03	0.92	0.20	23.47	0.35	48.41		33.55
2. 乡村	132.53	120.07		10.16	2.30	0.21			51.00		32.68
五．平衡差额(＋、－)	0.12	0.16	－0.03					－1.15	0.10	0.08	
六．消费量合计											

能源平衡表(标准量，万吨标准煤)

煤油	柴油	燃料油	液化石油气	炼厂干气	天然气	其它石油制品	其它焦化产品	热力		电力		其它能源	合计	
								当量值	等价值	当量值	等价值		当量值	等价值
10	11	12	13	14	15	16	17	18	19	20	21	22	23	24
56.19	600.26	7.44	25.03		70.15	9.79	-21.90			506.16	1482.64	123.58	6533.37	7509.85
1.99	22.16	0.99	1.17			1.75	1.36					2.74	559.98	559.98
					1.66					764.39	2239.06	123.67	6120.64	7595.31
													135.27	135.27
56.10	616.49	7.34	24.86		68.50	9.82				3.00	8.80		1596.74	1602.53
0.51													0.51	0.51
-0.03	-14.25						-22.05			-222.45	-651.62		-1019.97	-1449.13
	-1.50									-38.78	-113.61		-40.28	-115.11
-0.51													-0.51	-0.51
-1.85	-22.64	-0.89	-0.99			-1.78	-1.21					-2.83	-819.00	-819.00
	-3.32		-0.22				53.04	14.21	33.17	513.23	1503.36	-42.63	-1418.65	-409.56
	-3.32									513.23	1503.36	-42.63	-1077.19	-87.06
								14.21	33.17				-18.96	
													-191.60	-191.60
							48.85						-112.99	-112.99
			-0.22				10.30						-10.08	-10.08
							-6.12						-7.29	-7.29
													-0.53	-0.53
										81.96	240.08		81.96	240.08
										81.96	240.08		81.96	240.08
56.19	596.93	7.43	24.80		70.20	9.80	31.15	14.21	33.17	937.42	2745.91	80.95	5033.73	6861.18
0.10	21.35									16.18	47.38	11.66	174.06	205.26
0.10	21.35									16.18	47.38	11.66	174.06	205.26
2.08	88.66	7.43	0.47		67.56	7.54	30.53	14.21	33.17	733.41	2148.30	57.43	3630.75	5064.61
0.30	56.82	7.43	0.47		67.56	7.54	29.76	14.21	33.17	717.53	2101.79	57.43	3545.10	4948.32
0.07	0.22	0.06	0.03		66.12	1.00						3.21	353.89	353.89
1.78	31.84						0.77			15.88	46.52		85.66	116.29
53.97	471.13		6.97		0.24	2.26	0.62			56.84	166.49		800.62	910.28
51.78	455.71		0.03			2.13				17.50	51.25		656.70	690.45
1.26	6.35		4.46		0.14	0.04	0.60			14.73	43.16		65.99	94.41
0.94	9.07		2.48		0.10	0.09	0.02			24.61	72.08		77.94	125.41
0.03	15.79		17.37		2.39					131.00	383.73	11.86	428.30	681.03
0.01	5.99		8.86		2.39					87.37	255.91	2.17	191.22	359.77
0.01	9.81		8.50							43.64	127.82	9.69	237.08	321.26
0.01		0.01	0.01		-0.05	-0.01					0.01		-0.98	-0.97
													6534.34	7510.82

6－9 2009年云南省地区

指标名称	煤合计（万吨）	原煤（万吨）	洗精煤（万吨）	其它洗煤（万吨）	煤制品（万吨）	焦炭（万吨）	焦炉煤气（亿立方米）	其它煤气（亿立方米）	石油合计（万吨）
甲	1	2	3	4	5	6	7	8	9
一．可供本地区消费的能源量	8885.40	8521.79	648.35	－283.16	－1.58	－180.22		144.74	697.68
1. 年初库存量	869.29	755.57	96.65	16.10	0.97	136.96			31.66
2. 一次能源生产量	8921.02	8921.02							0.05
3. 回收能								144.74	
4. 外省（区、市）调入量	805.80	85.38	715.17	5.25		25.45			710.91
5. 进口量									
6. 我轮．机在外国加油量									0.37
7. 本省（区、市）调出量（－）	－985.12	－638.11	－55.42	－291.59		－235.83			－13.79
8. 出口量（－）									－0.86
9. 外轮．机在我国加油量（－）									－0.37
10. 年末库存量（－）	－725.59	－602.07	－108.05	－12.92	－2.55	－106.80			－30.29
二．加工转换投入（－）产出（＋）量	－5694.31	－5456.01	－610.31	348.92	23.09	1454.74	15.46	－48.58	－0.56
1. 火力发电	－3356.36	－3311.44		－44.92		－1.63	－2.48	－48.61	－0.49
2. 供热	－24.02	－24.02							
3. 煤炭洗选	－353.36	－1574.28	826.25	394.66					
4. 炼焦	－1797.60	－515.57	－1281.20	－0.82		1346.44	15.16		
5. 炼油									
6. 制气	－165.84	－10.49	－155.35			110.09	2.78	0.03	－0.07
其中：焦炭再投入量（－）						－0.15			
7. 煤制品加工	2.87	－20.22			23.09				
三．损失量									
其中：运输和输配损失									
四．终端消费量	3191.30	3065.99	38.00	65.77	21.54	1274.55	15.46	96.25	697.31
（一）第一产业	223.46	223.46				0.38			20.44
1. 农．林．牧．渔业	223.46	223.46				0.38			20.44
（二）第二产业	2526.15	2448.98	38.00	23.46	15.71	1273.77	14.58	95.25	117.98
1. 工业	2505.71	2428.93	38.00	23.08	15.71	1273.77	14.58	95.24	71.73
#用作原料．材料		284.78	2.80	0.40	1.23	113.90			0.64
2. 建筑业	20.44	20.06		0.38				0.01	46.25
（三）第三产业	101.92	101.92						0.73	491.23
1. 交通运输．仓储和邮政业	18.33	18.33							442.66
2. 批发、零售业和住宿、餐饮业	51.80	51.80						0.62	26.36
3. 其他	31.79	31.79						0.10	22.21
（四）生活消费	339.78	291.63		42.31	5.84	0.40	0.88	0.27	67.65
1. 城镇	81.80	60.94		18.96	1.90	0.19	0.88	0.27	33.41
2. 乡村	257.98	230.69		23.35	3.94	0.21			34.24
五．平衡差额（＋、－）	－0.21	－0.20	0.04	－0.01	－0.03	－0.03		－0.09	－0.19
六．消费量合计	8885.61	8522.00	1474.56	111.51	21.54	1276.33	17.94	144.86	697.87

能源平衡表(实物量)

原油(万吨)	汽油(万吨)	煤油(万吨)	柴油(万吨)	燃料油(万吨)	液化石油气(万吨)	炼厂干气(万吨)	天然气(亿立方米)	其它石油制品(万吨)	其它焦化产品(万吨)	热力(万百万千焦)	电力(亿千瓦时)	其它能源(万吨标煤)
10	11	12	13	14	15	16	17	18	19	20	21	22
0.05	193.31	37.23	437.64	5.09	17.07		4.53	7.29	-40.91		343.12	215.10
0.01	12.25	1.26	15.54	0.62	0.58			1.40	1.05			2.83
0.05							0.02				625.75	215.85
	197.12	37.73	446.30	5.16	17.03		4.51	7.56			3.65	
											15.28	
		0.37										
	-3.99	-0.02	-9.78						-39.57		-260.14	
			-0.86								-41.42	
		-0.37										
-0.02	-12.07	-1.74	-13.56	-0.69	-0.54			-1.67	-2.39			-3.58
			-0.49		-0.07				57.78	271.09	548.07	-49.01
			-0.49								548.07	-49.01
										271.09		
									51.92			
					-0.07				14.72			
									-8.85			
											65.40	
											65.40	
0.07	193.27	37.24	437.21	5.16	17.02		4.52	7.34	16.78	271.10	825.79	166.09
	7.72	0.07	12.64								9.66	22.79
	7.72	0.07	12.64								9.66	22.79
0.07	24.83	1.27	80.67	5.16	0.42		4.29	5.56	16.78	271.09	627.49	86.44
0.07	10.33	0.24	50.01	5.16	0.35		4.29	5.56	16.11	271.09	613.36	86.44
	0.03	0.03	0.15				4.18	0.44				1.67
	14.51	1.03	30.65		0.06				0.67		14.12	
	115.64	35.87	332.80		5.14		0.05	1.78		0.01	53.58	
	89.02	34.38	317.53		0.04			1.68			14.59	
	11.88	1.43	8.83		4.19		0.04	0.03			14.83	
	14.73	0.06	6.44		0.91		0.01	0.07		0.01	24.15	
	45.08	0.02	11.09		11.46		0.18				135.06	56.86
	22.83	0.01	4.16		6.41		0.18				88.05	25.40
	22.25	0.01	6.93		5.05						47.01	31.46
-0.02	0.04	-0.01	-0.06	-0.07	-0.02			-0.05	0.09	-0.01		
0.07	193.27	37.24	437.70	5.16	17.09		4.52	7.34	25.63	271.10	891.19	215.10

6－10 2009年云南省地区

指标名称	煤合计	原煤	洗精煤	其它洗煤	煤制品	焦炭	焦炉煤气	其它煤气	石油合计	原油	汽油
甲	YC	1	2	3	4	5	6	7	YO	8	9
一．可供本地区消费的能源量	5538.76	5104.91	583.51	－148.72	－0.95	－175.06		185.99	1022.76	0.07	284.44
1. 年初库存量	635.73	539.70	86.99	8.46	0.58	133.04			46.19	0.01	18.02
2. 一次能源生产量	5390.08	5390.08							0.07	0.07	
3. 回收能								185.99			
4. 外省(区、市)调入量	707.40	60.99	643.65	2.76		24.72			1042.04		290.05
5. 进口量											
6. 我轮．机在外国加油量									0.54		
7. 本省(区、市)调出量(－)	－658.82	－455.80	－49.88	－153.14		－229.09			－20.16		－5.87
8. 出口量(－)									－1.25		
9. 外轮．机在我国加油量(－)									－0.54		
10. 年末库存量(－)	－535.62	－430.06	－97.25	－6.79	－1.53	－103.74			－44.13	－0.02	－17.76
二．加工转换投入(－)产出(＋)量	－3697.72	－3345.54	－549.28	183.25	13.85	1413.14	94.94	－62.42	－0.83		
1. 火力发电	－1837.27	－1813.67		－23.59		－1.58	－15.26	－62.46	－0.71		
2. 供热	－17.16	－17.16									
3. 煤炭洗选	－173.60	－1124.51	743.62	207.28							
4. 炼焦	－1521.79	－368.27	－1153.08	－0.43		1307.93	93.10				
5. 炼油											
6. 制气	－147.31	－7.49	－139.82			106.94	17.10	0.04	－0.12		
其中：焦炭再投入量(－)						－0.15					
7. 煤制品加工	－0.59	－14.44			13.85						
三．损失量											
其中：运输和输配损失											
四．终端消费量	1841.15	1759.49	34.20	34.54	12.93	1238.10	94.96	123.68	1022.20	0.09	284.38
(一)第一产业	128.24	128.24				0.37			29.89		11.36
1. 农．林．牧．渔业	128.24	128.24				0.37			29.89		11.36
(二)第二产业	1461.35	1405.40	34.20	12.32	9.42	1237.34	89.55	122.40	171.20	0.09	36.54
1. 工业	1449.64	1393.90	34.20	12.12	9.42	1237.34	89.55	122.38	103.57	0.09	15.19
#用作原料．材料	166.90	163.43	2.52	0.21	0.74	110.64			0.86		0.04
2. 建筑业	11.71	11.51		0.20				0.02	67.63		21.35
(三)第三产业	58.49	58.49						0.93	718.93		170.15
1. 交通运输．仓储和邮政业	10.52	10.52							646.46		130.99
2. 批发、零售业和住宿、餐饮业	29.73	29.73						0.80	39.68		17.48
3. 其他	18.24	18.24						0.13	32.79		21.68
(四)生活消费	193.08	167.36		22.22	3.50	0.39	5.41	0.35	102.17		66.33
1. 城镇	46.07	34.97		9.96	1.14	0.18	5.41	0.35	50.66		33.59
2. 乡村	147.01	132.39		12.26	2.36	0.20			51.51		32.74
五．平衡差额(＋、－)	－0.11	－0.12	0.04	－0.01	－0.02	－0.03	－0.01	－0.11	－0.27	－0.03	0.06
六．消费量合计											

能源平衡表(标准量，万吨标准煤)

煤油	柴油	燃料油	液化石油气	炼厂干气	天然气	其它石油制品	其它焦化产品	热力		电力		其它能源	合计	
								当量值	等价值	当量值	等价值		当量值	等价值
10	11	12	13	14	15	16	17	18	19	20	21	22	23	24
54.77	637.68	7.28	29.26		60.21	9.26	-47.05			421.69	1231.00	215.10	7222.40	8031.70
1.85	22.64	0.89	0.99			1.78	1.21					2.83	819.00	819.00
					0.22					769.04	2244.98	215.85	6375.27	7851.21
													185.99	185.99
55.52	650.30	7.38	29.19		59.98	9.60				4.49	13.10		1838.63	1847.24
										18.78	54.83		18.78	54.83
0.54													0.54	0.54
-0.03	-14.25						-45.51			-319.71	-933.30		-1273.28	-1886.87
	-1.25									-50.91	-148.61		-52.16	-149.86
-0.54													-0.54	-0.54
-2.57	-19.76	-0.99	-0.93			-2.12	-2.75					-3.58	-689.83	-689.83
	-0.71		-0.12				66.45	9.24	17.16	673.58	1966.29	-49.01	-1552.63	-252.00
	-0.71									673.58	1966.29	-49.01	-1292.72	
								9.24	17.16				-7.91	
													-173.60	-173.60
							59.70						-61.05	-61.05
			-0.12				16.93						-6.43	-6.43
							-10.18						-10.33	-10.33
													-0.59	-0.59
										80.38	234.64		80.38	234.64
										80.38	234.64		80.38	234.64
54.79	637.05	7.38	29.18		60.14	9.33	19.30	9.24	17.16	1014.89	2962.64	166.09	5589.75	7545.42
0.11	18.42									11.87	34.65	22.79	193.16	215.93
0.11	18.42									11.87	34.65	22.79	193.16	215.93
1.87	117.54	7.38	0.71		57.11	7.07	19.30	9.24	17.16	771.18	2251.22	86.44	4025.11	5513.06
0.36	72.88	7.38	0.61		57.11	7.07	18.52	9.24	17.16	753.82	2200.54	86.44	3927.62	5382.26
0.04	0.22				55.65	0.56						1.67	335.72	335.72
1.51	44.67		0.11				0.77			17.36	50.68		97.49	130.80
52.78	484.93		8.81		0.64	2.26				65.85	192.22		844.84	971.21
50.59	462.68		0.07			2.13				17.93	52.34		674.92	709.33
2.11	12.87		7.18		0.57	0.04				18.23	53.22		89.00	123.99
0.08	9.39		1.55		0.08	0.09				29.69	86.66		80.92	137.90
0.03	16.16		19.65		2.39					165.99	484.56	56.86	526.64	845.21
0.01	6.06		11.00		2.39					108.22	315.90	25.40	238.68	446.36
0.01	10.10		8.66							57.78	168.66	31.46	287.96	398.85
-0.01	-0.09	-0.10	-0.03		0.06	-0.07	0.10				0.01		-0.36	-0.36
													7222.76	8032.06

6－11　2010年云南省地区

指标名称	煤合计（万吨）	原煤（万吨）	洗精煤（万吨）	其它洗煤（万吨）	煤制品（万吨）	焦炭（万吨）	焦炉煤气（亿立方米）	其它煤气（亿立方米）	石油合计（万吨）
甲	1	2	3	4	5	6	7	8	9
一．可供本地区消费的能源量	9349.42	9027.61	683.93	－348.79	－13.34	－376.05		146.36	899.05
1. 年初库存量	725.59	602.07	108.05	12.92	2.55	106.80			30.29
2. 一次能源生产量	9763.38	9763.38							0.04
3. 回收能								146.36	
4. 外省（区、市）调入量	1147.86	402.60	740.53	4.73		21.28			920.78
5. 进口量									
6. 我轮．机在外国加油量									0.34
7. 本省（区、市）调出量（－）	－1308.90	－909.60	－42.72	－356.58		－430.21			－17.49
8. 出口量（－）									－2.19
9. 外轮．机在我国加油量（－）									－0.34
10. 年末库存量（－）	－978.52	－830.84	－121.93	－9.86	－15.88	－73.92			－32.38
二．加工转换投入（－）产出（＋）量	－6059.05	－5911.86	－643.85	414.26	82.40	1606.66	18.83	－49.55	－0.85
1. 火力发电	－3384.19	－3345.11		－39.08			－3.25	－49.83	－0.76
2. 供热	－29.11	－29.11							－0.02
3. 煤炭洗选	－452.71	－1907.68	990.63	464.34					
4. 炼焦	－1959.80	－518.96	－1429.84	－11.00		1460.78	19.11		
5. 炼油及煤制油									
其中：油品再投入量（－）									
6. 制气	－237.44	－31.84	－204.64		－0.96	146.48	2.97	0.28	－0.07
其中：焦炭再投入量（－）						－0.60			
7. 天然气液化									
8. 煤制品加工	4.20	－79.16			83.36				
三．损失量									
其中：运输和输配损失									
四．终端消费量	3290.35	3115.74	40.09	65.46	69.05	1230.61	18.83	96.81	898.26
（一）第一产业	220.24	219.65			0.59	1.35			25.12
1. 农．林．牧．渔业	220.24	219.65			0.59	1.35			25.12
（二）第二产业	2631.69	2504.98	40.09	24.95	61.67	1228.93	14.67	96.53	178.45
1. 工业	2611.74	2485.40	40.09	24.58	61.67	1228.93	14.67	96.53	123.44
#用作原料．材料	320.04	317.00	2.23	0.01	0.80	81.39	0.05		21.45
2. 建筑业	19.95	19.58		0.37					55.01
（三）第三产业	103.09	102.03			1.06		1.13		615.18
1. 交通运输．仓储和邮政业	18.38	18.38							555.84
2. 批发、零售业和住宿、餐饮业	53.76	52.80			0.96		1.03		32.15
3. 其他	30.95	30.85			0.10		0.10		27.19
（四）生活消费	335.33	289.09		40.51	5.73	0.33	3.03	0.28	79.51
1. 城镇	78.91	58.94		18.16	1.81	0.21	3.03	0.20	39.92
2. 乡村	256.42	230.15		22.35	3.92	0.12		0.08	39.59
五．平衡差额（＋、－）	0.02	0.01	－0.01	0.01	0.01				－0.06
六．消费量合计	9349.40	9027.60	1674.57	115.54	70.01	1231.21	22.08	146.64	899.11

能源平衡表(实物量)

原油 (万吨)	汽油 (万吨)	煤油 (万吨)	柴油 (万吨)	燃料油 (万吨)	液化石油气 (万吨)	炼厂干气 (万吨)	天然气 (亿立方米)	其它 石油制品 (万吨)	其它 焦化产品 (万吨)	热力 (万百 万千焦)	电力 (亿千瓦时)	其它能源 (万吨标煤)
10	11	12	13	14	15	16	17	18	19	20	21	22
0. 04	232. 49	47. 44	562. 04	5. 61	22. 43		3. 64	29. 00	-51. 58	449. 85	457. 58	117. 95
0. 02	12. 07	1. 74	13. 56	0. 69	0. 54			1. 67	2. 39			3. 58
0. 04							0. 06				818. 36	117. 87
										449. 85		0. 08
	240. 94	47. 53	574. 18	5. 66	22. 63		3. 58	29. 82			4. 02	
											17. 20	
		0. 34										
	-4. 70	-0. 01	-12. 78						-50. 81		-325. 71	
	-0. 92		-1. 27								-56. 29	
		-0. 34										
-0. 01	-14. 90	-1. 83	-11. 65	-0. 75	-0. 74			-2. 50	-3. 17			-3. 58
			-0. 78		-0. 07				77. 24	-40. 76	546. 49	-42. 32
			-0. 76							-448. 49	546. 49	-42. 32
			-0. 02							407. 73		
									63. 93			
					-0. 07				24. 54			
									-11. 23			
											71. 84	
											71. 84	
0. 06	232. 49	47. 44	561. 26	5. 62	22. 38		3. 64	29. 00	25. 66	409. 10	932. 23	75. 63
	8. 56	0. 08	16. 42		0. 06		0. 01				10. 66	
	8. 56	0. 08	16. 42		0. 06		0. 01				10. 66	
0. 06	29. 93	1. 37	112. 23	5. 62	0. 45		3. 34	28. 79	25. 66	409. 09	716. 52	65. 04
0. 06	12. 78	0. 25	75. 56	5. 62	0. 38		3. 34	28. 79	24. 97	409. 09	698. 42	65. 04
	0. 04	0. 03	0. 11				3. 34	21. 27	0. 17			1. 34
	17. 15	1. 12	36. 67		0. 07				0. 69		18. 10	
	142. 67	45. 97	420. 19		6. 14		0. 07	0. 21		0. 01	65. 09	
	111. 51	44. 38	399. 68		0. 06		0. 01	0. 21			15. 96	
	14. 48	1. 52	11. 17		4. 98		0. 05				19. 25	
	16. 68	0. 07	9. 34		1. 10		0. 01			0. 01	29. 88	
	51. 33	0. 02	12. 43		15. 73		0. 23				139. 95	10. 59
	27. 09	0. 01	4. 72		8. 10		0. 22				94. 55	1. 28
	24. 24	0. 01	7. 71		7. 63		0. 01				45. 40	9. 31
-0. 02		-0. 01		-0. 01	-0. 02				-0. 01	-0. 01		
0. 06	232. 49	47. 44	562. 04	5. 62	22. 45		3. 64	29. 00	36. 89	857. 59	1004. 07	117. 95

6－12　2010年云南省地区

指标名称	煤合计	原煤	洗精煤	其它洗煤	煤制品	焦炭	焦炉煤气	其它煤气	石油合计	原油	汽油
甲	YC	1	2	3	4	5	6	7	YO	8	9
一．可供本地区消费的能源量	5809.43	5373.89	613.01	－167.94	－9.53	－337.20		197.77	1310.27	0.06	342.09
1. 年初库存量	444.93	340.04	96.85	6.22	1.82	95.77			43.91	0.02	17.76
2. 一次能源生产量	5875.86	5875.86							0.06	0.06	
3. 回收能								197.77			
4. 外省(区、市)调入量	910.11	244.10	663.74	2.28		19.08			1341.85		354.52
5. 进口量											
6. 我轮．机在外国加油量									0.50		
7. 本省(区、市)调出量(－)	－826.85	－616.86	－38.29	－171.69		－385.77			－25.55		－6.92
8. 出口量(－)									－3.20		－1.35
9. 外轮．机在我国加油量(－)									－0.50		
10. 年末库存量(－)	－594.62	－469.24	－109.29	－4.75	－11.34	－66.28			－46.79	－0.02	－21.93
二．加工转换投入(－)产出(＋)量	－3810.74	－3491.98	－577.08	199.47	58.86	1440.69	113.26	－67.01	－1.26		
1. 火力发电	－1742.34	－1723.52		－18.82			－19.55	－67.51	－1.11		
2. 供热	－18.21	－18.21							－0.03		
3. 煤炭洗选	－238.76	－1350.24	887.90	223.58							
4. 炼焦	－1614.05	－327.18	－1281.57	－5.30		1309.88	114.95				
5. 炼油及煤制油											
其中：油品再投入量(－)											
6. 制气	－194.45	－10.34	－183.42		－0.69	131.35	17.86	0.50	－0.12		
其中：焦炭再投入量(－)						－0.54					
7. 天然气液化											
8. 煤制品加工	－2.94	－62.48			59.54						
三．损失量											
其中：运输和输配损失											
四．终端消费量	1998.69	1881.91	35.93	31.52	49.33	1103.49	113.26	130.76	1309.11	0.08	342.09
(一)第一产业	102.62	102.20			0.42	1.21			36.74		12.60
1. 农．林．牧．渔业	102.62	102.20			0.42	1.21			36.74		12.60
(二)第二产业	1630.57	1538.57	35.93	12.01	44.05	1101.98	88.24	130.27	251.08	0.08	44.04
1. 工业	1614.94	1523.11	35.93	11.84	44.05	1101.98	88.24	130.27	170.65	0.08	18.80
#用作原料．材料	204.06	201.48	2.00		0.57	72.98	0.31		24.18		0.06
2. 建筑业	15.63	15.45		0.18					80.43		25.23
(三)第三产业	81.29	80.53			0.76		6.80		900.64		209.93
1. 交通运输．仓储和邮政业	14.51	14.51							812.15		164.08
2. 批发、零售业和住宿、餐饮业	42.36	41.68			0.69		6.20		48.35		21.31
3. 其他	24.42	24.35			0.07		0.60		40.14		24.54
(四)生活消费	184.21	160.61		19.51	4.09	0.30	18.23	0.49	120.63		75.53
1. 城镇	47.81	37.78		8.74	1.29	0.19	18.23	0.36	60.64		39.86
2. 乡村	136.40	122.84		10.76	2.80	0.11		0.13	59.99		35.66
五．平衡差额(＋、－)	0.01	0.01	－0.01	0.01	0.01				－0.09	－0.03	
六．消费量合计											

能源平衡表（标准量，万吨标准煤）

煤油	柴油	燃料油	液化石油气	炼厂干气	天然气	其它石油制品	其它焦化产品	热力	电力		其它能源	合计	
									当量值	等价值		当量值	等价值
10	11	12	13	14	15	16	17	18	19	20	21	22	23
69.80	818.95	8.01	38.45		48.41	32.91	-68.87	15.34	562.36	1580.93	117.95	7655.46	8674.03
2.57	19.76	0.99	0.93			1.90	3.20				3.58	591.38	591.38
					0.80				1005.76	2827.44	117.87	7000.36	8822.03
								15.34			0.08	213.19	213.19
69.94	836.64	8.09	38.79		47.61	33.85			4.94	13.88		2323.59	2332.54
									21.14	59.42		21.14	59.42
0.50												0.50	0.50
-0.01	-18.62						-67.84		-400.30	-1125.34		-1706.30	-2431.34
	-1.85								-69.18	-194.47		-72.38	-197.68
-0.50												-0.50	-0.50
-2.69	-16.98	-1.06	-1.27			-2.84	-4.23				-3.58	-715.51	-715.51
	-1.14		-0.12				103.12	-1.39	671.64	1888.12	-42.32	-1594.00	-377.52
	-1.11							-15.29	671.64	1888.12	-42.32	-1216.49	
	-0.03							13.90				-4.34	-4.34
												-238.76	-238.76
							85.35					-103.86	-103.86
			-0.12				32.76					-12.09	-12.09
							-14.99					-15.53	-15.53
												-2.94	-2.94
									88.29	248.21		88.29	248.21
									88.29	248.21		88.29	248.21
69.81	817.82	8.02	38.37		48.46	32.92	34.26	13.95	1145.71	3220.85	75.63	5973.31	8048.45
0.12	23.93		0.10		0.08				13.10	36.84		153.76	177.49
0.12	23.93		0.10		0.08				13.10	36.84		153.76	177.49
2.02	163.53	8.02	0.78		44.48	32.62	34.26	13.95	880.60	2475.57	65.04	4240.47	5835.45
0.37	110.09	8.02	0.66		44.48	32.62	33.34	13.95	858.35	2413.03	65.04	4121.24	5675.92
0.04	0.16				44.37	23.92	0.22				1.34	347.45	347.45
1.65	53.43		0.12				0.92		22.25	62.54		119.24	159.53
67.64	612.25		10.53		0.89	0.30			8	224.89		1069.62	1214.52
65.30	582.37		0.10		0.13	0.30			19.61	55.14		846.41	881.93
2.24	16.27		8.54		0.65				23.66	66.52		121.22	164.08
0.10	13.61		1.89		0.11				36.72	103.24		101.99	168.51
0.03	18.11		26.96		3.01				172.00	483.54	10.59	509.46	820.99
0.02	6.88		13.89		2.93				116.21	326.68	1.28	247.64	458.11
0.02	11.23		13.08		0.08				55.80	156.86	9.31	261.82	362.88
-0.01		-0.01	-0.04		-0.05		-0.01					-0.14	-0.14
												7655.60	8674.17

6－13 2011年云南省地区

指标名称	煤合计（万吨）	原煤（万吨）	洗精煤（万吨）	其它洗煤（万吨）	煤制品（万吨）	焦炭（万吨）	焦炉煤气（亿立方米）	其它煤气（亿立方米）	石油合计（万吨）
甲	1	2	3	4	5	6	7	8	9
一．可供本地区消费的能源量	9663.94	9535.07	617.52	－492.32	3.68	－384.27			975.43
1. 年初库存量	978.52	830.84	121.93	9.86	15.88	73.92			32.38
2. 一次能源生产量	9957.41	9957.41							0.03
3. 外省（区、市）调入量	1229.30	580.46	644.25	4.59		20.64			995.07
4. 进口量									3.65
5. 境内轮船和飞机在境外加油量									5.33
6. 本省（区、市）调出量（－）	－1617.85	－1078.38	－42.72	－496.75		－394.29			－14.95
7. 出口量（－）									－1.11
8. 境外轮船和飞机在境内加油量（－）									－4.71
9. 年末库存量（－）	－883.44	－755.27	－105.94	－10.02	－12.21	－84.54			－40.27
二．加工转换投入（－）产出（＋）量	－6254.10	－6250.60	－581.96	555.88	22.57	1602.74	19.66	0.20	－1.04
1. 火力发电	－3543.38	－3520.42		－22.96			－2.66		－2.43
2. 供热	－44.91	－44.91							－0.02
3. 煤炭洗选	－477.53	－2213.67	1142.14	594.01					
4. 炼焦	－1980.53	－403.73	－1561.63	－15.17		1485.78	19.43		
5. 炼油及煤制油	－20.02	－20.02							1.49
其中：油品再投入量（－）									
6. 制气	－189.37	－26.90	－162.47			116.96	2.89	0.20	－0.08
其中：焦炭再投入量（－）									
7. 天然气液化									
8. 煤制品加工	1.63	－20.95			22.57				
9. 回收能									
三．损失量									
其中：运输和输配损失									
四．终端消费量	3409.85	3284.45	35.59	63.54	26.27	1218.44	19.66	0.22	974.40
（一）第一产业	196.14	195.49			0.65	1.94			25.62
1. 农．林．牧．渔业	196.14	195.49			0.65	1.94			25.62
（二）第二产业	2746.43	2667.87	35.59	25.77	17.20	1216.22	15.24		199.40
1. 工业	2716.35	2638.18	35.59	25.38	17.20	1216.22	15.24		137.34
#用作原料．材料	401.24	398.51	2.71		0.02	66.30	0.08		22.49
2. 建筑业	30.08	29.69		0.39					62.07
（三）第三产业	112.14	111.01			1.13		1.19		662.71
1. 交通运输．仓储和邮政业	17.66	17.66							594.49
2. 批发、零售业和住宿、餐饮业	61.57	60.56			1.01		1.08		40.64
3. 其他	32.91	32.79			0.12		0.11		27.58
（四）生活消费	355.14	310.09		37.77	7.29	0.28	3.23	0.22	86.67
1. 城镇	33.25	27.34		4.46	1.45	0.17	3.23	0.18	42.97
2. 乡村	321.89	282.75		33.31	5.84	0.11		0.04	43.70
五．平衡差额（＋、－）	－0.01	0.02	－0.03	0.02	－0.01	0.02		－0.02	－0.01
六．消费量合计	9663.95	9535.05	1759.69	101.67	26.27	1218.44	22.32	0.22	975.44

能源平衡表(实物量)

原油（万吨）	汽油（万吨）	煤油（万吨）	柴油（万吨）	燃料油（万吨）	液化石油气（万吨）	炼厂干气（万吨）	天然气（亿立方米）	其它石油制品（万吨）	其它焦化产品（万吨）	热力（万百万千焦）	电力（亿千瓦时）	其它能源（万吨标煤）
10	11	12	13	14	15	16	17	18	19	20	21	22
0.03	250.33	51.11	609.83	2.59	23.18		4.20	2.66	-55.91		666.75	94.77
0.01	14.90	1.83	11.65	0.75	0.74			0.14	3.17			3.58
0.03							0.07				1017.73	96.78
	258.14	51.26	621.29	2.41	23.23		4.13	2.80			0.43	
	0.33	2.51	0.81								24.91	
		4.09	1.24									
	-5.98		-8.97						-55.74		-330.35	
	-0.32		-0.79								-45.96	
		-4.09	-0.62									
-0.01	-16.74	-4.49	-14.78	-0.57	-0.79			-0.28	-3.34			-5.59
			-1.07		1.41				84.33	1167.62	537.41	-33.70
			-1.05							-1264.23	537.41	-33.59
			-0.02							507.07		-0.10
									75.47			
					1.49							
					-0.08				23.23			
									-14.37			
										1924.78		
											94.53	
											94.53	
0.02	250.34	51.12	608.77	2.59	24.59		4.20	2.66	28.42	1167.61	1109.63	61.08
	8.70	0.08	16.76		0.07		0.01				11.69	1.45
	8.70	0.08	16.76		0.07		0.01				11.69	1.45
0.02	35.19	1.53	123.84	2.59	0.63		3.85	1.54	28.42	1166.11	871.55	58.41
0.02	15.16	0.29	83.14	2.59	0.55		3.85	1.54	27.69	1166.11	849.86	58.41
	0.03	0.02	0.07		0.05				0.54			
	20.04	1.24	40.70		0.08				0.73		21.70	
	150.98	49.48	455.44		5.44		0.12	1.12		1.50	93.60	
	110.73	48.78	434.62		0.11		0.06				18.55	
	22.74	0.63	11.95		5.33		0.05				30.44	
	17.51	0.07	8.87				0.01	1.12		1.50	44.61	
	55.46	0.02	12.73		18.45		0.22				132.78	1.22
	29.80	0.01	4.25		8.91		0.22				75.75	1.22
	25.66	0.01	8.48		9.54						57.03	
0.01	-0.01		-0.01							0.01		
0.02	250.34	51.12	609.84	2.59	22.45		4.20	2.66	42.79	2431.84	1204.16	94.77

6－14　2011 年云南省地区

指标名称	煤合计	原煤	洗精煤	其它洗煤	煤制品	焦炭	焦炉煤气	其它煤气	石油合计	原油	汽油
甲	YC	1	2	3	4	5	6	7	YO	8	9
一．可供本地区消费的能源量	6157.39	5843.34	555.27	－243.40	2.18	－345.04			1419.80	0.04	368.33
1. 年初库存量	654.07	530.14	109.64	4.87	9.41	66.37			46.83	0.02	21.93
2. 一次能源生产量	6239.15	6239.15							0.04	0.04	
3. 外省(区、市)调入量	1090.77	509.19	579.31	2.27		18.53			1448.49		379.82
4. 进口量									5.36		0.49
5. 境内轮船和飞机在境外加油量									7.83		
6. 本省(区、市)调出量(－)	－1186.17	－902.17	－38.41	－245.59		－354.03			－21.87		－8.80
7. 出口量(－)									－1.62		－0.47
8. 境外轮船和飞机在境内加油量(－)									－6.92		
9. 年末库存量(－)	－640.42	－532.97	－95.26	－4.95	－7.23	－75.91			－58.35	－0.02	－24.63
二．加工转换投入(－)产出(＋)量	－3814.65	－3579.55	－523.30	274.83	13.37	1439.10	116.71	0.36	－0.65		
1. 火力发电	－1637.24	－1625.89		－11.35			－15.79		－3.04		
2. 供热	－31.10	－31.10							－0.03		
3. 煤炭洗选	－231.95	－1552.64	1027.01	293.68							
4. 炼焦	－1750.23	－338.52	－1404.22	－7.50		1334.08	115.35				
5. 炼油及煤制油	－7.26	－7.26							2.55		
其中：油品再投入量(－)											
6. 制气	－156.59	－10.50	－146.09			105.02	17.16	0.36	－0.14		
其中：焦炭再投入量(－)											
7. 天然气液化											
8. 煤制品加工	－0.27	－13.64			13.37						
9. 回收能											
三．损失量											
其中：运输和输配损失											
四．终端消费量	2342.77	2263.79	32.00	31.41	15.55	1094.04	116.71	0.40	1419.17	0.03	368.35
(一)第一产业	114.58	114.19			0.38	1.74			37.47		12.80
1. 农．林．牧．渔业	114.58	114.19			0.38	1.74			37.47		12.80
(二)第二产业	1906.78	1851.85	32.00	12.74	10.18	1092.05	90.49		280.06	0.03	51.78
1. 工业	1880.08	1825.34	32.00	12.55	10.18	1092.05	90.49		189.29	0.03	22.30
#用作原料．材料	287.26	284.81	2.44		0.01	59.53	0.46		25.50		0.04
2. 建筑业	26.70	26.50		0.19					90.76		29.48
(三)第三产业	99.76	99.10			0.67		7.04		969.82		222.15
1. 交通运输．仓储和邮政业	15.77	15.77							868.52		162.92
2. 批发、零售业和住宿、餐饮业	54.66	54.06			0.60		6.42		60.93		33.46
3. 其他	29.34	29.27			0.07		0.62		40.37		25.77
(四)生活消费	221.65	198.66		18.67	4.32	0.25	19.18	0.40	131.83		81.61
1. 城镇	23.89	20.83		2.21	0.86	0.15	19.18	0.32	65.33		43.85
2. 乡村	197.76	177.83		16.47	3.46	0.10		0.08	66.50		37.76
五．平衡差额(＋、－)	－0.03		－0.03	0.01	－0.01	0.02		－0.04	－0.02	0.01	－0.01
六．消费量合计											

能源平衡表（标准量，万吨标准煤）

煤油	柴油	燃料油	液化石油气	炼厂干气	天然气	其它石油制品	其它焦化产品	热力	电力		其它能源	合计	
									当量值	等价值		当量值	等价值
10	11	12	13	14	15	16	17	18	19	20	21	22	23
75.21	888.59	3.69	39.74		50.84	3.71	-75.44		819.43	2237.87	94.77	8121.80	9540.23
2.69	16.98	1.06	1.27			0.20	4.28				3.58	775.12	775.12
					0.79				1250.79	3415.88	96.78	7587.55	9752.64
75.42	905.28	3.44	39.83		50.05	3.92			0.53	1.44		2608.40	2609.31
3.70	1.18								30.61	83.60		35.98	88.96
6.01	1.81											7.83	7.83
	-13.07						-75.21		-406.00	-1108.78		-2043.29	-2746.06
	-1.15								-56.49	-154.27		-58.11	-155.89
-6.01	-0.91											-6.92	-6.92
-6.61	-21.53	-0.81	-1.36			-0.40	-4.50				-5.59	-784.76	-784.76
	-1.56		2.42				113.79	39.82	660.47	1803.74	-33.70	-1331.72	-188.45
	-1.53							-43.11	660.47	1803.74	-33.59	-1143.27	
	-0.03							17.29			-0.10	-13.94	-13.94
												-231.95	-231.95
							101.83					-198.97	-198.97
			2.55									-4.71	-4.71
			-0.14				31.34					-2.85	-2.85
							-19.39					-19.39	-19.39
												-0.27	-0.27
								65.63				283.63	283.63
									116.18	317.28		116.18	317.28
									116.18	317.28		116.18	317.28
75.21	887.04	3.69	42.16		50.84	3.71	38.35	39.82	1363.73	3724.33	61.08	6673.95	9034.55
0.12	24.43		0.12		0.07				14.37	39.23	1.45	169.68	194.55
0.12	24.43		0.12		0.07				14.37	39.23	1.45	169.68	194.55
2.26	180.45	3.69	1.08		46.61	2.15	38.35	39.76	1071.14	2925.27	58.41	4770.70	6624.83
0.43	121.14	3.69	0.94		46.61	2.15	37.36	39.76	1044.48	2852.45	58.41	4625.59	6433.57
0.03	0.10		0.09				0.72					373.47	373.47
1.83	59.31		0.14				0.99		26.66	72.82		145.11	191.26
72.80	663.62		9.32		1.46	1.56		0.05	115.04	314.17		1193.18	1392.31
71.77	633.28		0.18		0.73				22.80	62.26		907.82	947.28
0.92	17.41		9.13		0.64				37.41	102.17		160.05	224.81
0.11	12.93				0.10	1.56		0.05	54.83	149.73		125.31	220.22
0.03	18.55		31.63		2.69				163.19	445.66	1.22	540.39	822.86
0.02	6.19		15.27		2.69				93.10	254.25	1.22	205.87	367.02
0.02	12.36		16.36						70.09	191.41		334.52	455.84
-0.01	-0.01		-0.04									-0.05	-0.05
												8121.85	9540.28

6－15 2012年云南省地区

指标名称	煤合计（万吨）	原煤（万吨）	洗精煤（万吨）	其它洗煤（万吨）	煤制品（万吨）	焦炭（万吨）	焦炉煤气（亿立方米）	其它煤气（亿立方米）	石油合计（万吨）
甲	1	2	3	4	5	6	7	8	9
一．可供本地区消费的能源量	9663.94	9535.07	634.27	－628.75	1.17	－249.09			1069.87
1. 年初库存量	978.52	830.84	105.94	10.02	12.21	84.54			40.27
2. 一次能源生产量	9957.41	9957.41							0.02
3. 外省（区、市）调入量	1229.30	580.46	805.83	6.50		138.75			1071.33
4. 进口量									4.00
5. 境内轮船和飞机在境外加油量									1.20
6. 本省（区、市）调出量（－）	－1617.85	－1078.38	－54.50	－53		－374.84			－0.47
7. 出口量（－）									
8. 境外轮船和飞机在境内加油量（－）									－0.64
9. 年末库存量（－）	－883.44	－755.27	－223.00	－115.27	－11.04	－97.54			－45.84
二．加工转换投入（－）产出（＋）量	－6254.10	－6250.60	－552.02	695.46	20.58	1586.36	18.58	140.45	－0.72
1. 火力发电	－3543.38	－3520.42		－40.06			－2.29	－60.07	－2.26
2. 供热	－44.91	－44.91							－0.04
3. 煤炭洗选	－477.53	－2213.67	1718.68	877.71					
4. 炼焦	－1980.53	－403.73	－2097.55	－142.19		1462.06	17.98		
5. 炼油及煤制油	－20.02	－20.02							1.58
其中：油品再投入量（－）									
6. 制气	－189.37	－26.90	－173.15			125.90	2.89	1.24	
其中：焦炭再投入量（－）						－1.60			
7. 天然气液化									
8. 煤制品加工	1.63	－20.95			20.58				
9. 回收能								199.28	
三．损失量									
其中：运输和输配损失									
四．终端消费量	3409.85	3284.45	82.25	66.72	21.74	1337.27	18.58	140.45	1069.15
（一）第一产业	196.14	195.49			0.68	2.01			25.27
1. 农．林．牧．渔业	196.14	195.49			0.68	2.01			25.27
（二）第二产业	2746.43	2667.87	82.25	26.50	12.10	1334.93	13.59	139.21	210.34
1. 工业	2716.35	2638.18	82.25	26.15	12.10	1334.93	13.59	139.21	147.36
#用作原料．材料	401.24	398.51	1.99			69.67	0.41		23.27
2. 建筑业	30.08	29.69		0.35					62.98
（三）第三产业	112.14	111.01			1.36		1.37		725.02
1. 交通运输．仓储和邮政业	17.66	17.66							637.60
2. 批发、零售业和住宿、餐饮业	61.57	60.56			1.21		1.25		52.50
3. 其他	32.91	32.79			0.15		0.12		34.92
（四）生活消费	355.14	310.09		40.22	7.60	0.33	3.62	1.24	108.52
1. 城镇	33.25	27.34		5.24	1.58	0.21	3.62	1.20	57.69
2. 乡村	321.89	282.75		34.97	6.02	0.12		0.04	50.82
五．平衡差额（＋、－）	－0.01	0.02							0.01
六．消费量合计	9663.95	9535.05	2352.95	248.96	21.74	1338.87	20.87	200.52	1069.87

能源平衡表(实物量)

原油（万吨）	汽油（万吨）	煤油（万吨）	柴油（万吨）	燃料油（万吨）	液化石油气（万吨）	天然气（亿立方米）	其它石油制品（万吨）	其它焦化产品（万吨）	热力（万百万千焦）	电力（亿千瓦时）	其它能源（万吨标煤）
10	11	12	13	14	15	17	18	19	20	21	22
0.02	287.51	56.06	650.89	2.61	30.49	4.30	1.54	-55.60		833.83	160.19
0.01	16.74	4.49	14.78	0.57	0.79		0.28	3.34			3.09
0.02						0.05				1265.71	160.56
	291.51	51.48	653.62	2.49	29.72	4.25	1.50			0.38	
		3.20	0.80							19.36	
			1.20								
	-0.47							-55.76		-425.81	
										-25.81	
		-0.64									
-0.01	-20.27	-2.47	-19.51	-0.45	-0.02		-0.24	-3.18			-3.46
			-0.91		1.58			87.82	1197.38	479.80	-46.47
			-0.87						-1230.65	479.80	-46.52
			-0.04						485.41		
								80.17			
					1.58						
								21.70			
								-14.05			
									1942.62		0.05
										110.01	
										110.01	
0.02	287.51	56.06	649.98	2.61	32.07	4.30	1.54	32.22	1197.38	1203.61	113.72
	8.82	0.09	16.36			0.01				11.07	
	8.82	0.09	16.36			0.01				11.07	
0.02	37.04	1.57	129.17	2.61	0.59	3.93	0.26	32.22	1195.47	935.59	113.72
0.02	16.68	0.31	87.81	2.61	0.59	3.93	0.26	31.51	1195.47	913.75	113.72
	0.01	0.01	0.14		0.06	3.29		0.84			
	20.36	1.26	41.36					0.71		21.84	
	170.13	54.38	489.75		9.22	0.09	1.28		1.91	107.71	
	116.01	53.39	467.94			0.02				20.11	
	29.56	0.89	12.83		9.22	0.06			1.91	32.81	
	24.56	0.10	8.98			0.01	1.28			54.78	
	71.53	0.03	14.70		22.26	0.27				149.25	
	40.46	0.02	5.64		11.58	0.27				89.94	
	31.07	0.01	9.06		10.68					59.32	
0.02	287.51	56.06	650.89	2.61	32.07	4.30	1.54	46.27	2428.03	1313.62	160.24

6-16 2012年云南省地区

指标名称	煤合计	原煤	洗精煤	其它洗煤	煤制品	焦炭	焦炉煤气	其它煤气	石油合计	原油	汽油
甲	YC	1	2	3	4	5	6	7	YO	8	9
一．可供本地区消费的能源量	6206.25	5875.75	568.82	-238.99	0.67	-223.53			1558.11	0.03	423.05
1. 年初库存量	572.55	466.71	95.01	3.81	7.02	75.87			58.33	0.02	24.63
2. 一次能源生产量	6275.75	6275.75							0.03	0.03	
3. 外省(区、市)调入量	1659.08	933.94	722.67	2.47		124.51			1559.88		428.93
4. 进口量									5.87		
5. 境内轮船和飞机在境外加油量									1.75		
6. 本省(区、市)调出量(-)	-1452.98	-1202.65	-48.88	-201.45		-336.38			-0.69		-0.69
7. 出口量(-)											
8. 境外轮船和飞机在境内加油量(-)									-0.94		
9. 年末库存量(-)	-848.15	-598.00	-199.99	-43.81	-6.35	-87.53			-66.11	-0.01	-29.83
二．加工转换投入(-)产出(+)量	-3791.35	-3572.07	-495.47	264.35	11.84	1423.60	109.37	189.77	-0.13		
1. 火力发电	-1374.76	-1359.54		-15.23			-13.48	-82.78	-2.79		
2. 供热	-21.17	-21.17							-0.06		
3. 煤炭洗选	-15.59	-1890.52	1541.31	333.62							
4. 炼焦	-2206.06	-270.93	-1881.08	-54.05		1312.05	105.84				
5. 炼油及煤制油	-6.96	-6.96							2.71		
其中：油品再投入量(-)											
6. 制气	-166.05	-10.35	-155.70			112.98	17.01	2.21			
其中：焦炭再投入量(-)						-1.44					
7. 天然气液化											
8. 煤制品加工	-0.76	-12.60			11.84						
9. 回收能								270.33			
三．损失量											
其中：运输和输配损失											
四．终端消费量	2414.89	2303.68	73.35	25.36	12.51	1200.07	109.37	189.77	1557.97	0.03	423.05
(一)第一产业	109.14	108.75			0.39	1.80			36.94		12.98
1. 农．林．牧．渔业	109.14	108.75			0.39	1.80			36.94		12.98
(二)第二产业	1940.91	1850.53	73.35	10.07	6.96	1197.97	8	187.55	294.32	0.03	54.50
1. 工业	1915.51	1825.27	73.35	9.94	6.96	1197.97	8	187.55	202.24	0.03	24.54
#用作原料．材料	303.50	301.72	1.77			62.52	2.41		26.47		0.01
2. 建筑业	25.40	25.27		0.13					92.08		29.96
(三)第三产业	135.18	134.40			0.78		8.06		1061.84		250.32
1. 交通运输．仓储和邮政业	12.61	12.61							931.46		170.69
2. 批发、零售业和住宿、餐饮业	80.50	79.81			0.70		7.36		79.31		43.49
3. 其他	42.07	41.98			0.09		0.71		51.07		36.14
(四)生活消费	229.66	21		15.29	4.37	0.30	21.31	2.21	164.87		105.24
1. 城镇	26.98	24.08		1.99	0.91	0.19	21.31	2.14	87.62		59.53
2. 乡村	202.68	185.92		13.29	3.46	0.10		0.07	77.25		45.72
五．平衡差额(+、-)	0.01	0.01							0.01	0.01	
六．消费量合计											

能源平衡表(标准量，万吨标准煤)

煤油	柴油	燃料油	液化石油气	天然气	其它石油制品	其它焦化产品	热力	电力		其它能源	合计	
								当量值	等价值		当量值	等价值
10	11	12	13	15	16	17	18	19	20	21	22	23
82. 49	948. 41	3. 72	52. 27	52. 64	2. 06	-49. 90		1024. 77	2727. 80	160. 19	8730. 67	10433. 70
6. 61	21. 53	0. 81	1. 36		0. 38	2. 99				3. 09	715. 46	715. 46
				0. 61				1555. 56	4140. 67	160. 56	7992. 51	10577. 62
75. 75	952. 39	3. 56	50. 95	52. 02	2. 00			0. 47	1. 24		3396. 00	3396. 77
4. 71	1. 17							23. 80	63. 34		29. 67	69. 22
	1. 75										1. 75	1. 75
						-50. 04		-523. 33	-1393. 02		-2363. 41	-3233. 11
								-31. 72	-84. 44		-31. 72	-84. 44
-0. 94											-0. 94	-0. 94
-3. 63	-28. 43	-0. 64	-0. 03		-0. 32	-2. 85				-3. 46	-1008. 63	-1008. 63
	-1. 33		2. 71			78. 81	40. 83	589. 67	1569. 61	-46. 47	-1406. 40	-426. 45
	-1. 27						-41. 97	589. 67	1569. 61	-46. 52	-979. 94	
	-0. 06						16. 55				-4. 76	-4. 76
											-8. 66	-8. 66
						71. 94					-716. 23	-716. 23
			2. 71								-4. 26	-4. 26
						19. 47					-14. 36	-14. 36
						-12. 61					-14. 04	-14. 04
											-0. 76	-0. 76
							66. 24			0. 05	336. 62	336. 62
								135. 20	359. 88		135. 20	359. 88
								135. 20	359. 88		135. 20	359. 88
82. 49	947. 08	3. 73	54. 98	52. 64	2. 05	28. 91	40. 83	1479. 24	3937. 53	113. 72	7189. 06	9647. 35
0. 13	23. 84			0. 12				13. 60	36. 20		161. 61	184. 21
0. 13	23. 84			0. 12				13. 60	36. 20		161. 61	184. 21
2. 31	188. 21	3. 73	1. 01	48. 11	0. 35	28. 91	40. 77	1149. 84	3060. 71	113. 72	5083. 75	6994. 62
0. 46	127. 95	3. 73	1. 01	48. 11	0. 35	28. 28	40. 77	1123. 00	2989. 26	113. 72	4938. 80	6805. 06
0. 02	0. 20		0. 10	40. 27		0. 75					435. 93	435. 93
1. 85	60. 27					0. 64		26. 84	71. 45		144. 96	189. 56
80. 01	713. 61		15. 81	1. 10	1. 71		0. 07	132. 37	352. 35		1338. 62	1558. 60
78. 56	681. 84			0. 24				24. 72	65. 80		969. 04	1010. 12
1. 31	18. 69		15. 81	0. 73			0. 07	40. 33	107. 34		208. 29	275. 31
0. 14	13. 08			0. 12	1. 71			67. 32	179. 21		161. 29	273. 17
0. 05	21. 42		38. 16	3. 31				183. 43	488. 27		605. 08	909. 91
0. 03	8. 22		19. 85	3. 31				110. 53	294. 22		252. 08	435. 77
0. 02	13. 20		18. 31					72. 90	194. 05		353. 00	474. 14
		-0. 01			0. 01						0. 02	0. 02
											8730. 66	10433. 68

七、能源利用效率

ENERGY EFFICIENCY

7－1 主要能源加工转换效率

单位:%

年 份	总效率	火电	洗煤	炼焦	制气	型煤加工
2000	67.13	33.46		86.22		
2001	67.11	33.37		96.54		
2002	69.27	33.72		96.39		
2003	63.95	31.08		88.98		
2004	67.29	30.59		95.52		
2005	69.47	30.34	80.72	95.09	91.34	84.48
2006	67.87	32.12	86.89	93.57	90.35	90.27
2007	66.70	32.98	89.26	94.06	92.88	94.44
2008	68.34	32.32	83.79	92.52	91.28	95.93
2009	67.83	34.28	84.56	95.99	95.62	95.93
2010	69.56	36.07	82.32	93.56	93.53	95.29
2011	69.98	36.62	85.06	88.63	98.18	98.00
2012	70.54	37.57	90.56	93.90	90.57	93.94

7－2 单位地区生产总值(GDP)能耗及电耗

单位:%

年份	单位地区生产总值(GDP)能耗及其增长指数				单位地区生产总值(GDP)电耗及增长指数	
	按等价热值计算		按当量热值计算			
	绝对数 吨标准煤/万元	增长指数 %	绝对数 吨标准煤/万元	增长指数 %	绝对数 千瓦时/万元	增长指数 %
1990	4.3266	105.33	3.7381	103.73	2757.5	103.59
1991	3.7918	94.18	3.1905	91.72	2726.5	106.25
1992	3.2595	92.68	2.7911	94.32	2503.4	99.00
1993	2.6680	93.27	2.3774	97.06	2510.9	114.29
1994	2.3204	97.36	1.9291	90.83	1987.5	88.61
1995	2.1606	103.55	1.7483	100.79	1830.5	102.43
1996	1.8577	96.11	1.5231	97.38	1663.0	101.55
1997	2.0457	110.86	1.7281	114.23	1574.4	95.31
1998	1.8372	90.77	1.5428	90.23	1476.1	94.76
1999	1.7307	91.08	1.4263	89.38	1561.7	102.29
2000	1.7245	98.13	1.4622	100.96	1577.4	99.47
2001	1.7495	101.00	1.5154	103.17	1623.1	102.43
2002	1.7863	101.31	1.5465	101.27	1701.2	104.00
2003	1.7410	99.00	1.5108	99.23	1603.2	95.73
2004	1.6904	105.19	1.4850	106.48	1541.9	104.19
2005	1.7402	106.18	1.5078	104.72	1609.7	107.68
2006	1.6601	98.48	1.4986	102.60	1618.8	103.82
2007	1.4945	96.02	1.3594	96.75	1562.1	102.92
2008	1.3195	95.21	1.1480	91.06	1457.2	100.59
2009	1.3022	95.40	1.1710	98.60	1444.8	95.85
2010	1.2014	96.16	1.0597	94.38	1390.0	100.25
2011	1.0728	96.73	0.9133	93.31	1376.0	105.45
2012	1.0120	96.78	0.8469	95.13	1274.2	96.54

7-3 分地区单位地区生产总值(GDP)能耗增长率

年份	2005年绝对数(吨标准煤/万元,当量热值,当年价)	比上年增长(%,按可比价计算)					2010年绝对数(吨标准煤/万元,当量热值,当年价)	比上年增长(%,按可比价计算)	
		2006年	2007年	2008年	2009年	2010年		2011年	2012年
昆明市	1.4749	-3.77	-5.26	-4.66	-4.61	-7.75	1.0275	-4.86	-4.10
曲靖市	2.0277	-0.39	-4.44	-5.03	-5.60	-4.26	1.3608	2.03	-3.50
玉溪市	1.9506	0.09	-4.32	-6.70	-4.62	-3.57	1.4390	-4.18	-3.54
保山市	1.6371	1.24	-3.34	-4.01	-3.92	-3.72	1.1879	-7.70	-3.00
昭通市	1.7205	-0.75	-3.89	-4.13	-3.91	-5.84	1.1283	-2.61	-3.89
丽江市	1.6656	1.04	-3.21	-4.19	-3.94	-3.53	1.1505	7.09	-2.61
普洱市	1.4574	-2.23	-4.21	-3.30	-2.50	-1.59	1.0171	-3.84	-2.61
临沧市	1.2311	-1.26	-2.94	-3.62	-3.50	-4.70	0.7944	-4.36	-2.02
楚雄州	1.5432	-0.64	-3.78	-4.27	-3.95	-4.70	1.0648	-4.17	-3.52
红河州	2.3691	-3.08	-3.92	-4.01	-3.92	-3.53	1.5931	-4.82	-3.52
文山州	1.5847	2.39	-3.52	-4.98	-5.34	-4.89	1.1217	-2.84	-2.61
西双版纳州	1.0877	4.44	-2.81	-5.01	-5.04	-5.90	0.8015	-4.25	-1.71
大理州	1.6107	1.62	-3.65	-4.99	-5.51	-5.96	1.2002	-6.68	-4.20
德宏州	1.6860	2.06	-3.37	-4.07	-4.30	-3.48	1.1670	6.01	-2.43
怒江州	1.4541	8.72	-4.79	-5.45	-5.06	-3.40	1.2209	1.23	-1.73
迪庆州	1.3648	2.27	-3.18	-3.89	-4.02	-1.59	1.0694	-6.15	-2.28

7－4 分地区工业增加值能耗增长率

年 份	2005年绝对数（吨标准煤/万元，当量热值，2005年价）	比上年增长（%，按可比价计算）					2010年绝对数（吨标准煤/万元，当量热值，2010年价）	比上年增长（%，按可比价计算）	
		2006年	2007年	2008年	2009年	2010年		2011年	2012年
云南省	3.55	－4.31	－7.11	－9.78	－3.78	－7.73	2.20	－6.65	－3.19
昆明市	2.58	－5.32	－8.39	－8.34	－2.58	－7.28	2.12	－7.45	－5.49
曲靖市	5.87	－1.48	－7.34	－10.05	2.87	－6.16	2.96	－1.60	－4.87
玉溪市	2.39	－1.47	－8.45	－15.55	－7.41	－8.09	1.93	－10.03	－0.80
保山市	3.92	－4.13	－11.99	－5.46	－21.57	－7.14	2.48	－4.85	－13.52
昭通市	3.42	－4.56	－6.32	－8.77	－11.01	－22.32	1.62	－12.70	－8.50
丽江市	6.53	－4.20	－11.96	－9.74	－10.69	－12.89	4.60	－18.61	－12.99
普洱市	4.18	－5.86	－19.45	－19.31	－21.82	－5.06	1.68	－14.48	－2.43
临沧市	2.63	－4.32	－9.15	－19.74	－28.05	－3.54	1.00	0.48	－0.16
楚雄州	2.44	1.38	－8.10	－9.32	－8.96	－11.86	1.72	－14.97	－4.52
红河州	4.39	－5.02	5.91	－8.44	－6.81	－5.26	2.24	－1.24	0.66
文山州	2.81	－6.41	－13.54	－10.57	－12.84	－10.44	2.12	－10.84	0.00
西双版纳州	2.30	－16.73	－22.53	－17.77	－12.25	－16.19	0.38	－5.06	12.09
大理州	3.11	－2.37	－11.82	－9.00	－14.16	－7.50	1.83	－9.79	－8.97
德宏州	5.53	－18.30	－13.14	－3.29	－18.31	－0.54	2.68	－9.46	－1.38
怒江州	1.49	－8.32	－19.01	－15.54	－11.19	2.38	2.51	8.77	－7.12
迪庆州	1.12	2.10	－3.51	－2.43	－22.00	2.09	1.58	－2.73	－9.00

7－5　分行业规模以上工业单位产值能耗(当量热值)

按当年价计算

单位：吨标准煤/万元

	2005 年	2006 年	2008 年	2009 年	2010 年	2011 年	2012 年
全部工业企业	1.3727	1.2085	0.7914	0.8426	0.6930	0.6236	0.5832
轻工业	0.2519	0.2313	0.1209	0.0900	0.0680	0.0958	0.1051
重工业	1.9585	1.6173	1.0337	1.1779	0.9720	0.8494	0.7762
煤炭开采和洗选业	3.4664	2.1653	0.8368	0.7353	0.5700	0.4473	0.4173
石油和天然气开采业	0.0008	0.0006	0.0013	0.0019	0.0040		
黑色金属矿采选业	1.8590	1.0257	0.4766	0.7885	0.6160	0.5544	0.5414
有色金属矿采选业	0.3665	0.3102	0.1605	0.2553	0.1670	0.1602	0.1695
非金属矿采选业	1.0586	0.8724	0.6011	0.5531	0.5490	0.4626	0.3751
其他采矿业							
农副食品加工业	1.1474	0.9211	0.2504	0.1126	0.0660	0.3030	0.2638
食品制造业	0.7144	0.4849	0.2806	0.1899	0.1530	0.1408	0.1197
饮料制造业	0.7344	0.4930	0.2822	0.2170	0.1590	0.1563	0.1364
烟草制品业	0.0382	0.0370	0.0249	0.0217	0.0170	0.0189	0.0169
纺织业	0.8455	0.8830	0.8712	0.5466	0.4580	0.3000	0.3061
纺织服装、鞋、帽制造业	0.2272	0.4302	0.1321	0.1120	0.1080	0.1632	0.0595
皮革、毛皮、羽毛(绒)及其制品业	0.3368	0.4155	0.0499	0.0131	0.0100	0.0003	0.0405
木材加工及木、竹、藤、棕、草制品业	0.8469	0.7305	0.4328	0.3770	0.3020	0.3191	0.2256
家具制造业	0.0625	0.1808	0.0446	0.0434	0.0310	0.0053	0.0221
造纸及纸制品业	1.0576	1.0907	0.4636	0.8541	0.7480	0.8590	0.8713
印刷业和记录媒介的复制	0.0326	0.0336	0.0255	0.0254	0.0260	0.0241	0.0259
文教体育用品制造业	0.3063	0.5121					0.0033

7－5 分行业规模以上工业单位产值能耗(当量热值)(续)

按当年价计算　　　　单位：吨标准煤/万元

	2005 年	2006 年	2008 年	2009 年	2010 年	2011 年	2012 年
石油加工、炼焦和核燃料加工业	1.4821	1.4602	1.2155	1.4083	1.1520	0.9421	0.9767
化学原料和化学制品制造业	2.8043	2.7152	1.5219	1.6692	1.3810	1.1918	1.0869
医药制造业	0.1761	0.2138	0.1018	0.0874	0.0690	0.0679	0.0578
化学纤维制造业	0.7656	0.8016	0.6227	0.5794	0.4730	0.3981	0.3404
橡胶和塑料制品业	0.7276	0.3685	0.4573	0.2084	0.3220	0.1952	0.0883
非金属矿物制品业	5.7389	4.7039	3.4850	3.1648	2.5970	2.4169	2.2056
黑色金属冶炼和压延加工业	2.9754	3.1391	1.5856	1.7806	1.4220	1.2295	1.2315
有色金属冶炼和压延加工业	0.5273	0.3460	0.3397	0.4257	0.3760	0.3683	0.3554
金属制品业	0.1450	0.1386	0.0802	0.0634	0.0600	0.0640	0.0532
通用设备制造业	0.2012	0.1383	0.1290	0.1050	0.1350	0.0946	0.0461
专用设备制造业	0.1373	0.0840	0.0654	0.0630	0.0560	0.0567	0.0309
汽车制造业	0.0764	0.0557	0.0393	0.0876	0.0530	0.0374	0.0632
铁路、船舶、航空航天和其他运输设备制造业							0.0088
电气机械和器材制造业	0.0522	0.0419	0.0243	0.0225	0.0200	0.0205	0.0277
计算机、通信和其他电子设备制造业	0.0119	0.0132	0.0179	0.0148	0.0280	0.0369	0.0282
仪器仪表制造业	0.0717	0.0486	0.0350	0.0311	0.0280	0.0366	0.0322
其他制造业	0.3052	0.1494	0.1337	0.0834	0.0470	0.0524	0.1448
废弃资源综合利用业	0.0147	0.0231	0.3875	0.2920	0.1240	0.0554	0.0527
电力、热力生产和供应业	2.5853	2.5790	1.4749	1.7388	1.4150	1.1635	0.8845
燃气生产和供应业	1.8933	0.6996	0.5833	0.5323	0.3800	0.2871	0.2750
水的生产和供应业	0.1599	0.1451	0.1180	0.1045	0.0990	0.1025	0.1004

7-6 分行业规模以上工业单位产值能耗(等价热值)

按当年价计算　　单位：吨标准煤/万元

	2005年	2006年	2008年	2009年	2010年	2011年	2012年
全部工业企业	1.4581	1.2906	0.8754	0.8831	0.7440	0.6849	0.6743
轻工业	0.2924	0.2710	0.1542	0.1182	0.0910	0.1147	0.1287
重工业	2.0674	1.7171	1.1360	1.2239	1.0360	0.9289	0.8946
煤炭开采和洗选业	2.9606	2.1765	0.9019	0.7873	0.6350	0.5110	0.4800
石油和天然气开采业	0.0027	0.0018	0.0037	0.0050	0.0090		
黑色金属矿采选业	2.4214	1.4846	0.5713	0.8920	0.6780	0.6931	0.6717
有色金属矿采选业	0.8609	0.6174	0.3851	0.5908	0.4070	0.3642	0.3818
非金属矿采选业	1.5041	1.2116	0.7870	0.7487	0.7400	0.6061	0.4931
其他采矿业							
农副食品加工业	1.1155	0.9524	0.2847	0.1385	0.0870	0.3187	0.2825
食品制造业	0.8093	0.5815	0.3468	0.2392	0.1960	0.1762	0.1557
饮料制造业	0.8579	0.5629	0.3450	0.2755	0.2050	0.1957	0.1721
烟草制品业	0.0593	0.0556	0.0407	0.0342	0.0280	0.0271	0.0240
纺织业	1.4557	1.1891	1.0776	0.7025	0.5720	0.3963	0.3897
纺织服装、鞋、帽制造业	0.4012	0.5110	0.2129	0.1949	0.1810	0.1902	0.0749
皮革、毛皮、羽毛(绒)及其制品业	0.4206	0.5143	0.0909	0.0405	0.0280	0.0008	0.0559
木材加工及木、竹、藤、棕、草制品业	1.2264	1.0651	0.7150	0.6646	0.5330	0.5407	0.4174
家具制造业	0.1514	0.2592	0.1195	0.0915	0.0690	0.0133	0.0555
造纸及纸制品业	1.2843	1.3110	0.5625	1.0248	0.8960	1.0043	1.0250
印刷业和记录媒介的复制	0.0862	0.0830	0.0665	0.0627	0.0620	0.0548	0.0592
文教体育用品制造业	0.9127	1.4129					0.0069

7－6　分行业规模以上工业单位产值能耗(等价热值)(续)

按当年价计算　　　　单位：吨标准煤/万元

	2005 年	2006 年	2008 年	2009 年	2010 年	2011 年	2012 年
石油加工、炼焦和核燃料加工业	1.6553	1.5374	1.2718	1.4646	1.1990	0.9896	1.0286
化学原料和化学制品制造业	3.6680	3.5151	1.9976	2.1986	1.8070	1.5282	1.4115
医药制造业	0.2200	0.2531	0.1323	0.1199	0.0930	0.0914	0.0775
化学纤维制造业	0.7779	0.8078	0.6618	0.6182	0.4950	0.4470	0.3986
橡胶和塑料制品业	1.1515	0.6138	0.7797	0.4062	0.5640	0.3664	0.1755
非金属矿物制品业	7.0852	5.6170	4.2663	3.8083	3.1360	2.9033	2.6516
黑色金属冶炼和压延加工业	3.4000	3.5645	1.8279	2.0507	1.6530	1.4494	1.5108
有色金属冶炼和压延加工业	1.1242	0.6957	0.6933	0.8730	0.7710	0.7167	0.6887
金属制品业	0.2348	0.2243	0.1399	0.1162	0.1250	0.1331	0.1077
通用设备制造业	0.3610	0.2332	0.1919	0.1656	0.1950	0.1370	0.0791
专用设备制造业	0.2175	0.1306	0.1074	0.1015	0.0800	0.0758	0.0530
汽车制造业	0.1303	0.0911	0.0623	0.1082	0.0740	0.0577	0.0902
铁路、船舶、航空航天和其他运输设备制造业							0.0176
电气机械和器材制造业	0.0983	0.0768	0.0513	0.0498	0.0470	0.0431	0.0592
计算机、通信和其他电子设备制造业	0.0298	0.0337	0.0470	0.0368	0.0760	0.0969	0.0732
仪器仪表制造业	0.1885	0.1089	0.0827	0.0748	0.0720	0.0848	0.0736
其他制造业	0.4543	0.2393	0.2053	0.1228	0.0750	0.0747	0.2052
废弃资源综合利用业	0.0319	0.0429	0.4364	0.3796	0.2010	0.1133	0.1108
电力、热力生产和供应业	0.7634	1.0854	0.4674	0.4757	0.4190	0.4012	0.3370
燃气生产和供应业	1.9705	0.7777	0.6417	0.5942	0.4330	0.3301	0.3125
水的生产和供应业	0.5000	0.4252	0.3343	0.2926	0.2760	0.2658	0.2591

7－7 分地区规模以上工业单位产值能耗（当量热值）

按当年价计算　　　　单位：吨标准煤/万元

	2005年	2006年	2008年	2009年	2010年	2011年	2012年
云南省	1.3727	1.2085	0.7914	0.8426	0.6930	0.6236	0.5832
昆明市	0.7984	0.6465	0.5059	0.5117	0.4530	0.4095	0.3651
曲靖市	2.5958	2.9025	1.7118	1.9666	1.3790	1.2217	1.1422
玉溪市	1.2334	1.2081	0.7410	0.7872	0.6660	0.5611	0.4547
保山市	1.4436	1.2643	0.6997	0.5749	0.4740	0.4819	0.4082
昭通市	1.8416	1.5053	0.9464	0.9023	0.6110	0.5422	0.9282
丽江市	4.5728	3.4006	3.1649	2.1298	1.6760	1.2499	1.0487
普洱市	1.6488	1.6354	0.8552	0.6332	0.5410	0.5866	0.5284
临沧市	1.3376	0.8434	2.5410	0.2791	0.2350	0.5125	0.5186
楚雄州	1.0501	1.0128	0.6715	0.6358	0.4990	0.3942	0.4368
红河州	1.8807	1.3929	0.6707	0.9936	0.8770	0.8234	0.8687
文山州	1.2067	0.9870	0.6533	0.6770	0.5590	0.5315	0.5165
西双版纳州	1.1240	0.5927	0.2139	0.1716	0.1220	0.2403	0.2685
大理州	1.3021	1.3807	0.8202	0.6783	0.5540	0.4822	0.4667
德宏州	2.0051	1.5624	0.7498	0.7274	0.6080	0.8063	0.7895
怒江州	0.6925	0.4434	0.4286	0.5016	0.4620	0.5647	0.9342
迪庆州	0.7161	0.8157	0.3596	0.3405	0.2710	0.3065	0.4427

7－8 分地区规模以上工业单位产值能耗（等价热值）

按当年价计算　　　　单位：吨标准煤/万元

	2005年	2006年	2008年	2009年	2010年	2011年	2012年
云南省	1.4581	1.2906	0.8754	0.8831	0.7440	0.6849	0.6743
昆明市	0.9940	0.7612	0.6165	0.5878	0.5200	0.4782	0.4451
曲靖市	2.0192	2.3788	1.4169	1.4206	1.0700	1.0314	1.0833
玉溪市	1.5056	1.4651	0.9171	0.9696	0.8210	0.6946	0.5700
保山市	2.0049	1.7625	1.1868	1.0602	0.8820	0.8364	0.7013
昭通市	2.2097	1.9429	1.2441	1.2176	0.8510	0.7369	0.8407
丽江市	5.0519	3.7847	3.4558	2.3562	1.8730	1.4091	1.1919
普洱市	2.0245	1.9083	1.0925	0.8504	0.7310	0.7564	0.6895
临沧市	1.5437	1.0024	3.9350	0.4634	0.3920	0.6581	0.6749
楚雄州	1.2852	1.2121	0.8113	0.7667	0.6140	0.4902	0.5511
红河州	1.4620	1.2512	0.6614	0.9684	0.8580	0.8079	0.9735
文山州	1.8708	1.5525	1.0824	1.1217	0.9420	0.8702	0.8410
西双版纳州	1.8280	0.8795	0.3259	0.2870	0.2140	0.3097	0.3324
大理州	1.9544	1.7586	1.0172	0.8542	0.7090	0.6055	0.5888
德宏州	2.8662	2.2459	1.3774	1.3065	1.0970	1.3270	1.2774
怒江州	1.4371	0.8648	0.9389	1.0451	0.9580	1.0946	1.8796
迪庆州	1.8599	1.9118	0.8023	0.7137	0.5880	0.5979	0.7151

7－9 规模以上工业主要单位产品综合能源消耗

2008 年

指标名称	计量单位	指标值	最大值	最小值
吨原煤生产综合能耗	千克标准煤/吨	1.92	13.73	0.44
其中：1、露天矿	千克标准煤/吨	1.18	1.18	1.18
2、矿井	千克标准煤/吨	3.58	13.73	0.44
3、其他	千克标准煤/吨			
铁矿采矿工序单位能耗	千克标准煤/吨			
其中：1、露天矿	千克标准煤/吨			
铁矿选矿工序单位能耗	千克标准煤/吨			
每吨纱(线)混合数综合能耗	千克标准煤/吨			
其中：1、棉、化纤纺织	千克标准煤/吨			
万米布混合数综合能耗	千克标准煤/万米			
其中：1、棉、化纤纺织	千克标准煤/万米			
机制纸及纸板综合能耗	千克标准煤/吨	1003.32	2181.53	502.10
炼焦工序单位能耗	千克标准煤/吨	344.02	1460.44	44.75
单位烧碱生产综合能耗	千克标准煤/吨	894.79		
单位烧碱生产综合能耗(离子膜法 30%)	千克标准煤/吨	858.37	1309.46	426.84
单位烧碱生产综合能耗(隔膜法 30%)	千克标准煤/吨			
单位烧碱生产综合能耗(隔膜法 42%)	千克标准煤/吨	1197.00	1197.00	1197.00
单位电石生产综合能耗	千克标准煤/吨	10900.28	1195.81	968.26
单位黄磷生产综合能耗	千克标准煤/吨	3272.24	3272.24	3272.24
单位合成氨生产综合能耗	千克标准煤/吨	1643.83	2902.78	1140.16
吨水泥熟料综合能耗	千克标准煤/吨	149.39	484.90	72.03
其中：1、新型干法	千克标准煤/吨	146.23	484.90	111.82
2、立窑	千克标准煤/吨	152.96	267.75	72.03
3、湿法窑	千克标准煤/吨	171.95	314.53	123.00
4、中空窑	千克标准煤/吨			
5、预热器窑	千克标准煤/吨	153.91	153.91	153.91
7、其他	千克标准煤/吨	193.80	229.74	179.50

7-9 规模以上工业主要单位产品综合能源消耗(续)

2008年

指标名称	计量单位	指标值	最大值	最小值
吨水泥综合能耗	千克标准煤/吨	115.78	451.85	3.00
其中：1、新型干法	千克标准煤/吨	118.03	451.85	85.85
2、立窑	千克标准煤/吨	113.61	213.06	3.00
3、湿法窑	千克标准煤/吨	103.06	256.85	73.15
4、中空窑	千克标准煤/吨			
5、预热器窑	千克标准煤/吨	125.37	125.37	125.37
6、粉磨站	千克标准煤/吨	88.78	108.40	6.05
7、其他	千克标准煤/吨	136.47	172.81	123.50
每重量箱平板玻璃综合能耗	千克标准煤/重量箱	17.25	17.25	17.25
其中：1、浮法	千克标准煤/重量箱	17.25	17.25	17.25
吨钢综合能耗	千克标准煤/吨	631.27	919.23	51.18
硅铁工序单位能耗	千克标准煤/吨	1046.97	1046.97	1046.97
硅锰合金工序单位能耗	千克标准煤/吨	1246.31	1274.25	1197.82
吨钢耗新水	吨/吨	5.24	8.90	0.37
单位粗铜综合能耗	千克标准煤/吨	451.01	1237.40	153.63
单位铜精炼综合能耗	千克标准煤/吨			
单位铜冶炼综合能耗	千克标准煤/吨	307.84	3254.02	302.77
单位电解铝综合能耗	千克标准煤/吨	1730.30	1820.23	1717.23
单位粗铅综合能耗	千克标准煤/吨	489.42	1552.35	335.71
单位铅冶炼综合能耗	千克标准煤/吨	440.07	796.42	71.27
蒸馏锌综合标准煤耗单耗	千克标准煤/吨	317.71	1776.64	242.85
单位精锌(电锌)综合能耗	千克标准煤/吨	986.15	2024.73	691.81
吨铝加工材消耗能源量	千克标准煤/吨	42.31	42.31	42.31
电厂火力发电标准煤耗	克标准煤/千瓦时	337.59	621.26	313.75

7－10 规模以上工业主要单位产品电耗

2008 年

指标名称	计量单位	指标值	最大值	最小值
吨原煤生产耗电	千瓦时/吨	10.23	111.72	2.90
其中：1、露天矿	千瓦时/吨	3.98	3.98	3.98
2、矿井	千瓦时/吨	24.29	111.72	2.90
3、其他	千瓦时/吨			
选煤电力单耗	千瓦时/吨	5.94	19.94	1.01
每吨纱(线)混合数生产用电量	千瓦时/吨			
其中：1、棉、化纤纺织	千瓦时/吨			
万米布混合数生产用电量	千瓦时/万米			
其中：1、棉、化纤纺织	千瓦时/万米			
机制纸及纸板耗电	千瓦时/吨	943.77	1487.49	475.42
单位烧碱耗电	千瓦时/吨	2425.40		
单位烧碱生产耗交流电(离子膜法30%)	千瓦时/吨	2395.38	2426.19	2365.90
单位烧碱生产耗交流电(隔膜法30%)	千瓦时/吨			
单位烧碱生产耗交流电(隔膜法42%)	千瓦时/吨	2674.56	2674.56	2674.56
单位纯碱耗电	千瓦时/吨	1566.10		
单位电石生产电力消耗	千瓦时/吨	3509.18	3952.07	3449.78
单位黄磷生产电力消耗	千瓦时/吨	13311.07	13311.07	13311.07
单位合成氨耗电	千瓦时/吨	1207.64	2928.98	130.01
吨水泥熟料综合电耗	千瓦时/吨	89.44	192.32	21.96
其中：1、新型干法	千瓦时/吨	92.88	192.32	43.57
2、立窑	千瓦时/吨	89.14	179.84	21.96
3、湿法窑	千瓦时/吨	82.32	110.60	62.08
4、中空窑	千瓦时/吨			
5、预热器窑	千瓦时/吨	77.61	77.61	77.61
7、其他	千瓦时/吨	77.08	109.43	64.21

7－10 规模以上工业主要单位产品电耗(续)

2008 年

指标名称	计量单位	指标值	最大值	最小值
吨水泥综合电耗	千瓦时/吨	108.04	261.26	24.44
其中：1、新型干法	千瓦时/吨	114.83	195.36	69.20
2、立窑	千瓦时/吨	99.93	261.26	24.44
3、湿法窑	千瓦时/吨	92.60	109.23	71.02
4、中空窑	千瓦时/吨			
5、预热器窑	千瓦时/吨	108.92	108.92	108.92
6、粉磨站	千瓦时/吨	84.44	92.71	49.11
7、其他	千瓦时/吨	102.78	127.22	94.07
每重量箱平板玻璃耗电	千瓦时/重量箱	4.65	4.65	4.65
其中：1、浮法	千瓦时/重量箱	4.65	4.65	4.65
吨钢耗电	千瓦时/吨	399.32	995.87	270.56
电炉炼钢综合电力消耗	千瓦时/吨	958.74	995.87	936.00
硅铁单位电耗	千瓦时/标准吨	13678.50	13678.50	13678.50
硅锰合金单位电耗	千瓦时/标准吨	4987.26	5159.03	4689.06
轧钢工序单位电力消耗	千瓦时/吨	114.24	996.94	69.81
铜电解直流电单耗	千瓦时/吨	319.65	878.86	284.70
单位铝锭综合交流电耗	千瓦时/吨	13234.49	16040.34	11917.46
析出铅直流电单耗	千瓦时/吨	125.69	169.74	99.35
析出锌(湿法)直流电单耗	千瓦时/吨	3379.77	6410.21	3086.81
吨铝加工材消耗电量	千瓦时/吨	191.58	191.58	191.58
发电厂用电率	%	7.27	17.25	5.86

7-11 规模以上工业主要单位产品综合能源消耗

2009 年

指标名称	计量单位	指标值	最大值	最小值
吨原煤生产综合能耗	千克标准煤/吨	2.20	7.35	0.75
其中：1、露天矿	千克标准煤/吨	1.31	2.97	1.25
2、矿井	千克标准煤/吨	5.73	7.35	0.75
3、其他	千克标准煤/吨	6.41	6.52	6.30
铁矿采矿工序单位能耗	千克标准煤/吨	3.65	3.65	3.65
其中：1、露天矿	千克标准煤/吨	3.65	3.65	3.65
铁矿选矿工序单位能耗	千克标准煤/吨	4.57	4.57	4.57
每吨纱(线)混合数综合能耗	千克标准煤/吨	866.33	866.33	866.33
其中：1、棉、化纤纺织	千克标准煤/吨	866.33	866.33	866.33
万米布混合数综合能耗	千克标准煤/万米	4644.00	4644.00	4644.00
其中：1、棉、化纤纺织	千克标准煤/万米	4644.00	4644.00	4644.00
机制纸及纸板综合能耗	千克标准煤/吨	1148.84	1653.53	564.17
炼焦工序单位能耗	千克标准煤/吨	245.18	1402.65	48.21
单位烧碱生产综合能耗	千克标准煤/吨	465.72		
单位烧碱生产综合能耗(离子膜法 30%)	千克标准煤/吨	394.81	414.45	373.60
单位烧碱生产综合能耗(隔膜法 30%)	千克标准煤/吨	647.02	647.02	647.02
单位烧碱生产综合能耗(隔膜法 42%)	千克标准煤/吨	1483.39	1483.39	1483.39
单位电石生产综合能耗	千克标准煤/吨	1015.96	1247.11	864.97
单位黄磷生产综合能耗	千克标准煤/吨	3319.30	4623.96	2450.70
单位合成氨生产综合能耗	千克标准煤/吨	1597.12	2686.88	1156.99
吨水泥熟料综合能耗	千克标准煤/吨	137.89	471.82	70.17
其中：1、新型干法	千克标准煤/吨	133.04	201.48	107.92
2、立窑	千克标准煤/吨	143.78	471.82	70.17
3、湿法窑	千克标准煤/吨	182.26	430.00	119.73
4、中空窑	千克标准煤/吨	210.79	210.79	210.79
5、预热器窑	千克标准煤/吨	147.72	148.22	146.22
7、其他	千克标准煤/吨	213.99	213.98	213.98

7－11　规模以上工业主要单位产品综合能源消耗(续)

2009 年

指标名称	计量单位	指标值	最大值	最小值
吨水泥综合能耗	千克标准煤/吨	105.13	435.65	3.84
其中：1、新型干法	千克标准煤/吨	105.34	191.16	38.19
2、立窑	千克标准煤/吨	101.56	435.65	3.84
3、湿法窑	千克标准煤/吨	73.56	172.47	11.22
4、中空窑	千克标准煤/吨	179.92	179.92	179.92
5、预热器窑	千克标准煤/吨	119.89	126.09	109.25
6、粉磨站	千克标准煤/吨			
7、其他	千克标准煤/吨	154.40	154.40	154.40
每重量箱平板玻璃综合能耗	千克标准煤/重量箱	17.20	17.20	17.20
其中：1、浮法	千克标准煤/重量箱	17.20	17.20	17.20
吨钢综合能耗	千克标准煤/吨	584.00	908.47	270.51
硅铁工序单位能耗	千克标准煤/吨	2450.32	2914.32	1983.91
硅锰合金工序单位能耗	千克标准煤/吨	1071.39	1569.05	433.93
吨钢耗新水	吨/吨	4.84	8.92	0.45
单位粗铜综合能耗	千克标准煤/吨	525.88	1008.83	152.13
单位铜精炼综合能耗	千克标准煤/吨	143.20	143.20	143.20
单位铜冶炼综合能耗	千克标准煤/吨	300.48	300.48	300.48
单位电解铝综合能耗	千克标准煤/吨	1764.17	1866.20	1679.92
单位粗铅综合能耗	千克标准煤/吨	409.03	623.67	274.74
单位铅冶炼综合能耗	千克标准煤/吨	451.62	597.39	108.73
蒸馏锌综合标准煤耗单耗	千克标准煤/吨			
单位精锌(电锌)综合能耗	千克标准煤/吨	968.63	1360.01	796.13
吨铝加工材消耗能源量	千克标准煤/吨	37.61	37.61	37.61
电厂火力发电标准煤耗	克标准煤/千瓦时	328.19	929.93	176.07

7－12 规模以上工业主要单位产品电耗

2009 年

指标名称	计量单位	指标值	最大值	最小值
吨原煤生产耗电	千瓦时/吨	11.21	59.83	4.10
其中：1、露天矿	千瓦时/吨	4.70	23.52	4.10
2、矿井	千瓦时/吨	39.00	59.83	6.10
3、其他	千瓦时/吨	26.16	35.93	16.43
选煤电力单耗	千瓦时/吨	6.02	10.56	0.58
每吨纱(线)混合数生产用电量	千瓦时/吨	7049.07	7049.07	7049.07
其中：1、棉、化纤纺织	千瓦时/吨	7049.07	7049.07	7049.07
万米布混合数生产用电量	千瓦时/万米	17600.00	17600.00	17600.00
其中：1、棉、化纤纺织	千瓦时/万米	17600.00	17600.00	17600.00
机制纸及纸板耗电	千瓦时/吨	942.50	1608.23	457.97
单位烧碱耗电	千瓦时/吨	2329.36		
单位烧碱生产耗交流电(离子膜法 30%)	千瓦时/吨	2307.57	2332.70	2280.44
单位烧碱生产耗交流电(隔膜法 30%)	千瓦时/吨	2355.94	2355.94	2355.94
单位烧碱生产耗交流电(隔膜法 42%)	千瓦时/吨	2654.53	2654.53	2654.53
单位纯碱耗电	千瓦时/吨			
单位电石生产电力消耗	千瓦时/吨	3421.48	3483.86	3024.84
单位黄磷生产电力消耗	千瓦时/吨	13310.57	15024.56	11457.29
单位合成氨耗电	千瓦时/吨	1191.93	2354.59	127.23
吨水泥熟料综合电耗	千瓦时/吨	83.40	142.80	20.40
其中：1、新型干法	千瓦时/吨	85.56	134.29	56.83
2、立窑	千瓦时/吨	79.13	142.80	20.40
3、湿法窑	千瓦时/吨	64.27	96.69	54.35
4、中空窑	千瓦时/吨	73.21	73.21	73.21
5、预热器窑	千瓦时/吨	78.97	79.41	77.68
7、其他	千瓦时/吨	92.34	92.34	92.34

7－12　规模以上工业主要单位产品电耗(续)

2009 年

指标名称	计量单位	指标值	最大值	最小值
吨水泥综合电耗	千瓦时/吨	99.92	228.48	26.26
其中：1、新型干法	千瓦时/吨	102.72	141.40	30.08
2、立窑	千瓦时/吨	94.96	228.48	26.26
3、湿法窑	千瓦时/吨	76.71	127.29	64.44
4、中空窑	千瓦时/吨	103.21	103.21	103.21
5、预热器窑	千瓦时/吨	116.08	116.60	115.78
6、粉磨站	千瓦时/吨			
7、其他	千瓦时/吨	105.27	105.26	105.26
每重量箱平板玻璃耗电	千瓦时/重量箱	5.17	5.17	5.17
其中：1、浮法	千瓦时/重量箱	5.17	5.17	5.17
吨钢耗电	千瓦时/吨	395.54	994.17	268.24
电炉炼钢综合电力消耗	千瓦时/吨	906.07	994.17	868.23
硅铁单位电耗	千瓦时/标准吨	11539.41	12742.67	8959.12
硅锰合金单位电耗	千瓦时/标准吨	4364.62	4773.44	3530.74
轧钢工序单位电力消耗	千瓦时/吨	98.07	655.92	79.15
铜电解直流电单耗	千瓦时/吨	264.78	2027.39	228.00
单位铝锭综合交流电耗	千瓦时/吨	13661.05	16192.34	13276.39
析出铅直流电单耗	千瓦时/吨	124.72	156.52	96.00
析出锌(湿法)直流电单耗	千瓦时/吨	3274.14	3785.54	2890.00
吨铝加工材消耗电量	千瓦时/吨	169.81	169.81	169.81
发电厂用电率	%	6.95	100.00	0.75

7－13　规模以上工业主要单位产品综合能源消耗

2010 年

指标名称	计量单位	指标值	最大值	最小值
吨原煤生产综合能耗	千克标准煤/吨	2.11	8.16	0.07
其中：1、露天矿	千克标准煤/吨	1.45	3.94	0.89
2、矿井	千克标准煤/吨	6.59	8.16	5.77
3、其他	千克标准煤/吨			
铁矿采矿工序单位能耗	千克标准煤/吨	1.56	2.46	0.67
其中：1、露天矿	千克标准煤/吨	2.46	2.46	2.46
2、矿井	千克标准煤/吨	0.67	0.67	0.67
3、其他	千克标准煤/吨			
铁矿选矿工序单位能耗	千克标准煤/吨	4.51		
吨桑蚕丝综合能耗	千克标准煤/吨	13384.48	17933.32	8788.00
机制纸及纸板综合能耗	千克标准煤/吨	903.96	1650.02	229.62
炼焦工序单位能耗	千克标准煤/吨	246.15	1164.17	46.64
单位烧碱生产综合能耗	千克标准煤/吨	399.33	410.44	368.22
单位烧碱生产综合能耗（离子膜法 30%）	千克标准煤/吨	393.47		
单位烧碱生产综合能耗（隔膜法 30%）	千克标准煤/吨	623.37	623.37	623.37
单位纯碱生产能耗	千克标准煤/吨	210.05		
联碱法纯碱双吨产品生产综合能耗	千克标准煤/吨	210.05	210.05	210.05
单位电石生产综合能耗	千克标准煤/吨	916.49	1305.47	698.28
单位黄磷生产综合能耗	千克标准煤/吨	3377.65	4825.60	2964.43
单位合成氨生产综合能耗	千克标准煤/吨	1588.74	2357.50	1174.48
吨水泥熟料综合能耗	千克标准煤/吨	131.50	238.32	74.59
其中：1、新型干法	千克标准煤/吨	130.33	220.27	90.02
2、立窑	千克标准煤/吨	129.54	197.73	74.59
3、湿法窑	千克标准煤/吨	157.40	208.78	100.81
4、中空窑	千克标准煤/吨			
5、预热器窑	千克标准煤/吨	146.40	176.95	134.90
6、粉磨站	千克标准煤/吨			
7、其他	千克标准煤/吨	191.86	238.32	172.58

7－13　规模以上工业主要单位产品综合能源消耗(续)

2010 年

指标名称	计量单位	指标值	最大值	最小值
吨水泥综合能耗	千克标准煤/吨	96.79	148.83	70.87
其中：1、新型干法	千克标准煤/吨	100.85	17.79	16.74
2、立窑	千克标准煤/吨	78.12	175.96	7.43
3、湿法窑	千克标准煤/吨	126.59	170.90	78.30
4、中空窑	千克标准煤/吨			
5、预热器窑	千克标准煤/吨	120.45	162.40	101.43
6、粉磨站	千克标准煤/吨			
7、其他	千克标准煤/吨	41.92	164.49	11.08
每重量箱平板玻璃综合能耗	千克标准煤/重量箱	17.22	17.79	16.74
其中：1、浮法	千克标准煤/重量箱	17.22	808.07	17.15
吨钢综合能耗	千克标准煤/吨	525.39		
硅铁工序单位能耗	千克标准煤/吨	2196.99	2629.75	1385.14
硅锰合金工序单位能耗	千克标准煤/吨	1038.06	1556.90	439.05
吨钢耗新水	吨/吨	3.42	6.64	0.43
单位粗铜综合能耗	千克标准煤/吨	625.70	1359.98	158.65
单位铜精炼综合能耗	千克标准煤/吨	167.20	167.20	167.20
单位铜冶炼综合能耗	千克标准煤/吨	327.92	327.92	327.92
单位氧化铝综合能耗	千克标准煤/吨		3.94	0.89
单位电解铝综合能耗	千克标准煤/吨	1700.27	1949.01	1678.56
单位粗铅综合能耗	千克标准煤/吨	417.00	1094.92	287.48
单位铅冶炼综合能耗	千克标准煤/吨	379.95	560.00	77.88
蒸馏锌综合标准煤耗单耗	千克标准煤/吨	818.64	818.64	818.64
单位精锌(电锌)综合能耗	千克标准煤/吨	1028.54	1755.81	775.54
吨铝加工材消耗能源量	千克标准煤/吨	54.70	54.70	54.70
电厂火力发电标准煤耗	克标准煤/千瓦时	330.58	1233.15	308.11

7－14　规模以上工业主要单位产品电耗

2010 年

指标名称	计量单位	指标值	最大值	最小值
吨原煤生产耗电	千瓦时/吨	7.01	66.41	0.58
其中：1、露天矿	千瓦时/吨	3.71	29.30	0.84
2、矿井	千瓦时/吨	51.73	66.41	44.01
选煤电力单耗	千瓦时/吨	6.54	9.92	0.69
机制纸及纸板耗电	千瓦时/吨	805.87	1384.06	402.09
单位烧碱耗电	千瓦时/吨	2365.76		
单位烧碱生产耗交流电（离子膜法 30%）	千瓦时/吨	2366.96	2376.97	2352.06
单位烧碱生产耗交流电（隔膜法 30%）	千瓦时/吨	2319.83	2319.83	2319.83
单位纯碱耗电	千瓦时/吨	234.51		
联碱法纯碱双吨产品生产耗电	千瓦时/吨	234.51	234.51	234.51
单位电石生产电力消耗	千瓦时/吨	3318.64	3539.99	3200.12
单位黄磷生产电力消耗	千瓦时/吨	13470.43	15589.92	11532.23
单位合成氨耗电	千瓦时/吨	1214.61	2297.21	146.00
吨水泥熟料综合电耗	千瓦时/吨	83.80	151.76	22.21
其中：1、新型干法	千瓦时/吨	85.08	151.76	64.02
2、立窑	千瓦时/吨	74.98	121.05	22.21
3、湿法窑	千瓦时/吨	81.01	104.04	64.12
4、中空窑	千瓦时/吨			
5、预热器窑	千瓦时/吨	83.88	89.50	82.52
6、粉磨站	千瓦时/吨			
7、其他	千瓦时/吨	72.82	90.12	66.89

7－14　规模以上工业主要单位产品电耗（续）

2010 年

指标名称	计量单位	指标值	最大值	最小值
吨水泥综合电耗	千瓦时/吨	97.83	155.81	38.02
其中：1、新型干法	千瓦时/吨	101.62	130.13	61.81
2、立窑	千瓦时/吨	86.39	140.98	38.02
3、湿法窑	千瓦时/吨	82.19	92.19	77.55
4、中空窑	千瓦时/吨			
5、预热器窑	千瓦时/吨	115.14	152.40	98.74
6、粉磨站	千瓦时/吨			
7、其他	千瓦时/吨	56.01	112.67	42.42
每重量箱平板玻璃耗电	千瓦时/重量箱	5.83	5.86	5.79
其中：1、浮法	千瓦时/重量箱	5.83	5.86	5.79
吨钢耗电	千瓦时/吨	386.36	1527.48	52.12
电炉炼钢综合电力消耗	千瓦时/吨	818.16	839.72	808.60
硅铁单位电耗	千瓦时/标准吨	12336.09	12699.84	11270.43
硅锰合金单位电耗	千瓦时/标准吨	4308.00	5182.18	3572.42
轧钢工序单位电力消耗	千瓦时/吨	99.40	628.02	67.11
铜电解直流电单耗	千瓦时/吨	270.04	2090.65	241.27
单位铝锭综合交流电耗	千瓦时/吨	13628.86	15856.61	13432.01
析出铅直流电单耗	千瓦时/吨	148.84	235.05	100.57
析出锌（湿法）直流电单耗	千瓦时/吨	3228.83	6316.39	2136.95
吨铝加工材消耗电量	千瓦时/吨	240.32	240.32	240.32
发电厂用电率	%	7.74	100.00	5.82

7－15　规模以上工业主要单位产品综合能源消耗

2011年

指标名称	计量单位	指标值	最大值	最小值
吨原煤生产综合能耗	千克标准煤/吨	1.97	8.01	0.55
其中：1、露天矿	千克标准煤/吨	0.88	0.88	0.88
2、矿井	千克标准煤/吨	3.11	8.01	0.55
3、其他	千克标准煤/吨	6.35	6.49	1.96
铁矿采矿工序单位能耗	千克标准煤/吨	2.65	10.77	0.59
其中：1、露天矿	千克标准煤/吨	2.65	10.77	0.59
2、矿井	千克标准煤/吨			
3、其他	千克标准煤/吨			
铁矿选矿工序单位能耗	千克标准煤/吨	4.70	44.92	4.28
吨桑蚕丝综合能耗	千克标准煤/吨	9704.75	10120.57	8769.27
机制纸及纸板综合能耗	千克标准煤/吨	778.56	1992.04	234.38
炼焦工序单位能耗	千克标准煤/吨	263.52	1188.00	56.75
单位烧碱生产综合能耗	千克标准煤/吨	384.15	944.41	362.35
单位烧碱生产综合能耗(离子膜法30%)	千克标准煤/吨	375.83	391.61	362.35
单位烧碱生产综合能耗(隔膜法30%)	千克标准煤/吨	689.36	944.41	587.82
单位纯碱生产能耗	千克标准煤/吨	195.60	195.60	195.60
联碱法纯碱双吨产品生产综合能耗	千克标准煤/吨	195.60	195.60	195.60
单位电石生产综合能耗	千克标准煤/吨	964.14	1307.21	721.79
单位黄磷生产综合能耗	千克标准煤/吨	3250.16	3926.21	1796.72
单位合成氨生产综合能耗	千克标准煤/吨	1661.94	2170.18	1156.94
吨水泥熟料综合能耗	千克标准煤/吨	125.45	202.92	98.59
其中：1、新型干法	千克标准煤/吨	127.74	160.54	98.59
2、立窑	千克标准煤/吨	122.41	202.92	104.69
3、湿法窑	千克标准煤/吨	129.13	156.78	102.03
4、中空窑	千克标准煤/吨			
5、预热器窑	千克标准煤/吨	132.32	134.41	119.35
6、粉磨站	千克标准煤/吨			
7、其他	千克标准煤/吨	138.85	138.85	138.85

7－15　规模以上工业主要单位产品综合能源消耗(续)

2011 年

指标名称	计量单位	指标值	最大值	最小值
吨水泥综合能耗	千克标准煤/吨	95.41	149.41	5.21
其中：1、新型干法	千克标准煤/吨	98.74	117.17	71.17
2、立窑	千克标准煤/吨	83.95	116.10	5.21
3、湿法窑	千克标准煤/吨	94.29	115.51	71.39
4、中空窑	千克标准煤/吨			
5、预热器窑	千克标准煤/吨	103.46	106.88	87.96
6、粉磨站	千克标准煤/吨			
7、其他	千克标准煤/吨	108.44	149.41	9.31
每重量箱平板玻璃综合能耗	千克标准煤/重量箱	16.86	18.11	15.34
其中：1、浮法	千克标准煤/重量箱	16.86	18.11	15.34
吨钢综合能耗	千克标准煤/吨	528.26	805.83	30.99
硅铁工序单位能耗	千克标准煤/吨	1851.34	2378.01	1360.47
硅锰合金工序单位能耗	千克标准煤/吨	1132.49	1520.01	491.61
吨钢耗新水	吨/吨	3.25	6.56	0.50
单位粗铜综合能耗	千克标准煤/吨	522.90	1369.99	165.66
单位铜精炼综合能耗	千克标准煤/吨	170.42	170.42	170.42
单位铜冶炼综合能耗	千克标准煤/吨	326.85	326.85	326.85
单位氧化铝综合能耗	千克标准煤/吨			
单位电解铝综合能耗	千克标准煤/吨	1677.31	1784.39	1654.79
单位粗铅综合能耗	千克标准煤/吨	408.10	890.03	286.23
单位铅冶炼综合能耗	千克标准煤/吨	405.65	610.00	99.72
蒸馏锌综合标准煤耗单耗	千克标准煤/吨	787.31	787.31	787.31
单位精锌(电锌)综合能耗	千克标准煤/吨	1072.15	1666.82	562.82
吨铝加工材消耗能源量	千克标准煤/吨	81.39	555.39	57.65
电厂火力发电标准煤耗	克标准煤/千瓦时	323.95	770.02	297.58

7－16　规模以上工业主要单位产品电耗

2011 年

指标名称	计量单位	指标值	最大值	最小值
吨原煤生产耗电	千瓦时/吨	8.76	65.18	0.56
其中：1、露天矿	千瓦时/吨	3.54	3.54	3.54
2、矿井	千瓦时/吨	50.00	65.18	45.29
选煤电力单耗	千瓦时/吨	6.23	10.02	2.58
机制纸及纸板耗电	千瓦时/吨	890.15	1761.64	513.06
单位烧碱耗电	千瓦时/吨	2283.07		
单位烧碱生产耗交流电（离子膜法 30%）	千瓦时/吨	2279.44	2299.51	2255.94
单位烧碱生产耗交流电（隔膜法 30%）	千瓦时/吨	2416.59	2545.21	2365.38
单位纯碱耗电	千瓦时/吨	223.68		
联碱法纯碱双吨产品生产耗电	千瓦时/吨	223.68	223.68	223.68
单位电石生产电力消耗	千瓦时/吨	3376.60	3739.99	3242.90
单位黄磷生产电力消耗	千瓦时/吨	13381.10	14491.47	12141.10
单位合成氨耗电	千瓦时/吨	882.76	2074.77	145.98
吨水泥熟料综合电耗	千瓦时/吨	80.94	139.99	55.33
其中：1、新型干法	千瓦时/吨	85.93	119.99	63.40
2、立窑	千瓦时/吨	80.77	139.99	55.33
3、湿法窑	千瓦时/吨	77.28	91.81	62.44
4、中空窑	千瓦时/吨			
5、预热器窑	千瓦时/吨	74.94	91.64	72.26
6、粉磨站	千瓦时/吨			
7、其他	千瓦时/吨	97.80	97.80	97.80

7－16 规模以上工业主要单位产品电耗(续)

2011 年

指标名称	计量单位	指标值	最大值	最小值
吨水泥综合电耗	千瓦时/吨	97.92	147.31	40.86
其中：1、新型干法	千瓦时/吨	101.96	116.26	77.46
2、立窑	千瓦时/吨	85.82	116.14	60.60
3、湿法窑	千瓦时/吨	77.27	81.63	72.58
4、中空窑	千瓦时/吨			
5、预热器窑	千瓦时/吨	97.41	97.75	95.83
6、粉磨站	千瓦时/吨			
7、其他	千瓦时/吨	116.18	147.31	40.86
每重量箱平板玻璃耗电	千瓦时/重量箱	5.26	1.62	6.24
其中：1、浮法	千瓦时/重量箱	5.26	1.62	6.24
吨钢耗电	千瓦时/吨	356.43	514.01	130.76
电炉炼钢综合电力消耗	千瓦时/吨	700.04	700.04	700.04
硅铁单位电耗	千瓦时/标准吨	10789.68	12002.48	8198.26
硅锰合金单位电耗	千瓦时/标准吨	4412.29	6248.69	3585.81
轧钢工序单位电力消耗	千瓦时/吨	101.90	628.00	59.16
铜电解直流电单耗	千瓦时/吨	282.99	2088.46	223.25
单位铝锭综合交流电耗	千瓦时/吨	13580.54	14516.23	13403.12
析出铅直流电单耗	千瓦时/吨	166.20	272.05	99.60
析出锌(湿法)直流电单耗	千瓦时/吨	3257.49	4829.59	3025.00
吨铝加工材消耗电量	千瓦时/吨	358.35	2375.03	257.34
发电厂用电率	%	7.77	33.98	0.29

7－17 规模以上工业主要单位产品综合能源消耗

2012 年

指标名称	计量单位	指标值	最大值	最小值
吨原煤生产综合能耗	千克标准煤/吨	2.10	8.01	0.66
其中：1、露天矿	千克标准煤/吨	1.02	3.43	0.66
2、矿井	千克标准煤/吨	7.11	8.01	6.60
3、其他	千克标准煤/吨	4.70	5.95	1.83
铁矿采矿工序单位能耗	千克标准煤/吨	1.98	1.98	1.98
其中：1、露天矿	千克标准煤/吨	1.98	1.98	1.98
2、矿井	千克标准煤/吨			
3、其他	千克标准煤/吨			
铁矿选矿工序单位能耗	千克标准煤/吨	4.80	4.80	4.80
吨桑蚕丝综合能耗	千克标准煤/吨			
机制纸及纸板综合能耗	千克标准煤/吨	1023.33	1924.07	556.10
炼焦工序单位能耗	千克标准煤/吨	269.05	1221.70	64.70
单位烧碱生产综合能耗	千克标准煤/吨	379.33	956.28	361.24
单位烧碱生产综合能耗（离子膜法 30%）	千克标准煤/吨	372.72	393.04	361.24
单位烧碱生产综合能耗（隔膜法 30%）	千克标准煤/吨	600.54	956.28	579.83
单位纯碱生产能耗	千克标准煤/吨	198.90	198.90	198.90
联碱法纯碱双吨产品生产综合能耗	千克标准煤/吨	198.90	198.90	198.90
单位电石生产综合能耗	千克标准煤/吨	974.12	1105.39	818.83
单位黄磷生产综合能耗	千克标准煤/吨	3316.27	3817.41	2706.20
单位合成氨生产综合能耗	千克标准煤/吨	1658.43	2274.52	1148.91
吨水泥熟料综合能耗	千克标准煤/吨	124.53	186.64	70.80
其中：1、新型干法	千克标准煤/吨	127.28	155.85	70.80
2、立窑	千克标准煤/吨	122.52	151.88	96.34
3、湿法窑	千克标准煤/吨	142.52	142.52	142.52
4、中空窑	千克标准煤/吨			
5、预热器窑	千克标准煤/吨	131.96	143.40	131.91
6、粉磨站	千克标准煤/吨			
7、其他	千克标准煤/吨	133.43	186.64	72.46

7-17 规模以上工业主要单位产品综合能源消耗(续)

2012 年

指标名称	计量单位	指标值	最大值	最小值
吨水泥综合能耗	千克标准煤/吨	95.82	173.35	12.59
其中：1、新型干法	千克标准煤/吨	95.03	112.95	49.36
2、立窑	千克标准煤/吨	92.62	112.76	76.19
3、湿法窑	千克标准煤/吨	91.94	91.94	91.94
4、中空窑	千克标准煤/吨			
5、预热器窑	千克标准煤/吨	104.47	104.54	97.22
6、粉磨站	千克标准煤/吨			
7、其他	千克标准煤/吨	98.88	173.35	12.59
每重量箱平板玻璃综合能耗	千克标准煤/重量箱	16.24	16.34	15.68
其中：1、浮法	千克标准煤/重量箱	16.24	16.34	15.68
吨钢综合能耗	千克标准煤/吨	501.07	753.62	8.35
硅铁工序单位能耗	千克标准煤/吨	2091.51	2886.77	1785.76
硅锰合金工序单位能耗	千克标准煤/吨	1140.81	1442.43	972.81
吨钢耗新水	吨/吨	3.02	5.65	0.61
单位粗铜综合能耗	千克标准煤/吨	469.74	785.02	161.81
单位铜精炼综合能耗	千克标准煤/吨	152.55	152.55	152.55
单位铜冶炼综合能耗	千克标准煤/吨	318.05	318.05	318.05
单位氧化铝综合能耗	千克标准煤/吨			
单位电解铝综合能耗	千克标准煤/吨	1658.84	1747.74	1640.85
单位粗铅综合能耗	千克标准煤/吨	373.15	905.04	274.00
单位铅冶炼综合能耗	千克标准煤/吨	307.21	620.00	65.85
蒸馏锌综合标准煤耗单耗	千克标准煤/吨			
单位精锌(电锌)综合能耗	千克标准煤/吨	1027.61	1350.00	598.00
吨铝加工材消耗能源量	千克标准煤/吨	55.88	55.88	55.88
电厂火力发电标准煤耗	克标准煤/千瓦时	324.71	751.18	301.66

7－18　规模以上工业主要单位产品电耗

2012 年

指标名称	计量单位	指标值	最大值	最小值
吨原煤生产耗电	千瓦时/吨	11.36	51.29	0.48
其中：1、露天矿	千瓦时/吨	5.44	26.93	2.69
2、矿井	千瓦时/吨	47.20	51.29	30.23
选煤电力单耗	千瓦时/吨	6.54	15.06	2.89
机制纸及纸板耗电	千瓦时/吨	893.94	1682.44	411.83
单位烧碱耗电	千瓦时/吨	2287.50	2540.98	2270.07
单位烧碱生产耗交流电(离子膜法 30%)	千瓦时/吨	2285.36	2294.00	2270.07
单位烧碱生产耗交流电(隔膜法 30%)	千瓦时/吨	2359.22	2540.98	2348.64
单位纯碱耗电	千瓦时/吨	216.54	216.54	216.54
联碱法纯碱双吨产品生产耗电	千瓦时/吨	216.54	216.54	216.54
单位电石生产电力消耗	千瓦时/吨	3250.47	3378.84	3024.43
单位黄磷生产电力消耗	千瓦时/吨	13397.33	15976.54	11444.47
单位合成氨耗电	千瓦时/吨	903.03	2126.31	140.15
吨水泥熟料综合电耗	千瓦时/吨	77.71	159.27	35.20
其中：1、新型干法	千瓦时/吨	83.84	121.00	49.87
2、立窑	千瓦时/吨	73.85	105.39	61.57
3、湿法窑	千瓦时/吨	69.58	69.58	69.58
4、中空窑	千瓦时/吨			
5、预热器窑	千瓦时/吨	71.55	132.24	71.25
6、粉磨站	千瓦时/吨			
7、其他	千瓦时/吨	76.16	159.27	35.20

7－18 规模以上工业主要单位产品电耗(续)

2012 年

指标名称	计量单位	指标值	最大值	最小值
吨水泥综合电耗	千瓦时/吨	98.96	180.68	40.60
其中：1、新型干法	千瓦时/吨	99.52	125.91	49.77
2、立窑	千瓦时/吨	89.55	109.48	54.74
3、湿法窑	千瓦时/吨	84.64	84.64	84.64
4、中空窑	千瓦时/吨			
5、预热器窑	千瓦时/吨	97.67	97.70	94.73
6、粉磨站	千瓦时/吨			
7、其他	千瓦时/吨	99.26	180.68	40.60
每重量箱平板玻璃耗电	千瓦时/重量箱	5.44	6.18	1.60
其中：1、浮法	千瓦时/重量箱	5.44	6.18	1.60
吨钢耗电	千瓦时/吨	352.69	581.96	47.82
电炉炼钢综合电力消耗	千瓦时/吨	678.61	678.61	678.61
硅铁单位电耗	千瓦时/标准吨	11262.65	11807.98	10101.52
硅锰合金单位电耗	千瓦时/标准吨	4325.12	4903.80	3502.89
轧钢工序单位电力消耗	千瓦时/吨	109.67	883.67	14.84
铜电解直流电单耗	千瓦时/吨	272.30	272.31	235.87
单位铝锭综合交流电耗	千瓦时/吨	13436.47	14220.82	13221.70
析出铅直流电单耗	千瓦时/吨	166.19	221.00	110.00
析出锌(湿法)直流电单耗	千瓦时/吨	3214.96	3954.52	3015.00
吨铝加工材消耗电量	千瓦时/吨	276.41	276.41	276.41
发电厂用电率	%	7.58	39.97	0.24

7－19　2012年全省工业能耗排名前100位的工业企业情况

企业名称	能源消费量			万元产值能耗（等价热值，现价，吨标准煤/万元）
	绝对数（等价热值，万吨标准煤）	同比增幅（%）	排名（按等价热值排序）	
武钢集团昆明钢铁股份有限公司	245.21	10.67	1	1.5439
云南东源煤业集团曲靖铝业有限公司	177.48	8.63	2	2.9515
云南铝业股份有限公司	171.65	0.66	3	3.2066
云南解化清洁能源开发有限公司解化化工分公司	133.03	16.99	4	6.6138
红河钢铁有限公司	104.05	－6.72	5	1.3141
云南大为制焦有限公司	95.52	－1.98	6	2.5729
云南德胜钢铁有限公司	94.56	－0.16	7	1.7702
云南天安化工有限公司	88.08	6.38	8	5.9076
云南玉溪玉昆钢铁集团有限公司	87.90	54.64	9	1.2436
云南大为制氨有限公司	80.89	5.42	10	6.8026
安宁市永昌钢铁有限公司	79.79	5.41	11	1.8512
云南云天化股份有限公司	72.83	7.04	12	4.3477
玉溪新兴钢铁有限公司	70.82	－27.32	13	1.3262
云南云铝润鑫铝业有限公司	69.42	－4.54	14	3.2964
云南玉溪仙福钢铁（集团）有限公司	66.48	12.71	15	1.6667
云南锡业集团（控股）有限责任公司	63.01	29.69	16	0.4735
云南云铝涌鑫铝业有限公司	62.25	242.12	17	3.5508
云南天高镍业有限公司	52.20	－100.00	18	3.2089
云南宣威磷电有限责任公司	48.87	9.69	19	3.9842
昆明钢铁集团有限责任公司	47.80	13.71	20	1.4962
云南祥云飞龙有色金属股份有限公司	44.99	2.42	21	0.8890
宜良红狮水泥有限公司	44.72	81.37	22	4.2710
玉溪洛河永旭钢铁有限责任公司	41.56	－6.59	23	3.1563
云南红塔滇西水泥股份有限公司	37.89	2.29	24	3.4968
云南省昆明供电局	37.34	0.59	25	0.3014
云南南磷集团电化有限公司	35.21	36.19	26	2.3882
云南省活发集团洛河钢铁有限公司	35.04	－0.81	27	2.7595
云南昆钢嘉华水泥建材有限公司	33.70	0.48	28	4.6713
云南省曲靖双友钢铁有限公司	33.63	31.28	29	0.9030
玉溪汇溪金属铸造制品有限公司	33.61	5.64	30	0.8202
云南曲靖华福铸造炉料有限公司	33.09	－10.79	31	3.1342
云南盐化股份有限公司	30.26	9.73	32	2.0936
云南驰宏锌锗股份有限公司	29.71	－24.08	33	0.8222

7－19　2012年全省工业能耗排名前100位的工业企业情况(续1)

企业名称	能源消费量			万元产值能耗(等价热值，现价，吨标准煤/万元)
	绝对数(等价热值，万吨标准煤)	同比增幅(%)	排名(按等价热值排序)	
云南云天化国际化工股份有限公司	28.81	－7.47	34	1.1410
云南云维集团有限公司	27.55	－4.03	35	2.4326
云南省曲靖化学工业有限公司	27.11	－10.13	36	2.6636
华坪县定华能源有限责任公司	26.57	17.47	37	3.2628
云南天达化工实业有限公司	26.02	59.86	38	4.0555
曲靖大为焦化制供气有限公司	26.00	4.51	39	1.4991
云南弥勒县磷电化工有限责任公司	25.84	6.89	40	4.4667
云南云天化国际化工股份有限公司	24.94	20.30	41	0.7725
云南远东水泥有限责任公司	24.66	－7.53	42	3.4468
云南曲靖麒麟煤化工有限公司	24.13	107.66	43	0.7278
蒙自矿冶有限责任公司	22.70	18.32	44	0.6940
昆明神农汇丰化肥有限责任公司	22.45	－1.25	45	5.3745
云南玉溪银河化工有限责任公司	22.43	－10.39	46	5.9687
云南云景林纸股份有限公司	22.41	72.27	47	1.9487
云南泸西大为焦化有限公司	21.56	－17.22	48	1.6842
玉溪市福玉钢铁有限公司	21.35	377.23	49	2.3682
云南电网公司曲靖供电局	21.31	21.72	50	0.1627
云南文山斗南锰业股份有限公司	21.27	25.84	51	2.7232
云南铜业股份有限公司	20.33	14.12	52	0.0687
云南国资水泥东骏有限公司	20.33	4.42	53	4.1262
嵩明天南磷化工有限责任公司	20.26	33.72	54	2.9845
云南滇东能源有限责任公司	20.25	－22.44	55	0.8385
砚山县阿舍冶炼厂	20.19	17.60	56	2.4559
龙陵县永昌硅业有限责任公司	20.15	－5.60	57	3.8909
云南曲靖呈钢钢铁有限公司	20.12	－9.01	58	0.8877
云南建水锰矿有限责任公司	20.01	4.54	59	2.1648
云南金鼎锌业有限公司	19.95	－7.97	60	1.5651
云南华盛化工有限公司	19.88	－4.65	61	5.6654
云南云维股份有限公司	19.60	－44.96	62	2.7407
文山市金和有色金属有限公司	19.57	37.56	63	2.2966
云南陆良银河纸业有限公司	19.33	8.53	64	2.7292
云南省壮山实业股份有限公司	18.73	2.17	65	3.6691
中轻依兰(集团)有限公司	18.63	8.00	66	3.2748

7－19　2012年全省工业能耗排名前100位的工业企业情况（续2）

企业名称	能源消费量			万元产值能耗（等价热值，现价，吨标准煤/万元）
	绝对数（等价热值，万吨标准煤）	同比增幅（%）	排名（按等价热值排序）	
盐津红原化工有限责任公司	18.49	10.75	67	3.4812
曲靖市宣威宇恒水泥有限公司	18.46	－7.72	68	3.7627
云南江磷集团股份有限公司	18.23	50.92	69	2.6559
思茅建峰水泥有限公司	18.20	－7.70	70	4.0000
云南昆钢煤焦化有限公司安宁分公司	18.09	－14.32	71	0.5757
云南兴建水泥有限公司	17.96	15.08	72	4.7093
云南电网公司红河供电局	17.70	15.68	73	0.3469
云南省活发集团刘总旗水泥有限公	17.65	25.26	74	3.7782
大理水泥（集团）有限责任公司	17.56	－7.12	75	3.8974
云南省恩洪煤矿	17.13	2.18	76	4.0781
曲靖昆钢嘉华水泥建材有限公司	16.97	6.54	77	4.8657
玉溪市北城钢铁有限公司	16.92	－16.94	78	4.5623
大理三德水泥有限公司	16.60	－4.19	79	3.1087
红河锦东化工股份有限公司	16.54	63.94	80	5.5061
师宗煤焦化工有限公司	16.38	22.26	81	1.4427
云南省玉溪市太标钢铁有限公司	16.26	22.28	82	2.8188
华新水泥（昭通）有限公司	16.11	－0.15	83	4.0908
云南南磷集团寻甸磷电有限公司	16.04	－6.23	84	3.1284
保山昆钢嘉华水泥建材有限公司	15.75	－0.78	85	2.9149
峨山东来钢铁有限责任公司	15.62	－9.79	86	3.2460
云南澄江华荣水泥有限责任公司	15.56	－1.37	87	4.8978
玉溪大红山矿业有限公司	15.53	22.05	88	0.4076
云南曲靖雄业水泥有限责任公司	15.52	38.17	89	4.8517
宜良金珠水泥有限公司	15.49	21.77	90	4.5732
国投曲靖发电有限公司	15.01	－18.81	91	1.0295
中轻依兰（集团）有限公司华宁分公司	15.00	269.15	92	4.9858
玉溪市刘总旗活发钢铁厂	14.90	4.91	93	2.7288
云南德宏英茂糖业有限公司	14.82	25.78	94	0.7960
云南电网公司玉溪供电局	14.72	－1.75	95	0.3885
云南恒安电冶有限公司	14.70	73.59	96	4.7203
水富金明化工有限责任公司	14.58	0.36	97	4.7062
云南国资水泥红河有限公司	14.39	－6.05	98	2.2635
会泽滇北工贸有限公司	14.20	50.74	99	2.0202
云南罗平锌电股份有限公司	13.74	3.72	100	1.0816

7－20　2012 年全省工业能耗排名前 40 位的县（市、区）情况

县（市、区）名称	能源消费量			万元产值能耗（等价热值，现价，吨标准煤/万元）
	绝对数（等价热值，万吨标准煤）	同比增幅（%）	排名（按等价热值排序）	
安宁市	599.96	8.83	1	1.1146
沾益县	471.98	0.68	2	2.4021
红塔区	417.32	6.99	3	0.3916
麒麟区	275.62	13.28	4	0.6294
开远市	208.59	16.94	5	1.6128
个旧市	179.30	13.73	6	0.5500
宣威市	167.09	12.84	7	1.3840
宜良县	129.83	25.01	8	1.5715
禄丰县	128.11	5.41	9	1.1139
官渡区	126.47	3.83	10	0.2252
华坪县	116.32	2.12	11	2.3817
师宗县	111.31	150.63	12	1.5702
建水县	111.17	82.54	13	2.1247
陆良县	111.05	6.05	14	1.1786
新平县	104.73	14.58	15	0.6687
砚山县	95.18	23.00	16	1.4088
水富县	90.08	5.79	17	2.7635
大理市	88.90	－2.38	18	0.4881
寻甸县	80.00	8.36	19	1.4075
五华区	73.58	3.15	20	0.0638

7－20　2012年全省工业能耗排名前40位的县(市、区)情况(续)

县(市、区)名称	能源消费量			万元产值能耗(等价热值，现价，吨标准煤/万元)
	绝对数(等价热值，万吨标准煤)	同比增幅(%)	排名(按等价热值排序)	
马龙县	72.53	6.53	21	1.1158
澄江县	72.31	4.38	22	2.2851
祥云县	71.18	7.38	23	0.6531
峨山县	64.15	1.90	24	1.5444
富源县	62.66	－12.33	25	0.3468
弥勒县	60.74	12.73	26	1.2420
东川区	59.85	4.20	27	0.3362
晋宁县	58.58	4.92	28	0.5053
潞西市	55.97	28.68	29	1.4332
西山区	54.07	9.99	30	0.3629
泸西县	52.14	16.67	31	1.2962
易门县	47.57	3.09	32	0.9980
龙陵县	47.29	12.85	33	1.5229
罗平县	47.21	1.76	34	0.7428
会泽县	43.41	59.85	35	1.5169
富民县	42.11	24.76	36	1.0194
通海县	40.33	38.60	37	0.6198
鹤庆县	37.05	20.79	38	0.8598
华宁县	36.05	89.68	39	2.6777
嵩明县	35.01	27.99	40	0.3327

八、规模以上工业水消费

INDUSTRIAL WATER CONSUMPTION

8－1 分行业规模以上工业企业取水总量

单位：万立方米

行 业	2005 年	2006 年	2008 年	2009 年	2010 年	2011 年	2012 年
全部工业企业	119448.30	118228.10	126485.28	134809.71	144198.21	130733.69	139479.50
轻工业	71654.58	71353.70	70552.21	80313.16	87078.94	74673.02	78848.72
重工业	47793.73	46874.40	55933.07	54496.55	57119.27	56060.67	60630.78
煤炭开采和洗选业	1103.93	969.01	1469.91	1235.15	1730.98	936.30	1030.98
石油和天然气开采业	0.80	8.55	4.00				
黑色金属矿采选业	3146.10	1009.66	2735.06	2990.43	3186.01	3308.79	3427.13
有色金属矿采选业	2183.70	2611.76	4643.97	4249.17	5306.87	5331.77	5410.74
非金属矿采选业	938.78	1663.40	1466.72	1759.06	2555.57	2434.21	2530.66
其他采矿业			6.40				
农副食品加工业	16472.69	13060.69	15931.71	14232.46	14203.98	11146.21	10143.97
食品制造业	498.22	350.07	514.43	454.23	487.51	553.09	689.19
酒、饮料和精制茶制造业	663.41	794.31	1095.61	1300.20	1322.93	1360.24	1519.26
烟草制品业	837.28	885.74	1050.79	1215.71	891.17	912.09	640.16
纺织业	410.45	553.46	873.82	423.58	303.27	307.62	318.70
纺织服装、服饰业	26.86	24.73	13.29	13.28	11.98	9.20	8.21
皮革、毛皮、羽毛及其制品和制鞋业	19.20	19.29	1.99	1.01	1.01	0.02	9.19
木材加工和木、竹、藤、棕、草制品业	206.23	238.86	237.17	269.77	272.18	244.15	290.75
家具制造业	2.13	2.50	2.30	2.77	4.30	1.66	0.90
造纸和纸制品业	3143.89	3271.52	2596.32	2509.64	3254.83	2916.17	3345.62
印刷和记录媒介复制业	127.38	107.19	81.96	77.04	70.97	63.19	60.26
文教、工美、体育和娱乐用品制造业	0.30	0.05					25.71

注：表内数据为取水总量，工业用水量＝取水量合计－外供水量合计，2011 年工业用水量为 86096.1704 万立方米。统计口径：2011 年数据为辖区内年主营业务收入 2000 万元及以上，以及年综合能源消费量 1 万吨标准煤及以上的工业法人企业。2010 年及以前的数据为辖区内主营业务收入 500 万元及以上工业法人企业

8-1 分行业规模以上工业企业取水总量(续)

单位：万立方米

行 业	2005年	2006年	2008年	2009年	2010年	2011年	2012年
石油加工、炼焦和核燃料加工业	517.41	463.15	2202.54	2007.47	2806.39	2645.57	2332.24
化学原料和化学制品制造业	11395.01	10670.57	12539.81	12701.48	12844.89	12468.47	14146.03
医药制造业	581.80	523.87	598.12	621.75	639.74	623.87	642.29
化学纤维制造业	86.54	131.26	71.59	69.96	67.29	65.37	60.65
橡胶和塑料制品业	134.15	161.66	194.89	170.13	149.01	135.33	139.43
非金属矿物制品业	2467.58	2520.19	2498.98	2585.72	2761.05	2577.96	2782.82
黑色金属冶炼和压延加工业	5375.60	6860.01	6984.56	6549.83	5310.60	5846.67	6246.95
有色金属冶炼和压延加工业	3878.39	4613.33	5570.72	5293.08	5100.12	5638.34	5592.32
金属制品业	46.70	53.22	41.80	104.44	103.21	103.54	146.83
通用设备制造业	279.76	214.08	184.84	164.98	301.11	245.81	145.36
专用设备制造业	247.82	181.31	151.64	103.31	106.94	86.04	81.18
汽车制造业	1131.96	157.02	169.85	125.15	100.36	125.55	97.48
铁路、船舶、航空航天和其他运输设备制造业							12.62
电气机械和器材制造业	112.60	108.20	95.96	72.87	108.50	98.62	93.47
计算机、通信和其他电子设备制造业	24.34	34.28	33.38	24.07	27.98	30.14	21.66
仪器仪表制造业	87.65	263.02	58.11	60.29	63.01	53.05	51.60
其他制造业	49.61	44.01	30.41	38.81	33.08	29.14	32.40
废弃资源综合利用业	17.08	50.30	29.59	7.31	6.19	2.56	3.32
电力、热力生产和供应业	14388.99	13990.92	14558.56	13978.61	14282.55	13758.49	16235.71
燃气生产和供应业	220.00	179.21	155.71	145.35	102.72	82.30	99.64
水的生产和供应业	48623.97	51437.74	47588.79	59251.59	65679.89	56592.15	61064.03

8－2 分行业规模以上工业企业地表水取水量

单位：万立方米

行　业	2005 年	2006 年	2008 年	2009 年	2010 年	2011 年	2012 年
全部工业企业	97776.68	97588.50	103351.39	117236.51	124846.09	112153.86	114583.72
轻工业	61738.71	61981.86	61597.75	73320.18	79834.62	67956.37	67501.57
重工业	36037.97	35606.64	41753.64	43916.33	45011.47	44197.49	47082.14
煤炭开采和洗选业	868.85	601.02	891.45	761.81	1124.86	495.94	512.20
石油和天然气开采业			4.00				
黑色金属矿采选业	2943.83	917.83	2651.66	2835.79	3030.91	3102.52	3181.32
有色金属矿采选业	1827.92	1609.66	3477.22	3180.63	3745.03	3704.06	3721.46
非金属矿采选业	41.91	1189.56	1218.25	1493.75	1969.74	1919.74	1857.23
其他采矿业			6.40				
农副食品加工业	14558.20	11470.12	13579.49	12732.96	12522.17	9464.67	8800.01
食品制造业	219.74	107.41	61.06	44.99	50.02	44.94	107.29
饮料制造业	388.93	390.19	497.34	680.67	525.49	619.14	649.63
烟草制品业	78.92	315.26	116.24	128.12	123.53	145.33	71.85
纺织业	68.99	291.43	675.38	303.74	161.59	167.80	200.30
纺织服装、鞋、帽制造业				1.20	1.20		
皮革、毛皮、羽毛(绒)及其制品业	19.20	12.51	1.99	1.01	1.01		6.00
木材加工及木、竹、藤、棕、草制品业	86.52	149.38	93.27	148.75	150.37	148.83	157.96
家具制造业							
造纸及纸制品业	1868.72	2973.98	2250.37	2221.55	3003.96	2674.79	3094.52
印刷业和记录媒介的复制	0.39	0.19	0.36	0.03		1.25	0.04
文教体育用品制造业							

8-2　分行业规模以上工业企业地表水取水量(续)

单位：万立方米

行　业	2005年	2006年	2008年	2009年	2010年	2011年	2012年
石油加工、炼焦和核燃料加工业	332.50	370.47	1754.27	1710.88	2587.44	2462.89	1959.49
化学原料和化学制品制造业	9100.42	8325.60	9785.43	9630.33	9805.34	10039.81	11660.80
医药制造业	98.14	78.56	81.12	75.10	62.43	22.67	20.74
化学纤维制造业							
橡胶和塑料制品业	22.41	28.39	23.31	22.91	22.44	20.43	29.50
非金属矿物制品业	1670.24	1187.96	1321.10	1425.05	1353.75	1224.84	1365.51
黑色金属冶炼和压延加工业	2773.38	6340.68	6128.82	5704.96	4573.47	4945.37	4799.34
有色金属冶炼和压延加工业	1429.22	1645.35	3714.10	3827.31	3044.76	3229.32	2463.30
金属制品业	9.41	15.93	4.35	13.52	15.01	0.56	4.72
通用设备制造业	12.40	30.64	14.74	20.46	78.14	15.20	3.66
专用设备制造业	37.69	69.74	17.59	23.02	9.37	7.14	6.05
汽车制造业	928.36	24.54	2.42	2.19	20.97	15.49	15.47
铁路、船舶、航空航天和其他运输设备制造业							
电气机械和器材制造业	6.63	4.04		0.30	0.14	0.19	0.29
计算机、通信和其他电子设备制造业		2.63					
仪器仪表制造业				0.32			
其他制造业	0.95	0.94	2.77	3.01	2.93	0.82	0.81
废弃资源综合利用业	16.72	6.00	18.18	4.02	3.15	0.01	0.01
电力、热力生产和供应业	13992.75	13131.56	10651.80	13138.80	13499.97	12890.79	15541.26
燃气生产和供应业			2.33				
水的生产和供应业	44373.34	46296.94	44304.56	57099.32	63356.91	54789.35	54352.99

8－3 分行业规模以上工业企业地下水取水量

单位：万立方米

行业	2005年	2006年	2008年	2009年	2010年	2011年	2012年
全部工业企业	9460.69	8701.22	12315.74	8608.00	7777.73	7987.77	9117.70
轻工业	3329.15	3092.10	3866.12	3583.17	2812.02	2391.25	2676.19
重工业	6131.54	5609.12	8449.63	5024.83	4965.70	5596.52	6441.50
煤炭开采和洗选业	113.52	257.90	415.29	337.43	323.84	234.66	285.35
石油和天然气开采业							
黑色金属矿采选业	167.31	86.83	68.10	138.62	146.12	184.19	159.30
有色金属矿采选业	310.28	941.67	1022.84	884.56	941.61	965.37	1028.91
非金属矿采选业	895.49	438.21	247.16	256.46	264.82	290.29	430.80
其他采矿业							
农副食品加工业	626.35	195.27	1184.29	881.19	150.34	658.14	727.55
食品制造业	75.05	93.96	114.95	123.83	95.10	93.65	103.98
饮料制造业	83.58	220.34	279.84	224.09	369.15	322.76	347.99
烟草制品业	287.57	16.77	304.40	473.22	272.93	216.02	140.90
纺织业	219.95	40.58	91.86	89.96	119.85	119.20	90.61
纺织服装、鞋、帽制造业		3.60					
皮革、毛皮、羽毛(绒)及其制品业		6.78					
木材加工及木、竹、藤、棕、草制品业	21.06	10.16	26.31	18.96	27.28	10.33	9.96
家具制造业							
造纸及纸制品业	1067.02	170.14	206.15	222.29	183.50	197.58	189.69
印刷业和记录媒介的复制	4.69	3.12	1.78	2.62	1.72	0.28	0.41
文教体育用品制造业							

8－3 分行业规模以上工业企业地下水取水量(续)

单位：万立方米

行业	2005 年	2006 年	2008 年	2009 年	2010 年	2011 年	2012 年
石油加工、炼焦和核燃料加工业	81.39	41.60	281.34	250.47	97.12	67.22	206.75
化学原料和化学制品制造业	1459.36	1114.02	730.86	724.42	572.83	746.16	959.27
医药制造业	109.86	86.96	90.28	87.56	103.38	104.33	100.81
化学纤维制造业							
橡胶和塑料制品业	6.45	29.25	9.91	39.00	4.84	4.86	6.13
非金属矿物制品业	516.91	891.06	613.62	592.93	655.37	607.02	628.67
黑色金属冶炼和压延加工业	1113.98	150.30	425.18	420.25	444.55	593.16	723.51
有色金属冶炼和压延加工业	783.93	788.98	898.56	793.85	1074.04	1443.95	1703.69
金属制品业	12.08	8.96	12.59	47.47	25.19	41.11	34.81
通用设备制造业	93.95	72.61	53.28	39.42	35.46	30.40	18.34
专用设备制造业	89.34	25.63	56.67	12.48	13.51	23.07	15.65
汽车制造业	56.07	42.51	73.90	36.16	9.87	11.13	1.94
铁路、船舶、航空航天和其他运输设备制造业							8.73
电气机械和器材制造业	45.41	22.80	14.17	12.71	29.41	33.14	26.46
计算机、通信和其他电子设备制造业				0.62	1.26	0.40	0.66
仪器仪表制造业	70.58	199.87	6.46	6.53	32.00	28.00	27.01
其他制造业	17.08	42.39	0.45	4.02	3.94	5.85	5.85
废弃资源综合利用业	0.36	44.30	0.49	0.17	0.60	0.80	
电力、热力生产和供应业	97.19	311.08	3375.37	311.53	227.45	233.33	112.31
燃气生产和供应业	211.78	173.73	149.26	140.19	77.94	72.74	90.22
水的生产和供应业	823.10	2169.84	1560.38	1435.00	1472.68	648.66	931.42

8－4 分行业规模以上工业企业自来水取水量

单位：万立方米

行 业	2005 年	2006 年	2008 年	2009 年	2010 年	2011 年	2012 年
全部工业企业	11108.54	10280.85	7893.89	6627.91	8733.33	8289.69	13067.40
轻工业	6562.53	6132.68	4498.35	3361.07	4404.71	4312.74	8613.93
重工业	4546.01	4148.17	3395.54	3266.84	4328.62	3976.95	4453.47
煤炭开采和洗选业	120.26	40.59	138.53	118.66	262.79	143.00	167.11
石油和天然气开采业	0.80	8.55					
黑色金属矿采选业	0.12		12.38	6.53	6.42	10.76	6.49
有色金属矿采选业	45.44	12.62	34.61	43.07	229.78	77.84	91.33
非金属矿采选业	1.27	3.77	1.31	3.41	151.51	44.83	86.90
其他采矿业							
农副食品加工业	1287.94	1389.95	699.88	586.82	1528.88	1021.62	582.25
食品制造业	203.43	148.69	334.03	282.13	339.54	414.25	477.46
饮料制造业	190.90	162.61	316.31	393.94	427.14	418.34	521.62
烟草制品业	461.83	545.17	622.63	610.00	486.00	546.90	423.09
纺织业	121.52	209.95	103.20	29.87	21.83	20.61	24.91
纺织服装、鞋、帽制造业	26.86	21.13	13.29	12.07	10.77	9.19	8.20
皮革、毛皮、羽毛(绒)及其制品业						0.02	3.19
木材加工及木、竹、藤、棕、草制品业	89.99	59.22	87.90	75.14	91.87	78.18	116.03
家具制造业	2.13	2.50	2.30	2.77	4.30	1.66	0.90
造纸及纸制品业	206.44	111.32	55.09	65.34	67.34	43.76	52.37
印刷业和记录媒介的复制	121.98	103.42	79.81	73.19	68.03	60.45	58.67
文教体育用品制造业	0.30	0.05					25.71

8-4 分行业规模以上工业企业自来水取水量(续)

单位：万立方米

行业	2005年	2006年	2008年	2009年	2010年	2011年	2012年
石油加工、炼焦和核燃料加工业	84.91	51.07	164.95	38.52	109.81	114.88	150.52
化学原料和化学制品制造业	470.53	663.22	792.46	911.11	924.84	844.42	684.18
医药制造业	361.62	355.86	409.75	453.82	465.12	491.56	516.24
化学纤维制造业	86.54	94.33	71.59	69.94	67.26	65.35	60.63
橡胶和塑料制品业	96.12	98.74	148.60	102.51	118.33	109.46	101.03
非金属矿物制品业	203.35	223.27	305.18	428.85	555.30	570.57	620.52
黑色金属冶炼和压延加工业	1468.05	338.08	324.46	277.66	218.88	263.51	667.66
有色金属冶炼和压延加工业	1126.24	1671.48	495.50	365.60	698.16	715.59	822.62
金属制品业	25.13	28.30	24.86	43.44	62.74	61.44	101.73
通用设备制造业	173.41	110.83	116.73	104.88	177.53	192.06	112.75
专用设备制造业	120.78	85.40	77.38	67.76	82.20	55.82	59.47
汽车制造业	147.47	89.96	93.32	84.07	66.15	85.53	64.74
铁路、船舶、航空航天和其他运输设备制造业							3.89
电气机械和器材制造业	55.67	81.02	70.78	59.07	78.94	65.24	66.71
计算机、通信和其他电子设备制造业	24.33	31.65	33.37	23.43	26.71	29.73	20.98
仪器仪表制造业	17.08	63.15	51.65	53.43	30.01	25.04	24.58
其他制造业	31.57	0.68	27.19	31.79	26.15	22.39	25.74
废弃资源综合利用业			0.52	3.12	2.44	1.75	3.31
电力、热力生产和供应业	298.93	540.07	456.37	483.63	451.50	520.22	524.85
燃气生产和供应业	8.22	5.48	4.12	5.17	24.78	9.57	9.42
水的生产和供应业	3427.40	2928.72	1723.85	717.22	850.29	1154.14	5779.60

8－5 分行业规模以上工业企业其他水取水量

单位：万立方米

行 业	2005 年	2006 年	2008 年	2009 年	2010 年	2011 年	2012 年
全部工业企业	1102.39	1657.53	2924.26	2337.29	2841.06	2302.38	2710.69
轻工业	24.19	147.06	589.99	48.74	27.58	12.67	57.02
重工业	1078.21	1510.47	2334.26	2288.55	2813.48	2289.71	2653.66
煤炭开采和洗选业	1.30	69.50	24.64	17.25	19.50	62.71	66.33
石油和天然气开采业							
黑色金属矿采选业	34.84	5.00	2.92	9.49	2.56	11.33	80.02
有色金属矿采选业	0.06	47.81	109.30	140.91	390.45	584.49	569.03
非金属矿采选业	0.11	31.86	0.00	5.44	169.50	179.35	155.74
其他采矿业							
农副食品加工业	0.20	5.35	468.05	31.49	2.59	1.79	34.16
食品制造业		0.01	4.39	3.28	2.85	0.26	0.47
饮料制造业		21.17	2.12	1.50	1.16	0.00	0.02
烟草制品业	8.96	8.54	7.52	4.37	8.70	3.85	4.31
纺织业	－0.01	11.50	3.38	0.01	0.00	0.01	2.89
纺织服装、鞋、帽制造业				0.01	0.01	0.01	0.01
皮革、毛皮、羽毛(绒)及其制品业		0.00					
木材加工及木、竹、藤、棕、草制品业	8.66	20.10	29.69	26.92	2.65	6.81	6.80
家具制造业					0.00	0.00	0.00
造纸及纸制品业	1.71	16.08	84.71	0.46	0.03	0.04	9.03
印刷业和记录媒介的复制	0.32	0.46	0.01	1.20	1.22	1.21	1.15
文教体育用品制造业							

8－5 分行业规模以上工业企业其他水取水量(续)

单位：万立方米

行业	2005年	2006年	2008年	2009年	2010年	2011年	2012年
石油加工、炼焦和核燃料加工业	18.61	0.01	1.98	7.60	12.02	0.58	15.48
化学原料和化学制品制造业	364.70	567.73	1231.06	1435.62	1541.88	838.08	841.78
医药制造业	12.18	2.49	16.97	5.27	8.81	5.32	4.50
化学纤维制造业		36.93		0.02	0.03	0.02	0.02
橡胶和塑料制品业	9.17	5.28	13.07	5.71	3.40	0.58	2.77
非金属矿物制品业	77.08	217.90	259.08	138.89	196.62	175.53	168.12
黑色金属冶炼和压延加工业	20.19	30.95	106.10	146.96	73.69	44.63	56.43
有色金属冶炼和压延加工业	539.00	507.52	462.56	306.32	283.16	249.48	602.70
金属制品业	0.08	0.03		0.01	0.27	0.44	5.57
通用设备制造业			0.09	0.22	9.98	8.15	10.61
专用设备制造业	0.01	0.54		0.05	1.86	0.02	0.02
汽车制造业	0.06	0.01	0.21	2.73	3.38	13.40	15.32
铁路、船舶、航空航天和其他运输设备制造业							
电气机械和器材制造业	4.89	0.34	11.01	0.79	0.02	0.05	0.02
计算机、通信和其他电子设备制造业	0.01		0.01	0.02	0.01	0.01	0.01
仪器仪表制造业	-0.01			0.01	1.00	0.01	
其他制造业	0.01			-0.01	0.06	0.08	
废弃资源综合利用业	0.00		10.40		0.00		
电力、热力生产和供应业	0.12	8.21	75.02	44.65	103.63	114.14	57.28
燃气生产和供应业		0.00		-0.01			
水的生产和供应业	0.13	42.24	0.00	0.05	0.01	0.01	0.02

8-6　分行业规模以上工业企业重复用水量

单位：万立方米

行　业	2005 年	2006 年	2008 年	2009 年	2010 年	2011 年	2012 年
全部工业企业	156971.78	182315.58	256975.62	328222.96	377840.82	449284.45	467748.00
轻工业	7174.53	6551.28	12251.88	12861.55	14236.65	17362.72	21274.18
重工业	149797.25	175764.29	244723.74	315361.41	363604.17	431921.73	446473.82
煤炭开采和洗选业	1557.85	611.80	1157.34	1794.32	1984.92	891.25	955.42
石油和天然气开采业							
黑色金属矿采选业	21666.60	4394.49	10149.89	10740.43	10004.69	8207.68	10620.70
有色金属矿采选业	769.53	1380.31	5581.60	4985.72	4347.95	6305.54	6553.75
非金属矿采选业	1088.99	1824.14	8908.46	15857.98	13327.51	13379.86	15288.87
其他采矿业							
农副食品加工业	5585.24	5270.91	9752.69	7927.84	7201.49	10241.82	12155.32
食品制造业	187.08	15.13	97.17	162.25	164.19	185.66	220.87
饮料制造业	25.17	27.59	59.76	152.99	259.32	320.35	492.32
烟草制品业	28.91	77.67	200.24	577.02	3299.52	3423.14	2605.03
纺织业	40.93	12.05	5.30	2.40	26.74	40.84	43.53
纺织服装、鞋、帽制造业		0.30		0.50	0.60		
皮革、毛皮、羽毛(绒)及其制品业					1.01		22.12
木材加工及木、竹、藤、棕、草制品业	7.50	15.49	11.34	65.06	86.95	74.22	166.92
家具制造业				0.15	0.13		
造纸及纸制品业	718.16	793.23	1009.78	1899.13	1998.36	1734.26	2300.40
印刷业和记录媒介的复制	8.78	2.06	4.87	4.05	4.05	3.02	4.25
文教体育用品制造业							0.52

8－6 分行业规模以上工业企业重复用水量(续)

单位：万立方米

行　业	2005年	2006年	2008年	2009年	2010年	2011年	2012年
石油加工、炼焦和核燃料加工业	105.50	229.74	6895.55	7173.11	7271.22	7488.18	7366.95
化学原料和化学制品制造业	61756.83	66327.14	94228.93	141217.93	196797.03	232936.32	209799.52
医药制造业	54.82	259.65	648.10	1360.79	369.94	426.25	419.26
化学纤维制造业	46.06	60.64	31.64	22.28	28.15	19.36	19.06
橡胶和塑料制品业	46.58	40.46	242.04	407.76	231.12	406.11	250.32
非金属矿物制品业	1467.99	2255.74	2751.21	6595.57	5516.87	8205.91	9254.62
黑色金属冶炼和压延加工业	56322.15	70050.53	109924.75	120774.07	113317.16	139135.08	177231.48
有色金属冶炼和压延加工业	2446.70	1176.55	4528.10	5290.29	10031.96	12042.44	10590.89
金属制品业	16.41	6.60	0.30	11.34	19.93	47.58	47.25
通用设备制造业	41.75	43.95	27.62	104.83	170.65	94.76	94.57
专用设备制造业	352.90	5.16	26.46	47.56	26.51	15.32	11.94
汽车制造业	0.17	3.47	6.27	70.47	492.87	337.65	289.31
铁路、船舶、航空航天和其他运输设备制造业							6.97
电气机械和器材制造业	119.52	134.07	186.29	104.08	99.40	57.73	37.81
计算机、通信和其他电子设备制造业			1.20	11.97	0.49	9.00	216.00
仪器仪表制造业	1.67	7.84	10.23	22.61	20.29	27.12	25.95
其他制造业				0.01	1.93	3.32	2.02
废弃资源综合利用业	101.50		252.00	40.13	29.49	1.20	2.20
电力、热力生产和供应业	2406.48	27288.88	206.51	321.06	283.70	2686.03	206.82
燃气生产和供应业			69.99	130.18	59.47	74.16	62.92
水的生产和供应业				347.10	365.20	463.31	382.04

8－7 分地区规模以上工业企业取水总量

单位：万立方米

地　区	2005 年	2006 年	2008 年	2009 年	2010 年	2011 年	2012 年
云南省	119448.30	118228.10	126485.28	134809.71	144198.21	130733.69	139479.50
昆明市	47366.82	52569.53	51170.62	51482.51	52546.85	49929.40	54829.31
曲靖市	11272.34	7730.03	15186.39	17963.44	20351.21	18812.44	20666.02
玉溪市	6419.66	5938.32	6535.58	6441.41	9157.90	9571.44	9430.24
保山市	6705.70	6059.16	7490.07	6188.49	6674.79	3561.77	3592.08
昭通市	2781.24	3167.31	1442.41	2609.40	2489.77	3888.66	4065.60
丽江市	438.65	128.40	439.25	2469.54	2517.14	2403.12	2119.51
普洱市	5236.06	5315.73	5498.63	5998.85	6111.48	5401.50	5775.28
临沧市	2874.99	4025.79	3831.37	3490.43	4167.37	3383.86	2931.48
楚雄州	4935.51	5621.49	5547.96	5778.03	5609.11	5525.02	5366.95
红河州	16039.94	14446.86	15774.77	16245.81	16359.80	12397.30	14818.11
文山州	2930.82	2074.78	2501.87	2994.08	3325.17	3313.98	3559.73
西双版纳州	2681.65	2379.39	2804.81	3582.97	3365.98	3419.53	3492.69
大理州	3397.85	3975.33	3877.34	3460.28	4682.73	5155.88	4920.30
德宏州	6305.29	4761.81	3558.53	5163.33	5972.10	3076.45	2983.38
怒江州	61.78	34.16	559.46	569.09	424.67	449.43	454.96
迪庆州			266.21	372.05	442.13	443.92	473.87

8－8　分地区规模以上工业企业地表水取水量

单位：万立方米

地　区	2005 年	2006 年	2008 年	2009 年	2010 年	2011 年	2012 年
云南省	97776.68	97588.50	103351.39	117236.51	124846.09	112153.86	114583.72
昆明市	41436.72	47430.19	44996.38	44979.68	45174.01	43319.91	46805.52
曲靖市	8925.42	5179.37	9998.02	16379.18	18486.37	16787.98	14523.75
玉溪市	4241.25	4341.89	4414.35	4636.00	7599.10	8029.83	7683.91
保山市	4404.42	3918.72	6584.28	4842.11	4567.42	2335.04	2657.47
昭通市	2170.36	2318.08	939.79	2038.12	2025.76	3306.60	3568.76
丽江市	399.21	55.98	348.02	2304.79	2373.85	2265.92	1947.40
普洱市	4701.16	4635.16	4516.35	5423.01	5823.97	4966.47	5083.32
临沧市	2183.08	2997.83	3001.79	3013.36	3851.66	3029.46	2748.97
楚雄州	3144.49	4099.61	4240.66	4609.52	4453.72	4184.82	3713.63
红河州	11931.32	10640.80	11801.74	13901.60	13515.26	9331.28	11175.65
文山州	2695.41	1852.26	2256.01	2712.83	3085.16	3081.03	3315.27
西双版纳州	2628.77	2178.65	2688.58	3458.95	3248.83	3332.91	3422.12
大理州	2777.08	3266.21	3418.06	2972.38	3979.58	4350.81	4197.54
德宏州	6076.21	4639.61	3488.75	5092.34	5838.60	3008.62	2894.18
怒江州	61.78	34.16	514.20	519.52	415.02	414.50	423.51
迪庆州			144.40	353.12	407.80	408.70	422.72

8-9 分地区规模以上工业企业地下水消费量

单位：万立方米

地　区	2005 年	2006 年	2008 年	2009 年	2010 年	2011 年	2012 年
云南省	9460.69	8701.22	12315.74	8608.00	7777.73	7987.77	9117.70
昆明市	3096.60	2215.24	2505.46	2466.11	2333.82	2231.02	2876.89
曲靖市	1221.96	1011.59	4274.21	1176.42	983.15	1155.64	1355.99
玉溪市	992.36	639.28	519.64	676.56	636.33	600.73	612.16
保山市	1013.61	919.52	655.39	1141.97	881.14	613.49	568.37
昭通市	526.75	596.13	379.72	448.71	294.53	409.92	368.08
丽江市	18.00	55.99	42.51	111.93	64.61	58.58	87.71
普洱市	124.80	173.87	651.77	400.64	41.21	23.38	145.84
临沧市	0.03	209.62	379.86	266.39	154.38	137.31	67.97
楚雄州	1303.56	1003.25	943.48	893.12	908.20	1046.05	1256.88
红河州	926.85	1713.19	1761.00	873.45	1135.13	1378.10	1381.95
文山州	122.14	29.59	25.37	19.03	35.36	29.53	48.86
西双版纳州	31.75	5.86	8.33	24.71	7.97	2.88	4.51
大理州	68.58	119.32	76.56	72.13	194.38	224.57	240.71
德宏州	13.69	8.78	11.85	21.00	79.44	29.46	50.47
怒江州			30.49			21.30	24.09
迪庆州			50.10	15.82	28.09	25.80	27.23

8－10　分地区规模以上工业企业自来水取水量

单位：万立方米

地　区	2005 年	2006 年	2008 年	2009 年	2010 年	2011 年	2012 年
云南省	11108.54	10280.85	7893.89	6627.91	8733.33	8289.69	13067.40
昆明市	2723.08	2614.57	2513.97	2436.70	2907.20	2773.47	3533.66
曲靖市	973.67	1473.31	911.86	374.84	691.01	647.78	4515.48
玉溪市	921.88	683.74	933.05	999.30	847.25	928.32	1105.89
保山市	1247.82	1213.33	240.65	165.45	1215.25	609.24	281.59
昭通市	84.13	60.93	90.09	100.87	154.34	163.62	119.40
丽江市	21.44	16.43	48.69	52.50	73.68	76.50	80.71
普洱市	408.25	506.03	85.06	174.91	180.57	331.46	449.63
临沧市	691.83	815.83	229.26	210.51	161.24	216.88	93.92
楚雄州	468.41	495.89	363.03	271.47	241.64	289.14	366.76
红河州	2677.86	1592.68	1798.81	1171.81	1577.22	1519.54	1928.25
文山州	113.27	135.39	183.56	155.08	125.95	114.09	97.97
西双版纳州	21.13	194.88	100.88	99.30	109.17	83.73	62.04
大理州	540.37	406.66	265.34	312.51	378.87	474.50	375.85
德宏州	215.40	71.19	57.93	49.99	54.05	38.36	37.94
怒江州				49.57	9.65	13.63	7.36
迪庆州			71.72	3.11	6.24	9.42	10.91

8－11 分地区规模以上工业企业其他水取水量

单位：万立方米

地　区	2005 年	2006 年	2008 年	2009 年	2010 年	2011 年	2012 年
云南省	1102. 39	1657. 53	2924. 26	2337. 29	2841. 06	2302. 38	2710. 69
昆明市	110. 42	309. 53	1154. 81	1600. 02	2131. 83	1605. 00	1613. 24
曲靖市	151. 29	65. 76	2. 30	33. 00	190. 68	221. 04	270. 79
玉溪市	264. 17	273. 41	668. 54	129. 55	75. 23	12. 56	28. 27
保山市	39. 85	7. 59	9. 75	38. 96	10. 98	4. 00	84. 66
昭通市	0. 00	192. 17	32. 81	21. 70	15. 14	8. 52	9. 36
丽江市			0. 03	0. 32	5. 01	2. 12	3. 68
普洱市	1. 85	0. 67	245. 45	0. 29	65. 73	80. 19	96. 48
临沧市	0. 05	2. 51	220. 46	0. 17	0. 09	0. 20	20. 63
楚雄州	19. 05	22. 74	0. 79	3. 92	5. 55	5. 01	29. 68
红河州	503. 91	500. 19	413. 22	298. 95	132. 20	168. 39	332. 26
文山州	0. 00	57. 54	36. 93	107. 14	78. 70	89. 33	97. 63
西双版纳州	0. 00	0. 00	7. 02	0. 01	0. 01	0. 00	4. 00
大理州	11. 82	183. 14	117. 38	103. 26	129. 91	106. 01	106. 20
德宏州	－0. 01	42. 23	0. 00	0. 00	0. 00	0. 01	0. 80
怒江州			14. 77				
迪庆州			－0. 01	0. 00			13. 01

8－12　分地区规模以上工业企业重复用水量

单位：万立方米

地　区	2005 年	2006 年	2008 年	2009 年	2010 年	2011 年	2012 年
云南省	156971.78	182315.58	256975.62	328222.96	377840.82	449284.45	467748.00
昆明市	66319.17	102144.57	101815.12	170097.37	177313.91	187521.54	215264.65
曲靖市	18618.41	11548.21	6229.41	15091.44	66748.87	91260.14	73979.44
玉溪市	5987.38	7596.31	25438.52	30194.99	9281.74	43492.83	45054.03
保山市	295.42	283.24	27978.51	1388.41	3596.42	4255.45	3208.31
昭通市	27594.81	27416.47	1035.77	28536.91	26449.64	29133.70	29594.19
丽江市	64.52	212.85	117.47	232.53	265.25	271.05	275.79
普洱市	689.89	451.04	594.11	1761.10	2353.51	2082.14	3097.65
临沧市	758.99	693.15	3156.34	2051.52	2873.94	4403.81	6286.24
楚雄州	17803.93	19454.72	25197.31	33568.13	39487.35	36952.42	33996.81
红河州	14321.29	6732.41	53080.18	36414.89	39991.41	38876.71	45405.88
文山州	823.22	1093.76	5420.08	3409.83	3155.46	3241.13	4267.83
西双版纳州	1341.30	1601.92	921.40	797.17	700.25	1302.27	1305.74
大理州	230.88	1003.94	1543.81	1618.26	2430.56	1773.39	2156.08
德宏州	2122.54	2082.98	4437.89	2959.81	3039.89	4607.26	3667.59
怒江州			9.71	9.71			43.77
迪庆州				90.89	152.61	110.62	143.99

九、主要指标解释

MAIN INDEXES EXPLAIN

主要指标解释

生产总值(GDP) 生产总值是指按市场价格计算的一个国家(或地区)所有常住单位在一定时期内生产活动的最终成果。国内生产总值有三种表现形态，即价值形态、收入形态和产品形态。从价值形态看，它是所有常住单位在一定时期内生产的全部货物和服务价值超过同期投入的全部非固定资产货物和服务价值的差额，即所有常住单位的增加值之和；从收入形态看，它是所有常住单位在一定时期内创造并分配给常住单位和非常住单位的初次收入之和；从产品形态看，它是所有常住单位在一定时期内最终使用的货物和服务价值减去货物和服务进口价值。在实际核算中，国内生产总值有三种计算方法，即生产法、收入法和支出法。

总产值 总产值是以货币形式表现的，企业在一定时期内生产的最终产品或提供劳务活动。

增加值 增加值指企业在报告期内以货币形式表现的生产活动的最终成果，是企业全部生产活动的总成果扣除了在生产过程中消耗或转移的物质产品和劳务价值后的余额，是企业生产过程中新增加的价值。

三次产业 根据社会生产活动历史发展的顺序对产业结构的划分，产品直接取自自然界的部门称为第一产业。对初级产品进行再加工的部门称为第二产业。为生产和消费提供各种服务的部门称为第三产业。它是世界上通用的产业结构分类，但各国的划分不尽一致。我国的三次产业划分是：

第一产业：农业(包括种植业、林业、牧业、副业和渔业)。

第二产业：工业(包括采掘业、制造业、自来水、电力、蒸汽、热水、煤气)和建筑业。

第三产业：除第一、第二产业以外的其他行业。

能源生产总量 指报告期内全部能源工业企业一次能源生产量的总和。一次能源生产总量包括原煤、原油、天然气、水电及其它动力发电量(风能、太阳能、潮汐能、地热能等发电)。不包括生物质能利用以及由一次能源加工转换产出的二次能源产量，一次能源生产总量是观察一个国家(地区)能源生产水平、规模、构成和发展速度的总量指标。

能源消费总量 能源消费总量指一定时期内全国(地区)各行业和居民生活消费的各种能源的总和，是观察能源消费水平、构成和增长速度的总量指标。能源消费总量分为三部分，即终端能源消费量、能源加工转换损失量和能源损失量。

(1)终端能源消费量 终端能源消费量指一定时期内全国(地区)各行业和居民生活消费的各种能源在扣除了用于加工转换二次能源消费量和损失量以后的数量。

(2)能源加工转换损失量 能源加工转换损失量指一定时期内全国(地区)投入加工转换的各种能源数量之和与产出各种能源产品之和的差额。它是观察能源在加工转换过程中损失量变化的指标。

(3)能源损失量 能源损失量指一定时期内能源在输送、分配、储存过程中发生的损失和由客观原因造成的各种损失量。不包括各种气体能源放空、放散量。

综合能源消费量 综合能源消费量是指物质生产部门、非物质生产部门和生活所消费的各种能源的折标准量总和(包括终端消费量和能源加工转换损失量、能源损失量)。目前，在国内能源折标准量中，存在着等价热值与当量热值两个标准，同样的能源消费实物量根据不同的折标标准会有不同的能源折标量。因此在计算综合能源消费量时，要注明是等价热值还是当量热值。用生产总值(GDP)与综合能源消费量进行对比，可以综合反映能源消费所获得的经济成果。

一次能源和二次能源 一次能源指自然界中以现成形式存在，不经任何改变或转换的天然能源资源，即从自然界直接取得并不改变其形态和品位的能源。如原煤、原油、油页岩、天然气、核燃料、植物燃料、水能、风能、太阳能、地热能、海洋能、潮汐能等。

二次能源指为了满足生产工艺和生活的特定需要以及合理利用能源，将一次能源直接或间接加工转换生产的其它种类和形式的人工能源。如由原煤加工产出的洗煤，由煤炭加工转换出的焦炭、煤气，由原油加工产出的汽油、煤油、柴油、燃料油、液化石油气、炼厂干气等，由煤炭、石油、天然气转换产出的电力。

标准燃料　标准燃料是计算能源总量的一种模拟的综合计算单位。在能源使用中主要利用它的热能，因此，习惯上都采用热量来作为能源的共同换算标准。由于煤、油、气等各种燃料质量不同，所含热值不同，为了便于对各种能源进行计算、对比和分析，必须统一折合成标准燃料。标准燃料可分为标准煤、标准油、标准气等。国际上一般采用标准煤、标准油指标较多。世界各国都按本国的用能特点确定自己的能源标准量。一些经济发达国家以用油为主，采用标准油；西欧有些国家以用电力为主，采用标准电；我国以煤为主，采用标准煤为计算基准，即将各种能源按其发热量折算为标准煤。

标准煤　标准煤亦称煤当量，具有统一的热值标准。我国规定每千克标准煤的热值为 29271 千焦耳。将不同品种、不同含量的能源按各自不同的热值换算成每千克热值为 29271 千焦耳的标准煤。

能源折标准煤系数 = 某种能源实际热值(千焦耳/千克)/29271(千焦耳/千克)

在各种能源折算标准煤之前，首先直测算各种能源的实际平均热值，再折算标准煤。平均热值也称平均发热量，是指不同种类或品种的能源实测发热量的加权平均值。计算公式为：

平均热值(千焦耳/千克) = [∑(某种能源实测低发热量) × 该能源数量] ÷ 能源总量(吨)

当量热值　当量热值又称理论热值(或实际发热值)是指某种能源一个度量单位本身所含热量。当量热值是能源统计中经常使用的一个热值概念，其热值的计算可根据试样在充氧的弹筒中(放有浸没氧弹的水的容器)完全燃烧所放出的热量(用燃烧后水温升高计算出来的)进行实测。

等价热值　等价热值也是能源统计经常使用的一个热值概念，是指加工转换产出的某种二次能源与相应投入的一次能源的当量，即获得一个度量单位的某种二次能源所消耗的，以热值表示的一次能源量，也就是消耗一个度量单位的某种二次能源，就等价于消耗了以热值表示的一次能源量。因此，等价热值是个变动值，随着能源加工转换工艺的提高和能源管理工作的加强，转换损失逐渐减少，等价热值会不断降低。等价热值是对二次能源及消耗工质而言，因一次能源不存在折算问题，因此也无所谓等价热值。

等价热值 = 二次能源具有的能量 ÷ 转换效率

能源弹性系数　常用的宏观能源经济效益指标是能源弹性系数，能源弹性系数亦称能源弹性。弹性可简单地理解为反应性或敏感性。它是衡量某一变量的变化所引起的另一相关变量的相对变化的指标。通常表示为在某一变量变化为 1% 时，另一变量变化的相对程度。能源弹性系数的特点是综合性强并能概括多种因素。能源与很多经济现象存在着相互依存和制约的数量关系。为研究能源在社会经济发展中的作用，分析能源生产的增长、能源消费的增长对经济增长的影响，可分别计算能源生产弹性系数和能源消费弹性系数，通过这些指标可反映出能源的发展与社会经济的发展相互制约的关系以及发展趋势和规律。能源弹性系数基本计算公式为：

能源弹性系数 = 能源量的增长率 ÷ 经济总量的增长率

能源弹性系数的种类及其计算

1. 能源生产弹性系数：能源生产弹性系数亦称能源生产增长系数，是指能源生产增长率与国民经济增长率的比值，是反映能源生产量的增长同国民经济增长之间的关系指标。

能源生产弹性系数 = 能源生产总量年平均增长速度 ÷ 国民经济指标年平均增长速度

国民经济指标根据研究问题的不同需要，可采用生产总值、工业总产值等指标。

能源生产总量是指一次能源生产总量，不包括二次能源产量，因为二次能源是由一次能源加工转换而来的，它只改变能量形态，并不增加能源的资源量。

2. 电力生产弹性系数：电力生产弹性系数是指发电增长率与国民经济增长率的比值，是反映发电量的增长同国民经济增长之间关系的指标。

电力生产弹性系数 = 发电量年平均增长速度 ÷ 国民经济年平均增长速度

3. 能源消费弹性系数：能源消费弹性系数是指能源消费量增长率与国民经济增长率的比值，从总体上综合反映能源消费总量增长与国民经济增长之间的相互关系。

能源消费弹性系数的大小与生产力发展水平、国民经济结构、技术装备和生产工艺水平、能源管理水平以及居民消费水平等密切相关。因此，这项指标受多种因素影响，弹性较大。

能源消费弹性系数 = 能源消费量年平均增长速度 ÷ 国民经济年平均增长速度

4. 电力消费弹性系数：电力消费弹性系数是指电力消费增长率与国民经济增长率的比值，它是反应电力消费量增长同国民经济增长之间关系的指标。

电力消费弹性系数 = 电力消费量年平均增长速度 ÷ 国民经济年平均增长速度

能源弹性系数在一个国家的年度之间以及不同国家之间有很大的差异。它受各国或各时期的经济结构、管理体制、资源状况、技术水平、人口多寡、气候条件等多种因素影响。能源消费弹性系数反映一个国家或地区经济发展与能源消费增长之间一定的比例关系。一般情况下，弹性系数愈小愈好。能源消费弹性系数的大小与生产力发展水平、经济结构、产品结构、技术装备、生产工艺、能源管理水平以及居民生活消费水平等密切相关。

从国内外经济发展情况看，在工业化初期，能源消费弹性系数一般大于1，实现了工业化或工业有较大发展后，一般小于1；发达国家的能源消费弹性系数大致等于或小于1，发展中国家则大多数大于1，而且国民收入越低，弹性系数越大。因为电力消费增长一般快于国民经济增长，在前苏联和东欧等国家称作电力超前系数。电力弹性系数反映电力工业发展与国民经济发展之间的关系，是宏观经济学中说明发展总趋势的一种概括性指标，可作为衡量电力发展是否适应国民经济发展的一个参数。从世界各国长时期的电力工业发展与国民经济发展的关系中可以看出，由于各国在经济发展中都致力于不断提高电气化程度，充分利用电力所具有的方便、清洁、高效率等优点来促进经济发展和提高人民的生活水平，因而在生产和生活领域中，用电范围不断扩大，用电数量迅速增长，电力工业的发展速度一直快于国民经济的发展速度。因此，电力弹性系数一般大于国民经济发展速度。应当指出，电力弹性系数并不能揭示造成这种结果的许多相关因素互相影响的规律。用它表达过去，只能说明既成事实。用它预测未来，只能获得各种经济因素发展的预测结果之后的概括，不可能简单地事先用某一弹性系数来规定未来电力发展规模。

节能量　节能是指在满足相等需要或达到相同目的的条件下，使能源消费量减少，这种减少就是节能。其减少的数量就是节能的数量。

节能是一个相对比较的概念。相对比较必须有一个前提，这就是满足相等的需要或达到相同的目地。但这是一个抽象的概念。要进行具体的计算还应把“相等的需要”或“相同的目的”用一个指标值表示出来。例如，以生产同样数量和质量的产品(或产值)为目的，尽可能地减少能源消费量，或者以同样数量的能源，生产出更多、更好的符合社会需要的产品(或产值)。生活方面的节能就是要保持与前期相等的生活水平而尽可能少用的能源，或者是以同样多的能源使生活水平得到提高或改善。节能可分为直接和间接节能。

直接节能直接节能又称技术节能，它是指能源系统流程各环节中，由于加强企业经济管理和节能科学管理，减少跑、冒、滴、漏；改革低效率的生产工艺，采用新工艺、新设备、新技术和综合利用等方法，提高能量有效利用率从而降低单位产品(工作量)的能源消费量所实现的节能。

间接节能间接节能又称结构节能，是指通过合理调整、优化经济结构、产业结构和产品结构，提高产品质量，节约使用各种物资等途径而达到的节约效果。

全社会节能量 全社会节能量是指全国或地区一定时期节能总量，包括工业、建筑业、运输邮电业、其它各行业以及生活等所节约的全部能源数量。它从宏观上综合反映能源合理利用的效益总况，是检查全国或地区节能计划完成情况的依据，计算公式为：

全社会节能量 =（基期单位 GDP 能源消费量 - 报告期单位 GDP 能源消费量）× 报告期 GDP

能源加工转换效率 能源加工转换效率指二次能源的产出量与能源投入量之间的百分比，即能源加工转换实际产出率。其计算公式如下：

能源加工转换效率 = 加工转换产出量（标准煤）÷ 加工转换投入量（标准煤）×100%

能源加工、转换效率是反映能源在加工、转换过程中能量的有效利用程度，是考核能源加工、转换技术水平及管理水平高低的重要依据。

煤炭 煤炭是指原煤及煤炭加工品的统称。不包括焦炭、下脚煤和石煤。

煤炭的分类方法有：

1、按其加工方法和质量规格可分为精煤、粒级煤、洗选煤、原煤、低质煤五大类。

2、按其煤质构成划分可分为烟煤、无烟煤、焦煤、成型煤和动力配煤。

3、按其用途划分可分为动力用煤、冶金用煤和化工用煤三大类。

原煤原煤是指煤矿生产出来的未经洗选、筛选加工而只经人工拣矸和杂物的产品。包括天然焦及劣质煤，不包括低热值煤（如石煤、泥炭、油页岩等）；原煤按其成因可分为腐植煤、腐泥煤和腐植腐泥煤三大类；按其碳化程度可分为泥煤、褐煤、烟煤、无烟煤。

无烟煤 无烟煤又称白煤或硬煤，是碳化程度最高的一种煤，因其燃烧时无黑烟而称无烟煤。

烟煤褐煤进一步碳化就成烟煤，因燃烧时有烟而得此称。

褐煤 褐煤是未经过成岩阶段，没有或很少经过变质过程的煤，外观呈褐色或褐黑色，含碳量比较低、挥发分高、不粘结、易燃烧。

选煤 选煤是指将煤矿开采出来的原煤经过洗选（应用重力选矿的原理，以水为介质对原煤进行洗选）和筛选等加工后，已清除或减少原煤中所含的灰分、矸石、硫分等杂质，并按不同煤种、灰分、热值和粒度分成若干品种等级的煤。

洗精煤 洗精煤是指经洗煤厂机械加工后，降低了灰分、硫分，去掉了一些杂质，适合一些专门用途的优质煤。包括炼焦用、非炼焦用的洗精煤和加热、动力用的洗混煤、洗块煤、洗末煤等。不包括洗中煤、矸石和煤泥。洗精煤可分为冶炼用炼焦洗精煤和其它用炼焦洗精煤。

其它洗煤 其它洗煤是除洗精煤以外的其它洗煤产品，

焦炭 焦炭是在高温下由煤经过干馏后所得到的固体产品。焦炭呈黑灰色块状，有光泽、燃烧时烟气少，具有不粘结、不结块、低硫、低灰、坚硬、耐磨、耐压、富于气孔性等特点。

原油原油是一种褐色或黑色的粘稠状的可燃性物质。它的主要成分是碳和氢，此外，还含硫、氮和氧等成分。原油包括天然原油和人造原油。天然原油是指从油（气）田生产井采出的原油，以及用其它方法，如从报废井、未交采油单位或未具备生产条件的各种井收集的原油，也包括从天然气田回收的凝析油。人造原油是指用油母页岩经干馏所得的原油；从干馏气中回收的轻质油和重质油以及烟煤经过低温干馏或加氢炼制的煤炼原油；用天然气合成原油和草炭、泥煤、松根、桦树皮炼制的原油。不包括用机械化炼焦炉、简易焦炉、机械化煤气发生炉回收的高温焦油（高温焦油含化工原料较多，经加工后主要得苯、酚、萘、蒽等化工产品）当前只统计油页岩炼制的人造原油。

石油炼制品 石油炼制品是指将原油经过脱盐脱水后，送到炼油厂进行蒸馏或裂化焦化等加工炼制出来的各种质量高的产品，包括炼厂气体、汽油、煤油、柴油、燃料油、溶剂油、润滑油、石蜡、地蜡、专用蜡、凡士林、洗涤剂原料、石油脂类、石油沥青、标准油、白节油、软麻油、原料油、石油酸、石油酸皂、石油焦等。

汽油汽油是指从原油分馏和裂化过程取得的挥发性高、燃点低、无色或淡黄色的轻质油。汽油按用途可分为航空汽油、车用汽油、工业汽油等。

煤油煤油俗称火油。是一种精制的燃料，挥发度在车用汽油和轻柴油之间，不含诸如粗柴油、润滑油之类重碳氢化台物。煤油具有易燃性、吸油性、纯洁性和安全性。按用途可分为灯用煤油、拖拉机用油、航空煤油和重质煤油。煤油除了作为燃料外，还可用来洗涤机器以及医药工业和油漆工业用的溶剂。

柴油柴油是指炼油厂炼制石油时，从蒸馏塔底部流出来的液体，属于轻质油，其挥发性比煤油低，燃点比煤油高。根据凝点和用途不同，可分为轻柴油、中柴油和重柴油。使用中将中柴油和重柴油划成一类，统称重柴油。轻柴油呈茶黄色，表面发蓝，有昧。主要用作柴油机车、拖拉机和各种高速柴油机的燃料。重柴油呈棕褐色，有臭味，主要用作船舶、发电等各种柴油机的燃料。

燃料油燃料油也称重油，是在炼油厂炼油时，提取汽油、煤油以及较重的蒸馏物（诸如粗柴油或柴油）之后，从蒸馏塔底部流出来的渣油，加入一部分轻油配制而成。主要用于锅炉燃料。通常是轮船或大型重工业设备上作为熔炼炉或蒸沸器的燃料使用。

煤气 煤气是由煤、焦炭、半焦等固体燃料与燃料油等液体燃料经干馏或气化等过程所得的可燃气体。包括焦炉煤气和其它煤气。

焦炉煤气 焦炉煤气是指用几种烟煤配成炼焦用煤，在炼焦炉中经高温干馏后，在产出焦炭和焦油产品的同时所得到的可燃气体，是炼焦产品的副产品。

高炉煤气 高炉煤气是从高炉炉顶逸出的煤气，是高炉炼铁过程中所得到的一种副产品。高炉燃料的热量约有60%转移到高炉煤气中。

其它煤气 其它煤气是指除焦炉煤气以外的其它各种煤气，主要包括发生炉煤气、压力气化煤气和以重油或其它石油产品为原料制得的油煤气。

取水总量 指工业企业从各种水源提取的，并用于工业生产活动的水量总和，包括地表水、地下水、自来水、由管道供应的未经达标处理的水、经城市污水处理厂处理后回用的中水、海水，以及企业从市场购得的其他水或水的产品（如纯净水、矿泉水、蒸汽、热水、地热水等）。取水总量包括主要工业生产用水、辅助生产（包括机修、运输、空压站等）用水和附属生产（包括厂内绿化、职工食堂、非营业的浴室及保健站、厕所等）用水；不包括非工业生产单位的用水，如厂内居民家庭用水和企业附属幼儿园、学校、对外营业的浴室、游泳池等的用水量。

地表水 指企业直接采自河流、水库、湖泊等地表水源的水（包括企业采自河流、水库、湖泊用于冷却，不重复使用，又排出的水，俗称自流水），不包括水力发电厂的发电动力用水。

地下水 指企业通过自备井直接采自地下的水。

自来水 指地表水、地下水等经过供水企业加工处理，经认定达到自来水供水标准，通过城镇自来水管道供应的水；取水量按报告期自来水表的流量计算。

重复用水量：工业企业重复用水量就是指在企业内部，对生产和生活排放的废水直接或经过处理后回收再利用的水量，不包括企业从城市污水处理厂购买的中水。企业废水在报告期每重复利用一次，计算一次重复用水量。

十、附　　录

THE APPENDIX

附　录

（一）有关能源的国际组织

【国际能源机构】 英文简称IEA（International Energy Agency）。为了对付1973～1974年第一次石油危机后的国际能源形势，在美国倡议下，于1974年11月建立，是石油消费国政府间的经济联合组织，总部设在巴黎的经济合作与发展组织（OECD）总部内。IEA现有28个成员国：澳大利亚、奥地利、比利时、加拿大、捷克、丹麦、芬兰、法国、德国、希腊、匈牙利、爱尔兰、意大利、日本、韩国、卢森堡、荷兰、新西兰、挪威、波兰、葡萄牙、斯洛伐克、西班牙、瑞典、瑞士、土耳其、英国、美国。主要宗旨和活动有：促进全球制定合理的能源政策，建立一个稳定的国际石油市场信息系统，改善世界能源供应和需求结构，协调成员国的环境和能源政策；提高能源使用效率，发展可替代能源，以减轻对某一种能源的依赖；提供建立在石油供应危机时分享石油消费的制度，促进与石油生产国和其他石油消费国的关系；推进环境和能源政策一体化；与非成员国和国际组织合作，促进全球能源的发展。

【经济合作与发展组织】 英文简称OECD（Organizationfor Economic Cooperationand Development）。1948年4月16日，为实施欧洲复兴计划（马歇尔计划），欧洲18个国家成立了欧洲经济合作组织（OEEC）。1961年9月30日，欧洲经济合作组织18个成员国与美国、加拿大成立了经济台作与发展组织，简称经合组织，总部设在巴黎。现有34个成员国：澳大利亚、奥地利、比利时、加拿大、捷克共和国、丹麦、芬兰、法国、德国、希腊、匈牙利、冰岛、爱尔兰、意大利、日本、韩国、卢森堡、墨西哥、荷兰、新西兰、挪威、波兰、葡萄牙、斯洛伐克共和国、西班牙、瑞典、瑞士、土耳其、英国、美国、智利、爱沙尼亚、以色列、斯洛文尼亚。其宗旨是：促进成员国经济和社会的发展，推动世界经济增长；帮助成员国政府制定和协调有关政策，以提高各成员国的生活水准，保持财政的相对稳定；鼓励和协调成员国为援助发展中国家作出努力，帮助发展中国家改善经济状况，促进非成员国的经济发展。

【世界能源委员会】 英文简称WEC（WorldEnergy Council）。创建于1924年，为非政府组织，原名世界动力会议（WorldPowerConference），1968年改名为世界能源会议（WorldEnergyCongress），1990年更改现名，总部设在伦敦，现有91个国家和地区委员会。其行政机构是国际执行委员会，1985年我国成为执委会委员。主要宗旨和活动是：促进能源可持续发展以及最有效地和平利用所有能源；探讨能源与环境，能源与社会，能源与经济，节能和能源有效利用以及各种能源之间的互相关系；搜集和发表各种能源及其利用方面的统计数据；召开能源及经济方面的各种会议。

【石油输出国组织】 英文简称OPEC（Organizationofthe Petroleum Exporting Countries），1959年和1960年两度出现的石油价格大幅度下跌，迫使石油输出国家采取统一行动，共同对付西方石油公司。1960年9月，由伊拉克、科威特、沙特阿拉伯、委内瑞拉和伊朗5国发起成立石油输出国组织。总部设在维也纳。现有12个成员国，除上述5国外，还有卡塔尔、利比亚、阿拉伯联合酋长国、阿尔及利亚、尼日利亚、安哥拉和厄瓜多尔。此外，过往成员包括印度尼西亚（1962年至2009年）和加蓬（1975年至1994年）。该组织协调和统一各成员国的石油政策，并确定以最适宜的手段来维护各自的和共同的利益，以促进石油市场的稳定与繁荣。

【欧洲联盟】 英文简称EU（European Union）。原名欧洲共同体（European Communities），1965年创立，是欧洲经济共同体（EEC）、欧洲煤钢共同体（ECSC）和欧洲原子能共同体（EURATOM）的总称。1993年11

月1日起改称欧洲联盟，总部设在布鲁塞尔。我国于1975年5月与该组织达成建交协议。欧盟现有28个成员国：法国、德国、意大利、比利时、荷兰、卢森堡、丹麦、爱尔兰、英国、希腊、西班牙、葡萄牙、奥地利、芬兰、瑞典、波兰、塞浦路斯、捷克、爱沙尼亚、匈牙利、拉脱维亚、斯洛伐克、斯洛文尼亚、立陶宛、马耳他、保加利亚、罗马尼亚、克罗地亚。欧盟的宗旨是：通过建立无内部边界的空间，加强经济、社会的协调发展和建立最终实行统一货币的经济货币联盟，促进成员国经济和社会的均衡发展；通过实行共同外交和安全政策，在国际舞台上弘扬联盟的个性。

【国际原子能机构】 英文简称IAEA(International Atomic Energy Agency)。根据1954年第9届联合国大会决议，于1957年成立的专门致力于和平利用原子能的国际机构。总部设在维也纳，现机构共有153个成员国。主要活动有：向成员国提供技术援助；与有关国家和国际组织订立“保障监督协定”，确保技术援助项目不被用于任何军事目的；研究制定核能利用的安全条例，并向世界各国推荐采用；与成员国或专门机构共同进行科学研究；召集各种科技会议，通过建立情报网、图书馆和出版书刊等方式组织关于原子能和平利用的资料交流。1984年1月1日，我国成为该机构的正式成员国。

【联合国新能源和可再生能源会议】 (UNConferenceon Newand Renewable Sourcesof Energy)根据1978年第33届联大决议，于1981年8月10日至21日在肯尼亚首都内罗毕举行，目的是在世界面临能源危机的情况下，讨论如何加速开发利用新能源和可再生能源的问题，以满足将来的能源需求。有135个国家的代表团和联合国所属的34个国际组织及32个政府间组织的观察员约5000名代表参加。我国派代表团出席了这次会议。会议通过了《促进新能源和可再生能源的发展与利用的内罗毕行动纲领》。1983年成立了政府间开发利用新能源和可再生能源委员会，来指导和监督这一纲领的实施。

【政府间气候变化专业委员会】 英文简称IPCC(Inter - governmental Panelon Climate Change)，鉴于燃烧化石燃料等原因产生的“温室效应”导致全球变暖的问题已引起全世界的普遍关注。1988年11月，世界气象组织和联合国环境规划署共同组建了这一国际性监督组织。1988年12月6日，第43届联大通过决议确认该委员会为讨论全球气候变化的国际组织。其主要任务是对气候变化科学知识的现状，气候变化对社会、经济的潜在影响以及如何适应和减缓气候变化的可能对策进行评估。该组织的活动已成为面向21世纪的能源政策和环境政策的指南。

(二)各种能源折标准煤参考系数

能源名称	平均低位发热量	折标准煤系数
原煤	20908 千焦(5000 千卡)/千克	0.7143 千克标准煤/千克
洗精煤	26344 千焦(6300 千卡)/千克	0.9000 千克标准煤/千克
其它洗煤		
洗中煤	8363 千焦(2000 千卡)/千克	0.2857 千克标准煤/千克
煤泥	8363－12545 千焦(2000－3000 千卡)/千克	0.2857－0. 4286 千克标准煤/千克
型煤		0.5－0.7 千克标准煤/千克
焦炭	28435 千焦(6800 千卡)/千克	0.9714 千克标准煤/千克
原油	41816 千焦(10000 千卡)/千克	1.4286 千克标准煤/千克
燃料油	41816 千焦(10000 千卡)/千克	1.4286 千克标准煤/千克
汽油	43070 千焦(10300 千卡)/千克	1.4714 千克标准煤/千克
煤油	43070 千焦(10300 千卡)/千克	1.4714 千克标准煤/千克
柴油	42652 千焦(10200 千卡)/千克	1.4571 千克标准煤/千克
液化石油气	50179 千焦(12000 千卡)/千克	1.7143 千克标准煤/千克
炼厂干气	45998 千焦(11000 千卡)/千克	1.5714 千克标准煤/千克
其他石油制品		1－1.4 千克标准煤/千克
天然气	32198－38931 千焦(7700－9310 千卡)/立方米	1.1－1. 33 千克标准煤/立方米
液化天然气		1.7572 千克标准煤/千克
焦炉煤气	16726－17981 千焦(4000－4300 千卡)/立方米	0.5714－0. 6143 千克标准煤/立方米
高炉煤气		1.286 千克标准煤/立方米
其它煤气		0.17－1.2143 千克标准煤/立方米
发生煤气	5227 千焦(1250 千卡)/立方米	0.1786 千克标准煤/立方米
重油催化裂解煤气	19235 千焦(4600 千卡)/立方米	0.6571 千克标准煤/立方米
重油热裂解煤气	35544 千焦(8500 千卡)/立方米	1.2143 千克标准煤/立方米

能源名称	平均低位发热量	折标准煤系数
焦炭制气	16308 千焦(3900 千卡)/立方米	0.5571 千克标准煤/立方米
压力气化煤气	15054 千焦(3600 千卡)/立方米	0.5143 千克标准煤/立方米
水煤气	10454 千焦(2500 千卡)/立方米	0.3571 千克标准煤/立方米
煤焦油	33453 千焦(8000 千卡)/千克	1.1429 千克标准煤/千克
粗苯	41816 千焦(10000 千卡)/千克	1.4286 千克标准煤/千克
其他焦化产品		1.1－1.5 千克标准煤/千克
热力(当量)		0.03412 千克标准煤/百万焦耳
		0.14286 千克标准煤/1000 千卡
电力(当量)	3596 千焦(860 千卡)/千瓦小时	0.1229 千克标准煤/千瓦小时
电力(等价)	按当年火电发电标准煤耗计算	
生物质能		
人粪	18817 千焦/(4500 千卡)/千克	0.643 千克标准煤/千克
牛粪	13799 千焦/(4500 千卡)/千克	0.471 千克标准煤/千克
猪粪	12545 千焦/(4500 千卡)/千克	0.429 千克标准煤/千克
羊、驴、马、骡粪	15472 千焦/(4500 千卡)/千克	0.529 千克标准煤/千克
鸡粪	18817 千焦/(4500 千卡)/千克	0.643 千克标准煤/千克
大豆秆、棉花秆	15890 千焦/(4500 千卡)/千克	0.543 千克标准煤/千克
稻秆	12545 千焦/(4500 千卡)/千克	0.429 千克标准煤/千克
麦秆	14635 千焦/(4500 千卡)/千克	0.500 千克标准煤/千克
玉米秆	15472 千焦/(4500 千卡)/千克	0.529 千克标准煤/千克
杂草	13799 千焦/(4500 千卡)/千克	0.471 千克标准煤/千克
树叶	14635 千焦/(4500 千卡)/千克	0.500 千克标准煤/千克
薪柴	16726 千焦/(4500 千卡)/千克	0.571 千克标准煤/千克
沼气	20908 千焦/(4500 千卡)/千克	0.714 千克标准煤/千克

(三)通用计量单位和有关能源计量单位换算资料

长度单位

单位名称	代号	对主单位的比	废除的计量单位名称
微米	u	百万分之一米(1/1000000 米)	
忽米	cmm	十万分之一米(1/100000 米)	
丝米	dmm	万分之一米(1/10000 米)	公厘
毫米	mm	千分之一米(1/1000 米)	公分
厘米	cm	百分之一米(1/100 米)	公寸
分米	dm	十分之一米(1/10 米)	公尺
米	m	主单位	公丈
十米	dam	米的十倍(10 米)	公引
百米	hm	米的百倍(100 米)	
千米	km	米的千倍(1000 米)	公里

长度换算

	厘米	米	市尺	吋	呎	码
厘米	1	0. 01000	0. 03000	0. 393707	0. 032808	0. 010936
米	100. 000	1	3. 00000	39. 3707	3. 28089	1. 09363
市尺	33. 3333	0. 33333	1	13. 1236	1. 09363	0. 364543
吋	2. 53995	0. 025399	0. 076197	1	0. 08333	0. 02777
呎	30. 4794	0. 304794	0. 914383	12. 0000	1	0. 33333
码	91. 4383	0. 914383	2. 74313	36. 0000	3. 00000	1

1 千米 =2 市里 =0. 621382 英里 =0. 54054 海里

1 英里 =1. 609756 千米

1 海里 =1. 85 千米

重量单位

单位名称	代号	对主单位的比	废除的计量单位名称
毫克	mg	百万分之一千克(1/1000000 千克)	公丝
厘克	cg	十万分之一千克(1/100000 千克)	公毫
分克	dg	万分之一千克(1/10000 千克)	公厘
克	g	千分之一千克(1/1000 千克)	公分
十克	dag	百分之一千克(1/100 千克)	公钱
百克	hg	十分之一千克(1/10 千克)	公两
千克	kg	主单位	公斤
公担	q	千克的百倍(100 千克)	
吨	t	千克的千倍(1000 千克)	公吨

重量换算

单位名称	吨	市担	千克	市斤	英磅	克
吨	1	20	1000	2000	2204. 622	1000000
市担	0. 05	1	50	100	110. 23	50000
千克	0. 001	0. 02	1	2	1. 2046	1000
市斤	0. 0005	0. 01	0. 5	1	1. 1023	500
英磅	0. 00045	0. 091	0. 4536	0. 09072	1	453. 6
克 =	0. 000001	0. 00002	0. 001	0. 002	0. 0022046	1

1 英磅 =16 盎司 =28. 35 克

1 英吨(长吨) =1. 016 公吨

1 美吨(短吨) =0. 9072 公吨

1 司马担(港制) =1. 21 市担 =60. 48 千克

容量单位

单位名称	代号	对主单位的比	废除的计量单位名称
毫升	ml	千分之一升(1/1，000 升)	公撮
厘升	cl	百分之一升(1/100 升)	公勺
分升	dl	十分之一升(1/10 升)	公合
升	l	主单位	公升
十升	dal	升的十倍(10 升)	公斗
百升	nl	升的百倍(100 升)	公石
千升	kl	升的千倍(1000 升)	公秉

容量换算

	毫升	升(市升)	加仑(英)	加仑(美)
毫升	1	0.001	0.00022	0.000264
升(市升)	1，000	1	0.220218	0.264186
加仑(英)	4，545.96	4.54596	1	1.201
加仑(美)	3，785.43	3.78543	0.8327	1

容量换算

单位名称	代号	对主单位的比
一、面积		
平方毫米	mm^2	百万分之一平方米(1/1000000 平方米)
平方厘米	cm^2	万分之一平方米(1/10000 平方米)
平方分米	dm^2	百分之一平方米(1/100 平方米)
平方米	m^2	主单位
平方千米	km^2	平方米的百万倍(1000000 平方米)
二、体积		
立方毫米	mm^3	十亿分之一立方米(1/1000000000 立方米)
立方厘米	cm^3	百万分之一立方米(1/1000000 立方米)
立方米	m^3	主单位

重量换算

	平方米	平方呎	平方码	公亩	市亩	公顷
平方米	1	10.7642	1.19603	0.01	0.0015	0.0001
平方呎	0.092893	1	0.11111	0.000928	0.000139	0.000009
平方码	0.836097	9	1	0.00830	0.001254	0.000003
公亩	100	1，076.42	119.603	1	0.15	0.001
市亩	666.7	7，176.49	797.373	5.667	1	0.06667
公顷	10，000	107，642	11，960.3	100	15	1

1 平方千米 = 100 公顷 = 10000 公亩

体积换算

1 立方米 = 35.3134 立方呎 = 1.3079 立方码

1 升 = 61.02338 立方时 = 0.035313 立方呎

1 立方呎 = 0.02832 立方米 = 28.3169 升

1 立方码 = 0.7946 立方米 = 764.5595 升

功率单位及换算

1 马力 = 0.7457 千瓦
　　= 1.014 公制马力
　　= 550 呎磅/秒
　　= 76.04 米千克/秒
　　= 0.7042 英热单位/秒

1 千瓦 = 1.341 马力
　　= 1.3598 公制马力
　　= 737.6 呎磅/秒
　　= 102.01 米千克/秒
　　= 0.9476 英热单位/秒

1 公制马力 = 0.736 千瓦
　　= 75 米千克/秒
　　= 0.987 马力

1 千伏安 = 0.9 千瓦

温度换算公式

摄氏温度(℃) = (华氏温度 − 32) × 5/9

华氏温度(℉) = 摄氏温度 × 9/5 + 32

开尔文温度(K) = 摄氏温度 + 273.15

升与加仑换算

1 升 = 0.264 加仑(美)

1 加仑(美) = 3.785 升

石油：桶与美加仑、吨换算

1 桶 = 42 加仑(美)

1 吨 = 7.35 桶

能量单位及换算

1 呎磅 = 0.13626 米千克
　　= 1.356 焦耳
　　= 1.2844 × 10 − 3 英热单位

1 米千克 = 7.233 呎磅
　　= 9.8066 焦耳
　　= 9.29 × 10 − 3 英热单位

1 呎磅 = 5.0506 × 10 − 7 马力小时
　　= 3.766 × 10 − 4 千瓦小时

1 英热单位 = 3.93 × 10 − 4 马力小时

常用计量单位英文缩写

Mt	百万吨
Gt	10 亿吨
Mtce	百万吨煤当量或百万吨标准煤
Mtoe	百万吨油当量
MW	千千瓦(兆瓦)
GW	百万千瓦
Tw	10 亿千瓦
kWh	千瓦小时
Mwh	千千瓦小时(兆瓦小时)
Gwh	百万千瓦小时
TWh	10 亿千瓦小时
mg	毫克
μg	微克
J	焦耳
TJ	太焦耳(1012 焦耳)
Btu	英热单位
Quad	夸特
kcal	千卡
boe	桶油当量

用于构成十进倍数和分数的词头及其英文表示

所有表示的因数	词头名称	英文(词头符号)
1018	艾(可萨)	exa(E)
1015	拍(它)	peta(P)
1012	太(拉)	tera(T)
109	吉(咖)	giga(G)
106	兆	mega(M)
103	千	kilo(k)
102	百	hecto(h)
101	十	deca(da)
10－1	分	deci(d)
10－2	厘	centi(c)
10－3	毫	milli(m)
10－6	微	micro(μ)
10－9	纳(诺)	nano(n)
10－12	皮(可)	pico(p)
10－15	飞(母托)	femto(f)
10－18	阿(托)	atto(a)

用于构成十进倍数和分数的词头及其英文表示

	kl(千升)	t(公吨)	bbl(桶)	1000gal(千加仑)
kl(千升)	1	0. 863	6. 29	0. 264
t(公吨)	1. 16	1	7. 30	0. 306
bbl(桶)	0. 159	0. 137	1	0. 042
1000gal(千加仑)	3. 79	3. 26	23. 8	1

压力单位换算表

	巴 (bar)	千克/厘米^2 (kg/cm^2)	磅/英寸^2 (lb/in^2)	标准大气压 (atm)	毫米汞柱 (mmHg)	英寸汞柱 (inHg)	米水柱 (mH_2O)	英寸水柱 (inH_2O)
巴	1	1. 0197	14. 5	0. 9869	750	29. 53	10. 21	401. 8
千克/厘米 2	0. 9807	1	14. 22	0. 9678	735. 5	28. 96	10. 01	394
磅/英寸 2	0. 06895	0. 07031	1	0. 06804	51. 71	2. 036	0. 7037	27. 7
标准大气压	1. 0133	1. 0332	14. 7	1	760	29. 92	10. 34	407. 2
毫米汞柱	1. 333	1. 36	19. 34	1. 316	1	39. 37	13. 61	535. 67
英寸汞柱	0. 03386	0. 03453	0. 4912	0. 03342	25. 4	1	0. 3456	13. 61
米水柱	0. 09798	0. 09991	1. 421	73. 49	25. 4	2. 893	1	39. 37
英寸水柱	0. 002489	0. 002538	0. 0369	0. 002456	1. 867	0. 07349	0. 254	1

液体比重及容量与重量换算

液体名称	平均比重	容量折合重量数	
		每升	每加仑(美)
原油	0.86	0.86 千克	3.25 千克
汽油	0.73	0.73 千克	2.76 千克
煤油	0.82	0.82 千克	3.10 千克
轻柴油	0.86	0.86 千克	3.25 千克
重柴油	0.92	0.92 千克	3.48 千克
变压器油	0.86	0.76 千克	–
酒精	0.80	0.80 千克	3.02 千克
大豆油(植物油)	0.93	0.93 千克	3.52 千克
鲸油(动物油)	0.92	0.92 千克	3.48 千克
苯	0.90	0.90 千克	3.40 千克
甘油	1.26	1.26 千克	4.77 千克
乙醚(以脱)	0.74	0.74 千克	2.78 千克
蓖麻油	0.96	0.96 千克	3.63 千克
亚麻仁油	0.93	0.93 千克	3.53 千克
桐油	0.94	0.94 千克	3.56 千克
花生油	0.92	0.92 千克	3.48 千克
硫酸(100%)	1.83	1.83 千克	6.93 千克
硝酸(100%)	1.51	1.51 千克	5.72 千克
盐酸(100%)	1.20	1.20 千克	4.45 千克
醋酸	1.05	1.05 千克	3.97 千克
动力苯	0.88	0.88 千克	3.33 千克
毛必鲁油	0.90	0.90 千克	–
煤焦油	1.20	1.20 千克	4.54 千克
页岩油	0.91	0.91 千克	3.44 千克
石炭酸	1.07	1.07 千克	4.05 千克
甲苯	0.88	0.88 千克	3.33 千克
二甲苯	0.86	0.86 千克	3.26 千克
苯胺	1.04	1.04 千克	3.91 千克
硝基苯	1.21	1.21 千克	4.58 千克
松节油	0.87	0.87 千克	3.29 千克
水银	13.59	13.59 千克	51.46 千克
矿物机械润滑油	0.91	0.91 千克	3.44 千克

吨原油和成品油换算系数

油品类型	升	美制加仑	英制加仑	桶	米^3
航空汽油	1370	262	301	8.62	1.370
沥青	962	254	212	6.05	0.962
燃料油	1099	290	242	6.91	1.099
粗柴油	1149	304	253	7.23	1.149
汽油	1351	357	297	8.50	1.351
喷汽燃料	1235	326	272	7.77	1.235
煤油	1235	326	272	7.77	1.235
液化石油气	1852	489	407	11.65	1.852
润滑油	1111	294	244	6.99	1.111
车用汽油	1351	357	297	8.50	1.351
石脑油	1389	367	306	8.74	1.389
天然汽油	1590	420	350	10.00	1.590
石蜡	1250	330	275	7.86	1.250
石油焦	877	232	193	8.52	0.877
炼厂凝析油	1429	378	214	8.99	1.429
残渣燃料油	1053	278	232	6.62	1.053
石油溶剂	1235	326	272	7.77	1.235
原油	1164	308	256	7.32	1.164

(四)常见能源经济与统计名词中英文对照

acid rain	酸雨
air pollution	大气污染
alternative energy	替代能源
anthracite	无烟煤
aviation gasoline	航空汽油
bagasse	甘蔗渣
biogas	沼气
biomass energy	生物质能
bionomical balance	生态平衡
bitumen	沥青
bituminite	烟煤
blast furnace gas	高炉煤气
briquettes	型煤
coal	煤炭
coal equivalent	煤当量(标准煤)
coal gasification	煤炭气化
coal liquefaction	煤炭液化
coke	焦炭
combined heat power (CHP), cogeneration	热电联产
commercial energy	商品能源
conventional energy	常规能源
crude oil	原油
diesel oil	柴油
district heating (DH)	区域供热
elasticity of energy consumption	能源消费弹性系数
elasticity of energy production	能源生产弹性系数
energy	能，能量(常用作能源)
energy conservation	节能
energy conversion	能源转换
energy demend	能源需求
energy efficiency	能源效率
energy end - use	终端能源消费
energy sources	能源
energy structure	能源结构
energy supply	能源供应
energy system	能源系统

environment protection	环境保护
ethane	乙烷
firewood plantation	薪炭林
forms of energy	能源类型
first oil crisis	第一次石油危机
fuel cell	燃料电池
fully mechanized coal mining	综合机械化采煤
gaseous fuels	气体燃料
gasoline	汽油
geothermal power	地热发电
greenhouse effcet	温室效应
hydropower station	水电站
installed electric power capacity	电力装机容量
jet fuels	喷气燃料
kerosene	煤油
lignite	褐煤
liquid fuels	液体燃料
liquified natural gas（LNG）	液化天然气
liquified petroleum gas（LPG）	液化石油气
lubricants	润滑油
mineral and fossil fuels	矿物和化石燃料
motor gasoline	车用汽油
natural gas	天然气
naphtha	石脑油
new energy	新能源
non – commercial energy	非商品能源
nuclear energy	核能
nuclear fuel cycle	核燃料循环
nuclear fusion	核聚变
ocean energy	海洋能
oil equivalent	油当量(标准油)

oil processing	石油加工
open – cast mining	露天开采
overall productivity of colliery	煤矿全员效率
paraffin waxes	石腊
particulates	颗粒物
peat	泥炭
petroleum coke	石油焦
petroleum	石油
petroleum products	石油制品
photovoltaice cell(PC)	光电池
power networks	电网
primary energy	一次能源
proved coal reserves	探明煤炭储量
raw coal	原煤
recoverable oil reserves	可采石油储量
refinery gas	炼厂气
renewable energy	可再生能源
residual fuel oil	渣油
rural energy	农村能源
second oil crisis	第二次石油危机
secondary energy	二次能源
small hydropower	小水电
solar energy	太阳能
solid fuels	固体燃料
sulphur dioxide(SO_2)	二氧化硫
towns and villages coal mines	乡镇矿
thermal power station	火电站
tidal power	潮汐发电
white spirit	白色溶剂油(白节油)
wind power	风能